역사란 무엇인가

What is History

What is History

역사란
무엇인가

손영호 저

학지사

프롤로그

인간은 누구나 역사적인 존재다. 앞선 시대를 살아간 수많은 사람들의 경험과 업적을 이어받아 오늘의 삶을 살아가기 때문이다. 단순한 의식주 생활은 물론, 말과 글을 비롯한 문화생활과 정치, 경제, 사회의 모든 영역이 과거와 연결되어 현재에 이르고 또한 미래로 이어져 나간다.

우리는 왜 역사를 배우고 기록해야 하는가? 사회의 구성원으로서 인간은 역사 안에서 존재하며, 오늘날 우리 사회와 국제사회의 현실은 모두 역사적 산물이다. 그리하여 이제까지 모든 문명사회는 역사를 기록하였고, 이를 통해 귀중한 가치와 교훈을 깨우쳐 왔다. 역사는 사회와 별개로 이루어지는 것이 아니라 나와 나의 조상, 이웃, 민족 그리고 전 세계 모든 사람과의 접촉을 통해 전개된다.

우리가 역사를 배우고 기록하는 가장 큰 이유는 '나와 우리'의 현재 위치를 이해하기 위한 것이다. 다시 말해, 역사적인 시간의 흐름 속에서 나와 우리가 어디에 위치해 있으며, 어디로 향해 가고 있는가를 파악하기 위한 것이다. 따라서 역사를 모른다면 인간과 사회 속에서 존재하는 자신의 정체성을 확인할 수 없을 뿐만 아니라, 방향을 잃고 표류하는 난파선 같은 처지가 될 것이다.

이 책은 지난 25년간 대학에서 강의를 하면서 준비한 노트와 카드, 그리고 국내외 여러 선학의 저서들을 참고로 역사와 역사학을 이해하는 데 필요한 주제들을 나름대로 요약한 것이다. 그리하여 역사란 무엇이며, 왜 배우고 기록하는지, 역사의 학문적 특성은 무엇인지, 우리가 역사를 어떻게 인식하고 의식하는지, 역사를 움직이는 주체는 무엇인지, 그리고 역사에서의 시대구분과 사료비판, 역사의 인과론적인 설명, 역사에서의 우연과 필연, 영화로 쓰는 역사 등 14개 주제를 중심으로 정리하였다.

역사 이론과 방법론에 대한 대부분의 저서들은 과목 특성상 철학적인 용어나 개념들이 자주 사용되고, 학자들 간의 상이한 관점의 차이로 인하여 초심자의 경우 그 의미와 내용을 이해하기가 쉽지 않다. 이 책은 역사를 전공하는 학생들은 물론 역사에 문외한인 일반인도 쉽게 이해할 수 있도록 가능한 한 많은 역사의 에피소드나 예화를 들어 설명하려고 하였다.

이 책이 결코 만족할 만한 것이라고 생각하지 않는다. 그러기에 앞으로 많은 사람의 조언과 비판을 기꺼이 받아들여 좀 더 바람직한 역사의 길잡이가 되도록 보완해 나갈 것이다. 끝으로 이 책이 발간되기까지 물심양면으로 후원해 주신 학지사 김진환 사장님과 편집위원들, 그리고 사진 자료의 수집과 원고 정리에 귀중한 시간을 보낸 김상민 선생님께 감사를 드린다.

2013년 8월

손영호(孫永浩)

차례

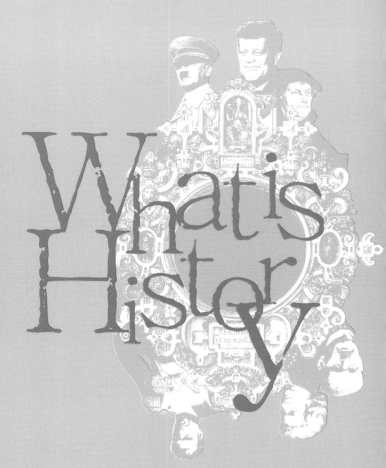

Chapter 1

역사란 무엇인가

역사는 과거의 증인이요,

진실을 밝혀 주는 등불이다.

– 키케로(Marcus Tullius Cicero)

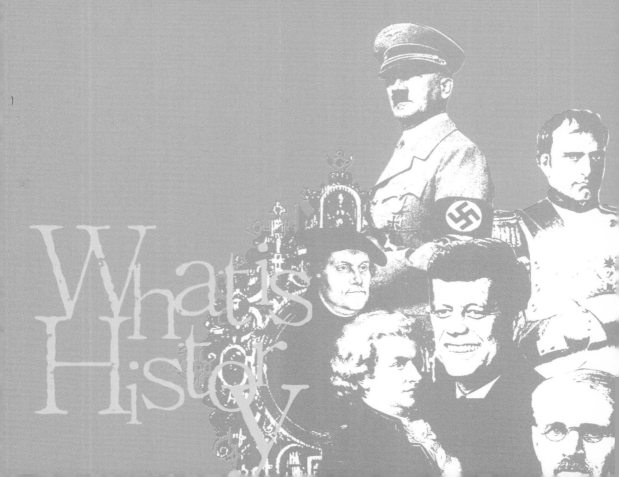

역사의 어원

서양적 어원

우리가 쓰는 역사라는 말은 일반적으로 '과거에 일어났던 일들'을 지칭하는 단어로 사용되고 있다. 영어 단어 'history'의 어원은 그리스어 '히스토리아historia'란 단어에서 유래되었다. 호메로스Homeros의 시를 보면, 고대 그리스 시대에 소송 사건을 맡은 사람을 '히스토르histor'라고 하였는데, 그는 피고와 원고 양측의 주장을 심리하여 진실이 무엇인지를 판단하였다. 역사는 바로 히스토르의 이러한 기능을 의미한다.

역사가 과거 사실을 심리하여 진실을 탐구해 내는 것이라면, 역사가 그리스인들에 의해 히스토리아라고 불리게 된 것은 당연한 일이다. 서양에서 역사라는 말을 처음으로 사용한 사람은 고대 그리스의 헤로도토스였다. 헤로도토스는 당대에 일어났던 페르시아 전쟁에 관한 자신의 저서에 'historia'라는 부제를 붙였다. 그의 저서가 '조사하고 탐구하여 얻어진 지식을 기록한 것'이라는 뜻에서였다.

'역사의 아버지'라 불리는 헤로도토스

헤로도토스는 기원전 5세기경 페르시아의 다리우스 대왕이 그리스를 침략하여 발생한 전쟁에 대하여 저술하고자 하였다. 이를 위해 헤로도토스는 수년에 걸쳐 페르시아, 이집트 그리고 그리스의 대부분의 도시를 직접 도보로 답사하거나 배를 타고 여행하면서 자료를 수집하였다. 전쟁이 일어난 지 불과 30~40년밖에 지나지 않았기 때문에 헤로도토스는 아직도 생생한 전쟁의 기억을 더듬으며 전쟁의 현장을 방문하였고, 전쟁에 직접 참가하였거나 목격한 사람들을 찾아 진상을 조사하고 탐구하였다. 이렇게 해서 그가 직접 보고 느낀 것을 기록한 것이 『페르시아 전쟁사』다. 헤로도토스는 책의 서문에 다음과 같이 언급하였다.

나의 역사 연구의 성과로서 두 가지를 바란다. 첫째는 우리의 놀라운 업적을 기록하여 과거의 기억을 오래 보존하고, 둘째는 두 민족이 왜 전쟁을 하게 되었는지를 밝히기 위해 할리카르나소스에서 출생한 헤로도토스가 스스로 탐구한 바를 서술한 것이다.

『페르시아 전쟁사』는 단순히 역사적 사실을 나열한 것이 아니라, 사실과 사실 사이의 상호 연관성을 탐구하고 그 의미를 부여하였다. 헤로도토스는 이 전쟁을 페르시아와 그리스의 두 개의 이질적인 문화와 정치제도, 즉 동방 문화와 서방 문화, 전제주의와 민주주의의 충돌로 보았다. 헤로도토스는 그리스가 승리하게 된 원인을 페르시아의 전제사회에 대한 그리스의 민주사회

페르시아 전쟁의 한 장면

의 우월성에 있다고 판단하였다. 플라톤이나 아리스토텔레스 등 당시 그리스의 철학자들이 무지한 대중이 참여하는 민주정치를 중우정치라고 비판하였을 때, 헤로도토스가 민주정을 격찬한 것은 사가만이 내릴 수 있는 냉철한 역사적 판단이었다.

헤로도토스의 뒤를 이은 그리스의 역사가는 투키디데스였다. 투키디데스는 『펠로폰네소스 전쟁사』를 저술하였는데, 책의 서두에 "아테네인 투키디데스가 펠로폰네소스인들과 아테네인들 사이에 발생한 전쟁이 위대한 의미가 있으며, 이전의 어느 것보다도 커다란 가치를 지닌 기록이 될 것"이라고 밝히고 있다. 투키디데스는 편견이나 선입관을 배제하고 객관적으로 당시 전쟁의 원인과 의미를 서술하려 하였다. 또한 전쟁 참가자들의 영웅적 행위나 이야기를 삽입하여 역사 기록에 생동감을 불어넣었다.

투키디데스는 아테네와 펠로폰네소스 두 도시국가 사이의 적대관계를 역사적으로 규명하여, 스파르타를 중심으로 한 펠로폰네소스가 아테네에 승리하게 된 원인을 민주정에 대한 과두정의 우월성과 단결심에서 발견하였다. 투키디데스는 자신의 조국이 아테네이지만, 페리클레스 이후 아테네 민주정이 통치자들의 무능과 부패, 비도덕성으로 몰락하게 되었음을 지적하면서 역사가로서 객관성과 비판정신을 보여 주었다.

헤로도토스와 투키디데스는 각각 그들 저서의 서문에 탐구자이자 의미의 부여자인 자신들의 이름과 출생지를 밝힘으로써 역사가로서의 책임 소재를 분명히 명시하였다. 이 두 그리스 역사학자가 역사라는 용어를 사용하면서 가장 중요시한 것은 과거 발생한 사건에 대해 철저한 조사와 탐구, 체계적인 서술을 통해 과거 사실에 대해 객관적으로 진실을 밝히고자 하였던 것이었다. 이런 과정을 통해 그들은 역사를 과거 신화나 전설적인 차원에서 벗어나 인간의 행동을 중심으로 서술하였다. 다시 말해, 역사적 사실만을 단순하게 나열한 것이 아니라, 역사적 사실의 상호 연관성을 탐구하여 당시의 현재적인 당면 문제와 연결시켜 후대인들에게 교훈을 전하려 하였다.

동양적 어원

중국에서 역사歷史의 기원은 그리스의 히스토리아보다 훨씬 앞섰다는 것이 문헌이나 고고학적인 자료로 확인되고 있다. 중국인들은 그 어떤 민족보다도 일찍이 역사를 기록하여 왔다. 오경 중에는 『서경』이 있고 반고가 지은 『한서』가 있는데, 여기서 '서書'라는 말은 역사 기록을 의미한다. 『서경』은 요순 시절부터 주나라까지의 정치에 관한 내용을 수집하고 기록한 책이며, 『한서』는 100권으로 이루어진 전한前漢 시대를 다룬 왕조사다.

역사라는 단어를 구성하는 '역'과 '사' 중에서 중요한 개념은 '사史'에 있다. 서양의 '히스토리아'에 해당하는 낱말인 '사史'는 '입口'과 '사람人'을 합친 것이다. 따라서 이것은 사람이 한 말 또는 말을 전하는 사람의 의미를 가지고 있다. 또 다른 해석은 사람이 책을 받쳐 들고 있는 형상으로 과거 사실이나 사건을 기록하는 사람인 사관史官을 의미한다.[1] 사관은 고대로부터 자국의 역사적 사료를 모아서 분류하고 정리하는 사람이었다. 그들은 천자나 제후들의 일거수일투족, 나라의 크고 작은 사건을 빠짐없이 기록하였으며, 자국의 역사적인 사료와 수집된 문헌들을 정리하여 보존하였다.

史의 가장 오랜 기원은 후한 때 허신이 기술한 『설문해자設文解字』에 나타난 "史 記事者也 從手持中 中 正也"라는 구절에서 찾을 수 있다. 여기서 사史는 사事를 기록하는 사람이며, 중中은 바른 것正을 의미한다. 그러므로 사史는 '손으로 바르게 기록하는 것'을 의미한다. 역사적 사실을 기록함에 있어서 객관적이며 공평해야 한다는 뜻이다. 따라서 중국에서의 '사' 개념은 서양에서와 같이 역사적 사실을 기록한다는 뜻을 지니고 있으나 역사를 기록하는 관리인 사관의 의미가 강하게 내포되어 있음을 알 수 있다.

'사'에 대한 또 다른 해석은 제후들이 일종의 제례로 거행하는 활쏘기 대회에서 맞추는 화살 수를 계산하여 기록한 데서 유래되었다는 것이다. 화살의 적중 수를 기록하는 관직이라는 뜻에서 출발한 사관의 임무는 점차 다른 직책에까지 넓혀졌다. 은나라 때는 점을 쳐서 하늘의 뜻을 알아내는 사람이었으며, 주나라 때는 왕의 지시나 명령을 전달하는 사람이었다. 이렇게 사관은 지배자의 통치 행위를 대행하는 사람이었다. 중국의 역사서에 규범성이 강하게 나타난 것은 그것을 기록하는 사관이 지배자의 통치 행위에 관여하는 일을 담당하였기 때문이었다.

투철한 역사적 소명감을 지닌 사관들은 자신의 의도나 가치관이 글 속에 스며드는 것을 매우 경계하였다. 사관은 그가 살던 당시에 발생했던 일들을 가감 없이 객관적으로 기록하고 보존할 뿐, 역사적 평가는 후세의 몫으로 돌리려는 전통이 강하였다. 반면, 명예와 체면을 중시하는 권력자들은 후세에 자신의 행위가 어떻게 기록되는가에 대해 매우 민감하게 의식하였다. 따라서 권력자들은 자신이 행한 부당한 일이 역사서에 기록되는 것을 두려워하였다.

중국에서는 예부터 역사 기록과 서술을 매우 중시하였다. 따라서 아무리 막강한 권력자라 해도 늘 역사적인 평가에 대해 유의하지 않을 수 없었다. 이렇게 사관이란 제도를 통해 역대 제왕들의 일거수일투족을 남김없이 기록한 전통은 멀리 주周나라 때부터 시작되었다. 이 과정에서 진실만을 기록하려는 사관과 자신에게 유리하게 역사를 수정하려는 권력자 간에 긴장이 생기게 마련이다. 역사의 진실을 후대에 온전히 알리는 데는 많은 사람의 희생과 대가가 필요했다. 그 대표적인 사례를 살펴보자.

춘추시대 제齊나라 장공莊公(기원전 554~548) 때의 일이다. 제나라의 왕 장공은 신하 최저崔杼의 부인에게 마음을 빼앗겨 왕권을 이용하여 사통私通을 하였다. 이로 인하여 장공은 최저의 손에 죽임을 당하였다. 최저는 새로운 어린 왕을 봉한 후 사실상 자신이 권력을 장악하였다. 왕을 시해한 자신의 행위가 마음에 걸렸던 최저는 사관인 태사太史를 불러 장공이 학질로 사망했다는 기록을 남기게 하였다. 그러나 태사는 "최저가 사사로운 원한으로 부하를 시켜 임금인 장공을 시해하였다."는 사실을 기록하였다. 시해라는 말은 아랫사람이 정당한 이유 없이 윗사람을 죽였다는 말로, 유가에서는 가장 큰 죄로 여겼던 대역죄에 해당하였다.

이 사실을 알게 된 최저가 크게 분노하여 태사를 죽였다. 그러자 역시 사관으로 있던 태사의 동생이 형을 대신해 "최저가 주군인 장공을 시해하였다."라는 같은 내용을 기록하였다. 최저는 또다시 그를 죽였다. 그러자 형들의 뒤를 이어 사관이 된 막내 동생 역시 형들의 기록을 다시 사록에 올렸고, 최저는 온갖 협박과 회유를 하였다. 이에 태사의 막내 동생은 "사실을 바른대로 기록하는 것이 사관의 직분인데, 자기 직분을 잃고 사느니 차라리 죽는 편이 낫습니다."라고 답했다. 나는 새도 떨어뜨릴 만큼 막강한 권력을 쥐고 있던 최저였지만, 태사 삼형제의 지조와 정기만은 꺾을 수 없었다. 최저는 결국 회유와 협박에도 굴하지 않고 역사의 진실을 전하려 했던 태사 삼형제에 굴복하여 역사 기록을 말살하려는 시도를 포기하고야 말았다.[2]

죽음마저도 두려워하지 않는 태사 삼형제의 이러한 지조는 역사적 진실을 후대에 전하려는 사관으로서의 사명감과 투철한 역사의식을 잘 보여 주는 것이었다. 중국인들의 사서를 기록하는 자세는 참으로 치열하다. 글자 하나에 목숨을 바치기도 했다. 죽음을 각오하고 사실을 기록한 사관이 있었기에 그 많고 많은 왕조의 역사가 있는 그대로 후대에 전해질 수 있었다.

한편, 우리나라에도 중국처럼 사관들이 수난을 당한 실례가 있다. 조선 초기에 무오사화, 갑자사화, 기묘사화, 을사사화란 사건이 발생하였다. 이 가운데 무오사화(1498, 연산군 4년)는 「조의제문弔義帝文」이란 필화가 발단이 되었다. 「조의제문」은 진나라 항우가 초나라 회왕, 즉 의제를 폐위시키고 권력을 찬탈한 사건에 대한 것이었다. 김종직은 의제의 죽음을 애석하게 생각하여 제문 형식을 빌려 항우의 처사를 비난하였는데, 이는 곧 세조가 어린 조카 단종을 폐위시킨 것을 빗댄 것으로 세조의 왕위 찬탈을 은유적으로 비판하는 글로 해석되었다.

뒤에 김종직의 문하생인 김일손이 사관으로 있을 때 이 글을 사초史草에 적어 넣었다. 본래부터 김종직과 사이가 좋지 않았던 이극돈과 유자광이 연산군 때 성종실록을 편찬하면서 사초에서 「조의제문」을 발견하였다. 이극돈과 유자광은 이 글이 단종 폐위의 부당성을 언급한 것이며, 동시에 세조를 음해하려는 것이라고 연산군에게 보고하였다. 결국 김종직은 부관참시를 당하고, 김일손 등은 선왕을 우롱했다는 모독죄로 사형에 처해졌다.

역사의 의미

역사는 두 가지 의미를 가지고 있다. ① 과거에 일어났던 사실, 즉 발생한 사건이라는 객관적인 의미, ② 사건에 대한 역사가의 기록, 즉 역사가가 과거 사실을 '탐구하여 얻어진 지식'이라는 주관적 의미다.[3] 독일의 철학자 헤겔Hegel은 『역사철학강의』에서 "역사라는 단어는 과거의 인간 행위의 객관적 측면과 그것을 설명하고 평가하는 주관적 측면을 종합한 것으로, 사건 자체를 의미하는 동시에 사건에 대한 기술을 의미한다."라고 언급하였다. 따라서 역사에서 서술이란 사건을 단순히 있는 그대로 표현하는 것이 아니라, 저자의 주관이 담긴 해석을 의미한다.

우리는 일기를 쓸 때 하루 일과를 아침부터 저녁까지 미주알고주알 모두 기록하지는 않는다. 그날 가장 기억에 남는 일이나 경험 등 오늘의 시점에서 반성과 성찰, 교훈을 얻을 수 있는 내용을 중심으로 서술한다. 역사 서술도 마찬가지다. 역사적 사실이란 역사가가 과거 무수한 사건 중에서 가치가 있다고 판단되는 사실만을 선택하여 기록함으로써 비로소 역사적 사건이 되는 것이다. 즉, 역사에서 과거 사실들을 단순히 나열하는 것이 아니라, 그것을 해석하고 평가하는 것이 더 중요하고 본질적인 것이다. 이런 의미에서 사실의 단순한 나열인 '객관적 역사'보다는 사실과 사실 간의 전후관계를 통하여 그 의미를 밝히고 해석하는 '주관적 역사'가 보다 중요한 의미를 지니고 있는 것이다.

그러면 역사에 객관적 측면과 주관적 측면이 함께 존재하는 이유는 무엇일까? 그에 대한 해답을 구하기 위해 역사에 대한 카Edward H. Carr의 정의를 살펴볼 필요가 있다. 영국의 역사가 카는 1961년 케임브리지 대학에서의 강연 내용을 엮은 저서 『역사란 무엇인가』에서 역사적 사실은 과거에 일어난 일이고 이를 연구하는 역사가는 현재의 사람으로, "역사란 역사가와 과거 사실의 부단한 상호작용이며 현재와 과거 사이의 끊임없는 대화"라고 정의하였다.[4]

역사적 사실은 단순히 과거에 있었던 사실이기 때문에 역사적 사실이 되는 것이 아니라, 역사가가 그 사실의 중요성을 인정하고 자신의 해석에 따라 재구성할 때 역사적 사실이 된다는 것이다. 역사가의 해석은 자신의 현재 입장과 가치관을 반영하기 때문에, 역사는 과거 사실과 역사가의 해석이 결합되어 성립되는 것이다. 카의 역사에 대한 정의는 과거의 사실과 그것을 기록하는 역사가의 상호관계를 적절하게 설명한 것으로, 역사의 객관적 측면과 주관적 측면을 조화롭게 제시하고 있다.

영국의 역사가이자 철학자인 콜링우드Robin

『역사란 무엇인가』의 저자 에드워드 카

역사 서술은 요리를 하는 것

미국의 역사가 헥스터(Jacques Hexter)는 역사를 요리에 비유하였다. 음식을 만들려면 고기, 생선, 야채와 같은 재료와 설탕, 간장, 후추, 마늘 등 양념이 필요하다. 요리를 위한 이런 재료나 양념은 역사에 비유하면 사료와 같은 것이다. 같은 재료로 음식을 만들더라도 요리사의 솜씨에 따라 그 맛은 각양각색으로 달라진다. 또한 음식을 만드는 순서나 절차를 무시하고는 훌륭한 음식을 기대할 수 없다. 역사도 마찬가지다. 요리를 하는 데 재료의 배합이 중요하듯, 역사 서술에도 사료의 선택과 구성, 배치가 중요하다. 숙달된 요리사가 최고의 음식을 만들어 내듯이 역사가의 능력에 따라 역사 기록의 가치가 달라진다.[5]

George Collingwood는 1946년 그의 저서 『역사의 관념 *The Idea of History*』에서 역사의 두 요소, 즉 과거 사실과 그것을 탐구하는 역사가가 있어야 한다고 지적하였다. 그는 역사를 "역사가가 연구하고 있는 사람들의 사상을 자기 자신의 마음속에 재현한 것"이라고 정의하였다. 역사적 사실은 객관적으로 존재하는 것이 아니라 역사가의 주관적 사고에 의해 나타나는 상상적 산물이라는 것이다.

콜링우드는 "모든 역사는 사상사"라고 정의하였다. 그에 따르면, 역사는 단지 연대, 인물, 사건 등을 나열한 지식이 아니라 사료 속에 남아 있는 인간의 과거 행위에 관한 의문을 해결하려는 '특별한 사고 형식'이다. 콜링우드는 역사를 움직이는 힘을 지나치게 지적으로 분석했다는 비판을 받기도 하였으나, 역사와 철학을 조화시키려는 그의 노력은 오늘날 중요한 학문적 업적으로 인정받고 있다.

역사에서 시간과 공간의 개념

기자는 어떤 사건을 취재할 때 '누가, 언제, 어디서……'라는 원칙으로 기사를 쓴다. 여기서 '누가'는 사건의 주체이고, '언제'는 시간, 그리고 '어디서'는 공간을 말한다. 인간의 역사는 공간 속에서 시간의 흐름을 통해 이루어지고, 그 주체가 되는 것이 바로 인간이다. 따라서 시간, 공간 그리고 인간이 역사를 이루는 세 가지 구성 요소다.

역사는 의식과 일정한 목적을 가지고 움직이는 인간에 의해 창조된다. 인간 이외의 다른 동물들은 단지 자신들에게 적합한 자연환경에서만 살아갈 수 있다. 그러나 인간은 자연에 수동적으로 의지하는 것이 아니라 능동적으로 자연을 지배하며 살아간다. 인간들이 하나의 공동체를 이루며 시간과 공간을 능률적이고 효과적으로 활용하여 생활환경을 개선하고 문화를 창조해 온 결과가 바로 '역사'인 것이다.

그렇다면 역사에서 시간의 개념은 무엇인가? 역사에서 시간이란 인간의 사회적 행동들과 그에 따른 인류사회의 변화로 채워진 시간이다. 그것은 기계적이고 무의식적으로 움직이는 자연의 단순한 시간과는 본질적으로 다르다. 우리가 생리적 욕구를 위해 먹고 마시고 잠자는 시간은 물론 필요하지만, 여기에 삶의 가치를 둘 수는 없는 일이다. 어떤 사람이 식물인간으로 10년을 침실에서 누워 지냈다면 이 시간이 그의 인생에서 무슨 의미가 있겠는가? 그러나 우리가 태어나고, 대학을 졸업하고, 취직하고, 결혼하고, 자식을 얻는 등 인생을 변화시키는 계기가 되는 일들은 중요한 개인사로서 의미를 갖게 된다.

이러한 개인사와 마찬가지로 역사에서 변화와 발전을 수반하지 않는 시간은 아무리 길더라도 큰 의미가 없다. 반면, 단 몇 달, 단 며칠의 짧은 기간일지라도 인류사에 매우 중대한 영향을 미칠 수도 있다. 프랑스혁명은 수년에 걸쳐 비교적 짧은 기간에 일어났지만 인류사에 미친 영향은 참으로 지대하였다. 문제는 시간의 크기가 아니라 그 변화의 양적·질적인 내용인 것이다.

『제3의 물결』의 저자 앨빈 토플러

인류 역사에서 석기시대는 200만 년이라는 장구한 기간 동안 지속되었다. 그러나 이 시기 동안 인류사회에 일어난 변화는 거의 미미하였다. 그들이 사용한 석기와 생활양식은 오랜 기간에도 큰 변화가 없었다. 이것은 선사시대 인류의 문화가 상상할 수 없을 정도로 비진보적이며 정체적이었다는 것을 말해 준다. 반면, 오늘날 우리는 거대한 변혁기를 맞고 있다.

미국의 석학 토플러Alvin Toffler는 그의 저서 『제3의 물결』에서 인류가 진보의 과정에서 이루어 낸 세 번에 걸친 거대한 변화를 언급하였다. 제1의 물결은 약 1만 년 전 인류가 한 곳에 정착함으로써 이루어진 농업혁명으로, 수천 년에 걸쳐 이루어진 진보의 과정이었다. 제2의 물결은 18세기 중반 직조기와 증기기관, 농기구의 발명 등 영국에서부터 시작된 산업혁명으로, 수백 년에 걸쳐 진행되어 인류가 비로소 먹고 사는 문제를 해결하는 계기가 되었다.

이어 토플러는 우리 시대의 최첨단 지식정보 산업의 발달을 제3의 물결이란 용어로 표현하였다. 농업혁명이 수천 년, 산업혁명이 수백 년에 걸쳐 이루어졌지만, 최근의 변화는 수십 년 혹은 수년에 걸쳐 압축 폭발적으로 이루어지고 있다. 반도체, 전자, 항공, 우주, 의학, 유전공학 분야에서 가히 혁명적이라고 할 만큼 커다란 사회적 변혁이 이루어졌다. 마치 누에가 나방이 되는 대격변이 일어나고 있으며, 이로 인하여 우리의 생활은 질적 차원에서 과거와 전혀 다른 세상에서 살고 있는 느낌이다.

최근의 이런 변화는 시간의 크기가 아니라 그 변화의 내용 때문에 상대적으로 큰 의미를 갖는다. 무거운 물체일수록 가속도가 더욱 큰 것과 같이, 변화의 양과 질이 큰 만큼 역사의 발전에도 가속도가 붙기 마련이다. 따라서 선사시대보다는 역사시대가, 역사시대 중에서 고대보다는 중세, 중세보다는 근대, 근대보다는 현대가 더 큰 역사적 의미를 갖는 것은 당연하다. 변화의 강도가 더 크기 때문이다. 이처럼 역사의 시간은 사회적인 발전의 정도에 따라 그 중요성이 측정되는 시간을 말한다. 그러므로 역사학은 다른 학문보다도 사회적 사건들의 변화와 영향력에 관한 문제에 더욱 많은 관심을 기울인다.

역사는 본질적으로 시간적 개념이다. 시간의 경과에 따라 인류가 이룬 진보와 발전의 기록이 역사인 것이다. 이런 관점에서 볼 때 '역사적 공간'이란 개념은 아예 성립되지 않는 듯한 인상을 준다. 그러나 시간과 공간은 양과 질처럼 불가분의 관계를 맺고 있다. 특히 아인슈타인Albert Einstein이 상대성 이론을 발표한 이래 시간은 더 이상 절대성을 갖지 못하며, 시간과 공간을 분리하는 행위는 아무런 객관적인 의미를 갖지 못하게 되었다.

역사적 공간이란 지리, 자연적인 환경을 의미한다. 지구상에 존재하는 어떤 생물체나 사물도 특정한 공간을 배경으로 자리 잡게 된다. 따라서 모든 개인의 삶도 이러한 환경적 공간 속에서 이루어진다. 그리하여 개인의 전기를 기록할 때도 그 시대의 지리·자연적 환경을 무시할 수 없는 것이다.

역사적 공간은 지리나 물리에서의 공간처럼 단순히 고정된 개념이 아니다. 그것은 역사적 시간의 발전에 따라 인류가 진보하며, 이에 따라 그 크기가 달라져 온 인간 삶의 영역이다. 역사적 공간은 지리·자연적 환경과 인간적 사회라는 두 가지 요소를 포함하고 있으나, 좀 더 근원적인 것은 자연이다. 자연은 '역사적 인간의 모태'로서, 인간은 자연에서 태어나 자연의 지배를 받으며 살아가는 존재이기 때문이다.[6] 그리하여 듀란트Will Durant는 "지리는 역사의 자궁이요 역사를 젖 먹이는 어머니이자 가정이다."라고 하였던 것이다.

역사적 공간은 인류의 사회적 발전에 비례하여 점차 확대되는 특성을 지닌다. 고대에는 역사적 공간이 좁았지만, 시간이 지나 현대에 가까울수록 역사적 공간은 점차 확대되고 있다. 아주 먼 옛날 씨족이나 부족 시대에 살던 사람들은 제한된 지리적 공간에서 생활하였다. 인간의 두 다리로는 이동하는 데 한계가 있었다. 그들의 생활이나 활동은 자신들이 속한 씨족이나 부족의 울타리를 벗어날 수가 없었다. 농노라고 불리는 중세의 농민은 그들이 속한 장원을 벗어나 딴 곳으로 이동하여 산다는 것이 극히 어려웠다. 대부분의 농노는 자신이 태어난 마을에서 살다가 그곳에 뼈를 묻었다. 삶의 공간이 제한되어 있었던 것이다.

그러나 사회가 점차 발달하고 상업과 문화적 교류가 빈번해지면서 사회적 관계의 폭이 점차 넓어지게 되었다. 서양의 경우 민족국가를 단위로 하는 근대사회로 발전하였고, 신대륙의 발견으로 동서양의 교류가 이루어지는 세계사적 의미를 가지게 되었다. 그리고 급기야 오늘날 우리는 세계가 하나의 '지구촌'으로 불리는 시대에 살고 있다. 역사적 시간이 발전함에 따라 인간의 활동 영역도 점차 확대된 것이다.

그렇다고 해서 역사적 공간의 확대가 곧 인류사회의 진보를 의미하지는 않는다. 인적 · 문화적 · 상업적 교류를 통하여 인간은 그 전보다도 물질적으로는 더욱 풍요로운 삶을 누리게 되었다. 그러나 인류의 사회적 관계가 조화롭고 협조적으로 이루어진 것만은 아니다. 역사적 공간이 확대됨에 따라 인류는 전보다 더 많은 대립과 갈등, 그리고 정신적 위기 속에서 살게 되었다.

예를 들어, 두 번에 걸친 세계대전, 경제대공황, 가공할 만한 핵무기의 위협, 자연환경의 파괴 등 인류는 커다란 재앙을 경험하였다.

　인류가 존재하는 한 역사의 시간은 계속 발전할 것이고, 이에 따라 역사적 공간 또한 확대되어 갈 것이다. 그러나 인간은 어느 시간까지 발전을 거듭할 것인가, 인간의 활동 영역은 어디까지 확대될 것인가 하는 문제는 여전히 숙제로 남아 있다. 중요한 것은 인간이 발전하는 시간이나 공간의 양이 아니라 이를 통해 얻어지는 역사 발전의 질인 것이다. 물질적으로 풍요롭고 정신적으로 안정된 삶이 인류가 추구하는 지상의 목표인 것이다.

사마천의 『史記』

–고난과 역경을 극복한 위대한 역사가

사마천

중국에서 역사가 독창적인 학문으로서 길이 열리기 시작한 것은 중국의 위대한 역사학자 사마천으로부터였다. 고대의 역사 문헌인 『상서』와 『춘추』는 한나라 때 유교경전으로 중시되었으나, 이런 경전에서 역사를 독립시켜 역사가 하나의 독자적인 학문으로 발전할 수 있었던 것은 사마천에 의해 비로소 가능하게 되었다.

사마천의 부친인 사마담은 한의 조정에서 태사령이라는 직책을 맡은 관리였다. 태사령은 천문관측과 달력의 개편, 국가 문서의 수집과 관리, 조정의 의례 등을 담당하는 직책이었다. 이런 부친의 영향으로 사마천은 어린 시절부터 유가의 경전을 배우고, 청년기에는 전국 각지의 주요 사적지를 직접 답사하고, 각 지역의 전승과 풍속, 중요 인물들의 체험담 등을 수집하고 기록하면서 사가로서의 안목을 키웠다. 사마천은 부친이 사망하자 대를 이어 태사령이 되었다.

사마천은 B.C. 105년 무제가 즉위하자 한나라의 새로운 시작이라는 의미에서 중국 역사서의 집필에 착수하였다. 역사에 대한 사마천의 열정은 자신이 기록하지 못한 중국의 역사를 꼭 기록하라는 아버지의 유언을 받들고, 과거 역대 왕조의 잘잘못을 후대에 전하여 이를 경계와 교훈으로 삼으려는 역사가로서의 투철한 사명의식이 반영된 것이었다.

그러나 사마천에게 예기치 못한 재난이 닥쳐왔다. 당시 흉노족 정벌에 나선 이릉(李

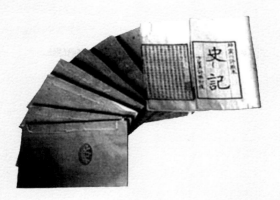

사마천의 『사기』

陵) 장군은 5천의 병사로 10만의 흉노 기병과 대적하여 흉노족 1만 명을 살상하는 전과를 올렸으나, 중과부적으로 투항하여 포로의 신세가 되었다. 한 나라의 장군으로서 적에게 항복했다는 죄목으로 이릉을 단죄하는 무제 앞에서 모든 중신이 침묵을 지키고 있을 때, 사마천이 홀로 이릉을 변호하고 나섰다. 화가 난 무제는 사마천에게 황제 모독죄로 사형을 선고하였다.

　　사가로서의 자부심이 남달랐던 사마천은 옥에 갇혀 좌절과 분노, 공포감이 죄어드는 비참한 체험을 하게 되었다. 그는 "용기와 비겁, 강함과 약함은 상황에 따라 좌우된다."는 손자의 말에 깊은 공감을 느꼈고, 인간을 보는 새로운 시각을 얻게 되었다. 당시에 사형을 면하는 두 가지 방법이 있었다. 50만 전의 벌금을 내거나, 생식기를 제거하는 궁형이라는 형벌을 받는 것이었다. 형편이 넉넉지 못했던 사마천은 죽음보다 더한 치욕을 견디며 스스로 궁형을 선택하였다.

　　2년여의 옥중생활을 마치고 다시 세상에 나왔을 때, 그는 예전의 사마천이 아니었다. 그런 그에게 예기치 않은 일이 일어났다. 화가 누그러진 무제가 사마천을 다시 중서령의 높은 벼슬에 임명한 것이었다. 운명의 장난이었는지, 그것은 그가 환관이 되었기에 가능한 일이었다. 그는 인간의 운명에 대해 깊은 의문을 품게 되었으며, 이는 역사에 대한 깊은 성찰로 이어졌다. 탁월한 재능과 예리한 관찰력, 거기에 인생의 가혹한 체험을 겪은 사마천은 공직에서 은퇴한 후 역사서 완성에 몰두하였다. 사마천은 20여 년에 걸쳐 집필에만 몰두하여 마침내 130권에 달하는 대작인 『사기』를 완성하였다.

사기는 상고시대부터 한나라까지 2000년의 중국 역사를 담은 책으로, 본기(황제에 대한 기록), 표(연표), 서(제도와 문물), 세가(제후에 대한 기록), 열전(사람에 대한 기록)으로 구성되었다. 이 중에서 열전은 주나라 붕괴 이후 등장한 50개 제후국 가운데 최후까지 살아남은 7개 나라의 흥망성쇠를 생생하게 풀어 놓았다. 지조와 소신의 문제를 다룬 〈백이열전〉, 진정한 우정을 다룬 관포지교 고사의 〈관안열전〉 등 '어떻게 인생을 살아야 하는 것인가?' 하는 물음에 대한 다양한 해답을 제시하였다.

사기는 과학성과 종합성에서 뛰어난 명작일 뿐만 아니라 문체가 힘이 넘치고 내용도 극적인 생동감이 넘쳐 동양 최고의 역사서로 평가되고 있다. 사기에는 왕에서 서민까지, 성자에서 악인까지, 역사의 주연에서 조연에 이르기까지 참으로 다양한 인물을 편견 없이 등장시키고 있다. 그리고 이들 인물이 서로 교차하면서 이루어지는 인간관계를 통해 역사란 어떻게 창조되는지, 인간이란 참으로 어떠한 존재인지를 깊이 성찰하게 만든다.

역사란 무엇인가

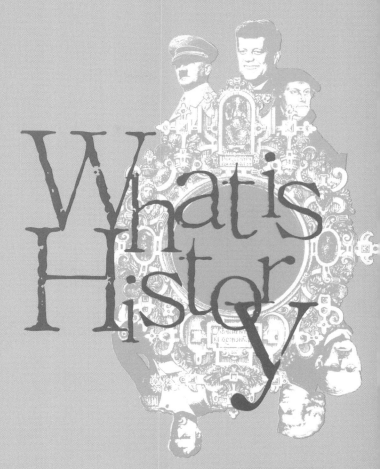

Chapter 2

역사를 왜 배우고 기록하는가

듣자옵건대 새 도끼자루는 헌 도끼자루를 보고 본을 삼으며,

뒷수레는 앞수레를 거울삼아 경계하는 것이니,

대개 과거의 흥망은 실로 미래의 교훈이 되옵니다.

– 『진고려사전(進高麗史箋)』

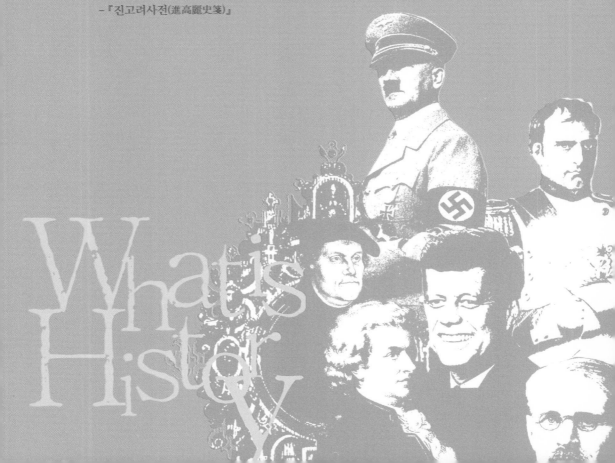

역사의 가치와 교훈

감동과 매력

역사에는 극적인 사건이나 인물들에 대한 이야기가 파노라마처럼 펼쳐진다. 18세기 영국 철학자 흄David Hume은 "상식이나 상상이란 면에서 어떤 즐거움도 역사와 비교될 수 없다."라고 하였다. 우리는 마치 연극이나 영화를 보듯이 역사를 감상할 수 있다. 등장 배우들(역사적 인물)의 연기를 보고 감동과 매력을 느끼며, 때로는 슬픔과 참을 수 없는 분노를 느끼기도 한다.

역사에는 진한 감동이 있다. 어떤 역사적 사건들이나 영웅들의 이야기는 아무리 훌륭한 작가라 하더라도 묘사해 낼 수 없는 극적인 드라마를 연상시킨다. 우리는 한 사람의 관객으로 돌아가 역사 현장의 주인공이 되는 상상을 하기도 한다. 어릴 적에 어머니가 들려주신 할머니와 할아버지에 대한 이야기가 어린아이에게 큰 감동을 불러일으키듯, 역사는 사람의 마음을 움직이는 호소력을 지닌다. 우리가 이순신 장군이나 안중근 의사의 애국애족의 정신에 감화하듯이, 다른 나라의 국민들도 그들의 역사에 나타난 존경스러운

젊은 시절의 아돌프 히틀러(좌)와 그에게 열광하는 군중(우)

인물들을 통해 긍지와 민족적인 자긍심을 느낀다.

독재자이자 전쟁광, 그리고 유태인 학살로 악명 높은 히틀러. 아이러니하게도, 그 역시 학창 시절에 역사 과목을 가장 좋아했다. 히틀러는 『나의 투쟁Mein Kampf』에서 그가 혁명가가 된 것은 중학교 시절 역사 선생님으로부터 받은 감동 때문이었다고 회고하였다. 히틀러는 다른 선생님들에 대해서는 못마땅하게 생각했으나, 오직 역사 선생님에게만은 따뜻한 감사의 말을 잊지 않았다.

그의 강의를 듣고 있노라면 가슴이 절로 뛰는 것을 억누를 수 없었다. 우리는 감격하여 얼굴을 붉혔으며, 어떤 때는 눈물까지 닦으며 경청하였다. 나는 이 반백의 노인을 생각하면 마음속으로부터 커다란 감동을 느낀다. 본질적인 것을 취하고 비본질적인 것을 잊어버린다는 원칙을 이해한 역사 선생님을 만나게 된 것은 나의 인생에서 커다란 행운이었다. 그는 국가사회주의적인 열정을 교육의 수단으로 사용하여 몇 번이고 반복하여 독일 국민과 국가의 명예심에 호소하였다.[1]

프랑스 역사학자인 블로크Marc Bloch는 역사가 '부정할 수 없는 매력'을 지니고 있으며, 어릴 적부터 끊임없는 즐거움의 원천이었다고 고백하였다. 블로크의 말처럼 우리가 역사에 관심을 갖는 주된 이유는 그것이 기쁨과 즐거움을 주기 때문이다. 희귀한 우표나 화폐를 수집하는 사람들은 자신의 소장품을 수시로 쳐다보며 즐거움을 만끽한다. 마찬가지로 역사가들은 사료를 수집·정리하고 새로운 역사적 사실을 밝혀냄으로써 자신은 물론 다른 사람들에게 정보를 제공하는 즐거움을 갖게 한다.

프랑스 역사학자 마르크 블로크

블로크는 어느 날 가까운 친척인 한 소년이 자기 아버지에게 다음과 같은 질문을 하는 것을 들었다. "아빠, 도대체 역사란 무엇에 쓰는 거예요?" 소년의 천진난만한 이 질문은 블로크의 머리를 줄곧 떠나지 않았다. 유럽이 2차 세계대전의 소용돌이에 휘말려 있던 1940년 6월, 독일은 프랑스 파리를 점령하였다. 분노와 침통한 심정으로 독일군의 침략을 지켜보던 블로크에게 그의 동료가 문득 내뱉었다. "역사가 우리를 배반한 것일까?"

이 독백은 앞서 말한 소년의 질문과 함께 블로크의 가슴속에 깊이 새겨졌다. 1941년 블로크는 마침내 이 두 질문에 답하는 저서 『역사를 위한 변명』을 출간하였다. 이 저서는 조국을 잃은 한 역사가의 역사에 대한 반성과 회한이 담겨 있

블로크와 피렌느

블로크가 그의 스승 앙리 피렌느(Henry pirenne)와 함께 스웨덴의 스톡홀름을 여행했을 때의 일이다. 피렌느가 말하였다. "맨처음 뭘 구경할까? 새 시청이 세워졌다는데 거기부터 구경하도록 하지." 스승은 당황한 제자의 마음을 가라앉히려는 듯 덧붙였다. "내가 골동품 연구가라면 낡은 물건들을 찾아다니겠지만 나는 역사가거든. 그래서 생활을 사랑하지." 이런 스승에 대해 블로크는 '살아 움직이는 사물을 이해하는 이러한 능력이야말로 진정한 의미에서 역사가의 뛰어난 자질'이라고 감탄하였다.

다. 블로크는 이 저서에서 역사가 파
악해 내고자 하는 것은 바로 인간들이
라고 대답하였다. 역사는 과거의 사건
이나 제도를 연구하기 위한 학문이 아
니라 당시 인간들의 삶을 알기 위한
것이다.

블로크의 저서 『역사를 위한 변명』

역사에 관심을 갖게 되는 출발점은
현재에 있다. 현재의 삶이 고통스럽고
암담할 때, 우리는 어떻게 현실을 헤
쳐 나갈 수 있을까 궁리를 한다. 이럴
때 역사는 우리에게 가르침을 제공한
다. 역사 속에는 여러 인간상이 존재한다. 성공한 인생, 실패한 인생, 화려한
인생, 찌든 인생······. 우리는 그중의 하나를 모델로 삼거나 그로부터 유용한
삶의 지혜를 얻을 수 있다.[2] 이런 의미에서 역사는 인간을 알기 위한 학문인
것이다. 역사는 좁게는 우리의 조상, 넓게는 인류의 선조들에 대한 과거 행
적의 생생한 기록이며, 끊임없는 호기심과 감동, 그리고 즐거움의 원천이다.
이것은 역사가 "추상적 관념의 학문이 아니라, 인간적인 체취가 물씬 묻어나
는 학문"이기 때문이다.[3]

역사의 교훈성

역사는 인간의 모든 경험의 기록이다. 따라서 자신이 살고 있는 세계를
이해하거나 지혜를 가지고 나름대로 행동하려는 사람들은 역사를 배우지 않
으면 안 된다. 현재라는 것은 스쳐 가는 순간일 뿐, 우리가 의식하고 있는

모든 것은 과거에 존재한다. 따라서 지혜 있는 행동이란 결국 과거의 경험에서 배워야 하는 것이다.

로마의 철학자 키케로Marcuse T. Cicero는 "역사는 과거의 증인이요, 진실을 밝혀 주는 빛이요, 기억을 되살려 주는 생명력"이라고 하였다. 그는 "우리가 태어나기 전에 일어난 일들을 알지 못한다면 영원히 어린아이로 머물 것"이라고 하였다. 인간에게 역사가 없다면 마치 기억상실증에 걸려 암흑 속에서 헤매는 신세가 되어, 결국 인간으로서의 존재 가치를 상실하게 될 것이다.[4] 따라서 역사를 모르고는 우리가 누구이며, 어떻게 존재하는지를 알 수 없다. 역사는 과거를 여는 중요한 실마리이며, 현재를 출발점으로 미래를 개척하는 힘을 제공해 준다.

18세기 영국의 역사가 기번Edward Gibbon은 그의 불후의 저서 『로마제국쇠망사』에서 "역사는 바로 인류의 범행, 우행 그리고 행운의 등기부"라고 하였다. 멕시코 박물관의 현대 비문에는 "사람들이 위대한 과거로부터 배우는 것은 미래에 대한 용기와 자신감"이라고 새겨져 있다. 역사는 과거의 경험을 통해 현재의 과오를 피하고 미래를 살아가는 지침을 얻을 수 있는 학문이다. 그러므로 역사는 '대리 경험'이며, 역사로부터 얻은 지식은 '제2의 생애'라 할 수 있을 것이다.[5] 이와 같이 역사는 우리에게 현재를 살아가는 교훈을 주고 미래에 대한 전망을 가능하게 해 준다는 점에서 어둠을 밝혀 주는 등불과 같은 것이다.[6]

좋건 나쁘건 과거의 역사적 선례는 우리에게 교훈을 제시해 주고 있다. 역사는 과거의 일들을 성찰하여 시행착오를 바로잡아 주는 역할을 한다. 나라를 팔아먹은 이완용의 행태를 보고, 연산군의 패역정치를 본보기로 삼으며, 유태인 학살의 비인간성을 고발하여 이런 일들이 반복되지 않도록 경계를 삼는다.

영국의 문명사가인 토인비Arnold Joseph Toynbee는 영국인들이 그들의 역사에서 두 가지 교훈을 배웠다고 지적하였다. 하나는 청교도혁명 때 국왕 찰스 1세를 처형한 사실로부터 "지나치게 과격한 행동은 하지 말아야 한다."는 것이었고, 다른 하나는 영국이 미국 독립혁명에서 식민지인들에게 패배한 경험으로부터 "안 될 일은 사전에 그만 두어야 한다."는 것이었다.

실제로 1688년 명예혁명이 발생하자 국왕 제임스 2세는 프랑스로 망명하기 위해 변장을 하고 도버해협 근처의 한 어촌에 숨어 있었다. 그러나 곧 한 어부가 그를 발견하여 정부에 신고하였다. 그러나 당시 혁명을 주도한 사람들은 그 어부에게 칭찬을 하고 상을 주기는커녕 오히려 질책을 하였다. 도망간 왕은 그냥 놔두고 새로운 왕을 옹립하면 될 텐데, 제임스 2세를 압송해 오면 그의 신분 처리로 나라가 더 시끄러워진다는 이유에서였다.

영국은 2차 세계대전 이후 대부분의 식민지를 독립시켰다. 그 결과 과거 영국의 식민 통치에도 불구하고, 이들 국가는 대체로 영국과 우호적인 관계를 유지할 수 있었다. 이것은 영국이 미국 식민지의 독립을 허용하지 않고 전쟁을 벌였으며, 그 이후 오랜 기간 동안 미국과의 관계가 악화된 것을 교훈으로 삼은 것이었다.

독일의 철학자 헤겔Georg W. F. Hegel은 "인간은 역

과거의 잘못을 교훈 삼은 독일인

독일 남쪽 뮌헨에서 20km 북서쪽에 있는 다하우란 조그만 도시가 있다. 이곳은 독일 현대사에서 빼놓을 수 없는 장소다. 1933년 나치 친위대장 하인리히 히믈러(Heinrich Himmler)의 유태인 대학살 무대였던 강제수용소 제1호가 이곳에 세워졌기 때문이다. 이곳에서 처형된 유태인은 3만 명이 넘었다. 이곳이 악명을 떨친 또 다른 이유는 바로 생체실험 때문이었다. 말라리아 병균 실험은 물론, 저기압 실험, 저온 실험 등 인간을 대상으로 잔혹한 실험이 이루어졌다. 독일 정부는 이 참혹한 학살의 현장을 기념관으로 개조하여 산교육의 현장으로 만들었다. 기념관 출구에 쓰여 있는 스페인의 철학자 산타야나(George Santayana)의 유명한 경구는 오늘도 독일인들의 마음을 숙연하게 만든다. "과거를 잊은 사람은 과거를 반복하는 벌을 받는다."

사를 쓰기는 하지만 역사로부터 교훈을 얻지는 못한다."라고 말하였다. 역사는 인간에게 교훈을 던져 주지만 인간은 그 교훈을 실천하지 못한다는 의미다. 인간은 전쟁의 피폐를 무수히 경험했지만, 지금까지 지구상에서 전쟁이 없었던 때는 한시도 없었다. 인종차별과 학살의 만행을 무수히 보았지만, 인간의 인간에 대한 착취와 탄압은 여전히 지속되고 있다. 스페인 정복군의 잉카제국 인디언 대학살, 미국의 인디언 토벌작전, 난징 대학살, 유태인 학살, 캄보디아의 크메르 루주의 킬링필드 사건, 코소보 인종사태, 아프가니스탄에서의 적대 민족에 대한 학살 등. 전쟁이나 인종 탄압이 계속 반복되는 이유는 인간의 탐욕 때문이다.

우리나라의 춘향전처럼 중국 사람들이 좋아하는 경극에는 탐욕스럽고 포악한 원님이 종종 등장한다. 악정에 시달리다 못해 백성들이 들고 일어나서 그 원님을 쫓아내고 새로운 원님을 맞이한다. 그러나 그 역시 한두 해가 지나면 탐관오리가 되어 구관 이상으로 백성을 괴롭힌다. 백성들은 참다못해 다시 원님을 몰아낸다. 이 경극은 한 배우가 "두 번 일어난 일은 세 번도 일어날 수 있지."라는 가사의 노래를 구성지게 부르면서 끝을 맺는다.

아무리 세월이 지나고 문명이 발달하여도 사람의 본성은 예나 지금이나 변함이 없다. 권력을 차지하면 권력을 휘두르고 싶어 한다. 한번 권력의 달콤함에 빠져들면 그로부터 벗어나지 못한다. 달콤한 술에 맛들이면 인사불성이 되도록 술을 마시는 알코올중독자처럼 말이다. 전쟁은 권력자의 어리석음과 오만, 탐욕으로 일어난다. 그리고 수많은 희생과 후회 끝에 끝난다. 그러나 전쟁으로 흘린 눈물이 채 마르기도 전에 또다시 권력에 도취된 권력자들은 다시 전쟁을 일으킨다. 이렇게 사람들은 어리석게도 지난 과오를 되풀이하고 있다. 그래서 고대 그리스의 역사가 투키디데스Thukydides는 "역사

039

는 영원히 반복한다."라고 하였다. 그러나 현대 역사학자들은 "역사는 어디까지나 1회전일 뿐"이라고 말한다. 지난 과거를 교훈 삼아 두 번 다시 똑같은 과오를 저지르지 않는다는 뜻이 아니라, 똑같은 상황은 두 번 다시 일어날 수 없다는 뜻이다.

역사의 효용적 가치

역사는 토목건축 기술, 컴퓨터 공학이나 산업 디자인 등과 같은 학문과는 근본적으로 다르다. 이런 기술 분야의 학문들은 실생활에 직접 응용할 수 있다. 그러나 역사의 효용적 가치는 간접적이다. 과거를 배움으로써 현재의 생활에서 과오를 피하고 미래를 살아가는 지침을 얻는 데 역사의 가치가 있다. 인간은 역사를 통하여 타인의 경험을 자신의 경험으로 만든다. 이런 의미에서 마키아벨리Niccolò Machiavelli는 "역사는 인간 개도의 실물 교육장"이라고 하였다.

역사는 과거로부터 귀중한 교훈을 얻을 뿐만 아니라, 우리의 사고능력을 발전시키는 데 기여한다. 역사 연구는 우리에게 지적 호기심과 탐구심을 자극시킨다. 우리는 흔히 역사를 많이 알아야 일상적인 대화에서 풍부한 지식을 자랑할 수도 있고, 교양이 있다는 소리도 듣는다. 따라서 폭넓은 지식과 상식을 쌓는 데 역사만큼 유용한 학문은 없을 것이다. 처음 보는 사물에 대해 호기심을 가지고 꼬치꼬치 캐묻는 어린아이처럼, 우리는 더 많은 지식을 얻기 위해 여러 저서나 논문을 뒤적일 때 비로소 역사의 탐구가 시작되는 것이다.

예를 들면, 우리는 영화 〈스파르타쿠스〉를 보고 왜 노예 출신의 검투사 스파르타쿠스가 로마에 대항하여 반란을 일으켰는지에 흥미를 갖게 될 것이다. 그러면 당시 로마의 노예에 관한 역사서를 뒤적여 알고 싶은 부분을 확인할 수 있을 것이다. 독도를 둘러싼 한국과 일본의 갈등이 방송에 보도되었을 때, 우리는 독도 분쟁의 원인과 배경에 대하여 살펴보게 된다.

이런 역사에 대한 호기심은 단지 정치나 시사 문제에만 국한되지 않는다. 예술이나 문화 분야도 마찬가지다. 중국의 만리장성이나 자금성 등을 여행한 후 그 유적지나 건축물에 대해 더 알고 싶을 때, 우리는 중국 역사나 건축사와 관련된 서적이나 논문을 들추어 보게 된다. 레오나르도 다빈치의 〈모나리자〉나 〈최후의 만찬〉과 같은 그림을 보고 더 폭넓은 지식을 얻고자 할 때, 우리는 그에 대한 전기나 르네상스 미술사와 관련된 자료를 찾아 공부하게 된다. 이런 과정을 통해 우리는 르네상스 시대 미술의 기법과 특징 같은 새로운 지식을 더 알 수 있게 된다.

역사는 다른 어떤 학문보다도 사고하고 조직하는 능력을 키워 준다. 역사 연구는 과거의 사건을 다루는 과정에서 수많은 자료를 수집하고 분류하는 경험을 쌓게 한다. 그리고 이를 통해 현재적인 과제나 문제의 해결을 위한 적절하고 유용한 방법을 터득하게 된다. 또한 의사 전달과 표현 능력을 배양시키며, 서술 작업을 통하여 개별적이고 세부적인 사실들을 체계화하고 일반화시키는 능력을 키워 준다. 더 나아가 역사 연구는 광범위하고 다양한 가치를 지닌 자료들을 조직화하는 과정을 통하여 세부적인 사실에 매몰되지 않고 주제를 폭넓게 이해할 수 있도록 훈련시킨다.

역사는 시간 개념의 중요성을 인식시켜 준다. 즉, 현재는 과거의 산물이며, 시간의 진행과정에서 일시적인 한 부분에 불과하다는 인식을 갖게 한다. 이런 역사의 시간 개념은 어떤 사건이나 사상을 생각할 때 그것들이 처한 특정한 배경과 연관 지어 평가하게 한다. 그리하여 어떤 사건이나 사상도 시간에 따라 다르게 평가된다는 것을 배우게 한다. 또한 역사는 어떤 사건이나 인물에 대하여 한 시각으로만 보지 않고 여러 각도에서 균형 있게 조망할 수 있도록 도와준다. 역사는 바로 눈앞의 나무만이 아니라 멀리 숲을 바라보는 지혜를 갖게 하는 학문이다.

역사는 비판하는 능력을 키워 주고 관점과 객관성을 가지고 사고하는 법을 가르쳐 준다. 또한 인간사의 선과 악의 이분적인 논리를 뛰어넘어 중간적인 가치를 판단하는 능력을 깨닫게 한다. 다시 말해, 흑백논리를 뛰어넘어 흑과 백 사이에 회색도 존재한다는 것을 알게 하는 학문이다. 역사는 실생활에 즉시 활용할 수 있는 학문은 아니다. 취직이나 승진 등 입신양명을 위한 학문도 아니다. 그러나 역사는 이를 뛰어넘어 우리의 인생살이에 귀중한 가치관을 부여한다. 역사는 전투에서는 비록 불리할지 몰라도 전쟁에서 이기는 전력과 지혜가 있는 학문인 것이다.

역사교육의 이념

우리 시대 학교교육의 목표는 학생들이 지식과 의식을 갖추어 책임 있는 시민으로서의 맡은 바 역할을 다하도록 하며, 더 나아가 지성을 갖춘 지도자의 역할을 할 수 있도록 준비시키는 것이다. 이러한 기능과 책임을 떠맡는데 가장 적합한 학문이 바로 역사학이다.[7] 역사는 사회의 주체가 되는 시민이 자신이 살고 있는 세계가 어떻게 돌아가고 있는가를 이해하는 데 도움을 준다. 역사적 사고방식은 이상적인 판단을 내리는 최상의 훈련이 된다. 역사교육은 특히 중요한 책임과 판단을 요구하는 위치에 있는 사람들에게 더욱 진가를 발휘하게 한다.

역사교육은 시민생활에 필요한 기본적인 교양 지식을 마련해 주는 수단이 된다. 교양교육은 세 가지 목적을 지닌다. 즉, 교육을 받는 모든 사람에게 동일한 공동 학습의 장을 제공하고, 과거 전통에 대한 종합적인 이해의 기회를 제공하며, 지적 단편들을 다른 여러 학문과 연관시켜 이해하는 것이다.[8] 교양교육은 특수한 기술의 습득이나 취업을 위한 직접적인 투자가 아니라, 시민생활에 필요한 기본적인 지식과 인간 스스로의 사고력과 표현력을 길러 주기 위한 간접적인 투자다. 이런 교양교육의 특성에 가장 부합하는 것이 바로 역사라 할 수 있을 것이다.

미국의 역사가 로빈슨James H. Robinson은 역사가 "사례를 통해 교육하는 철학"이라고 하였다. 역사는 "보다 나은 인간, 보다 나은 시민"을 만드는 실용적인 목적을 지녀야 한다는 것이다. 로빈슨에 따르면, 역사가의 임무는 시민들에게 역사를 올바르게 인식시킴으로써 그들이 스스로 역사를 발전시키는 주체가 되게 하는 것이다. 이런 까닭에 로빈슨은 일반 대중을 위한 역사 강의를 즐겨 하였으며, 역사의 대중화를 위해 노력하였다.

역사는 시민교육의 기초다. 그것은 자국의 문화를 이해시키는 동시에 교양적 지식을 마련해 줄 수 있다. 국사교육은 국민의 건전하고 성숙한 자의식을 함양시키고 동족에 대한 사랑과 국가에 대한 애국심을 길러 준다. 그러나 국사교육은 국가적인 업적과 역량을 미화하고 민족적인 좌절을 합리화하려는 경향을 띠기도 한다. 이런 까닭에 국사교육은 이데올로기적 성격이 강한 정치적 선전도구로 악용되기도 한다.[9] 이러한 경향은 과거 소련의 공산주의, 독일의 파시즘, 그리고 일본의 군국주의 체제에서 전형적으로 나타났다.[10] 따라서 자국의 역사교육이 정치적 선전도구로 이용되거나, 국가나 민족적인 감정에 치우쳐 국수주의적인 경향으로 흐르는 것을 경계해야 할 것이다.

역사를 기록하는 목적

인간이 역사를 기록하는 목적은 무엇보다도 과거 인류의 업적이나 생활상을 후대에 남기기 위한 것이다. 그리스의 역사가 헤로도토스Herodotos는 그의 저서 『페르시아 전쟁사』에서 "그리스인이나 이방인에 의해 이룩된 위대하고 경탄할 만한 사건들을 후대에 전하기 위하여 기록한다."라고 진술하였다. 헤겔 역시 "역사가들은 무상하게 사라져 버리는 자료를 모아서 기억의 전당 안에 안치하여 불멸의 기록으로 남긴다."라고 하였다.[11] 역사를 서술하는 목적은 후대에 기록을 남기고자 하는 인간의 욕구에서 출발하였다. 그러나 인간은 나름대로 어떤 특정한 목적을 위하여 역사를 서술하여 왔다. 역사는 그 목적에 따라 교훈적 역사, 통치적 역사, 민족주의적 역사 등으로 나눌 수 있다.[12]

교훈적 역사

『펠로폰네소스 전쟁사』를 저술한 투키디데스

투키디데스 교훈적 역사란 말을 처음으로 쓴 사람은 폴리비오스Polybios였다. 그러나 실제로 훨씬 앞선 시기에 역사에서 교훈적 가치를 찾았던 사람은 투키디데스였다. 투키디데스는 『펠로폰네소스 전쟁사』의 서문에서 인간의 본성과 행위는 일반적으로 유사하며, 인간이 엮어 가는 세상사나 역사의 진행도 역시 유사하게 반복된다고 보았다. 따라서 과거 인간의 생활과 경험

으로부터 교훈을 찾아내어 현재의 문제에 대한 해답을 얻을 수 있다고 하였다.[13]

투키디데스는 역사가였지만, '의학의 아버지'라 불리는 히포크라테스 Hippocrates로부터 많은 영향을 받았다. 역사가로서 투키디데스가 지니고 있던 기본적인 접근 방식은 자연과학적이었다. 그는 의학이 우리 몸의 질병을 발견하고 그 원인을 찾아 치료하듯이, 역사학은 그 시대나 사회가 갖고 있는 문제나 모순점을 현명하게 극복함으로써 사회를 더욱 건전한 방향으로 이끌수 있다고 생각하였다.

투키디데스가 살았던 당시 그리스의 아테네는 전성기가 지나 점차 국운이 쇠퇴하던 시기였다. 그는 직접 스파르타와의 전쟁에 참가하여 암피폴리스Amphipolis 전투를 지휘하다가 패배하자 재판에 회부되어 국외로 추방되었다. 그는 이런 추방 덕분에 역사서를 집필하는 데 전념할 수 있었다. 자신이 직접 참전한 전쟁과 사료 탐방을 위한 광범위한 여행을 통하여 그야말로 동시대적인 관점에서 『펠로폰네소스 전쟁사』를 서술하였다.

이 저서에서 투키디데스는 스파르타와 아테네의 전쟁을 이끌었던 원인을 분석하고 그 의미를 찾으려 하였다. 그는 전쟁의 원인을 두 도시국가의 역사적 배경과 정치제도의 차이에서 찾으려 하였다. 그는 이 전쟁에서 스파르타가 승리를 하게 된 원인을 페리클레스 이후 아테네의 타락한 민주제에 대한 과두제의 우수성으로 파악하였다. 이를 통해 그는 당시 아테네의 민주제를 부패와 타락으로 변질시켰던 정치 지도자의 무능과 비도덕성을 비판하였다.

투키디데스는 전쟁의 정치적 요인 이외에도 활동적이고 지적으로 우월하며 진보적인 아테네인들과 '성공으로 흥분하거나 불행으로 좌절하지 않는' 침착하고 안정된 스파르타인들을 대조하면서 두 국가의 국민적 특성에 대해서도 언급하였다. 그는 또한 장기간에 걸친 전쟁에서 사람들이 취한 행동과 인간의 심리적 상태에 대해서도 생생하게 기록하였다.

투키디데스는 또한 다양한 전술과 전략적인 측면에 대해서도 상세히 묘사하였다. 전쟁 중의 식량공급 방법, 육군력(스파르타)과 해군력(아테네)의 충돌 시 예상되는 문제, 포위전투의 상세한 측면, 야간전투와 산악지대에서의 전투 양상, 해안에서 적의 방어를 뚫고 상륙작전을 감행하는 데 발생하는 문제점 등에 대해서 전문적인 식견을 보여 주었다. 투키디데스의 이러한 기록은 후대 전쟁의 수행에서 실질적인 지식과 교훈을 제공하였고, 특히 육군과 해군 사이에 벌어진 대규모 전쟁을 이해하는 데 큰 도움을 주었다.

『세계사』를 저술한 폴리비오스

폴리비오스 역사를 교훈적 관점에서 서술하려는 노력은 폴리비오스에게서 더욱 명백하게 나타났다. 폴리비오스는 역사가 정치 활동을 위한 가장 건전한 교육과 훈련이 되며, 고난을 극복하고 운명을 개척하는 용기를 배우는 가장 확실한 방법이 된다고 확신하였다. 그는 과거의 모범적인 사건이나 인물을 본받고, 역사의 치욕을 거울삼아 미래를 위한 경계로 삼으려 하였다. 역사는 정치를 위한 귀감이 되는 동시에 개인적 차원의 삶에서도 바람직한 행동과 지표를 제시할 수 있다는 것이었다.

폴리비오스는 그리스가 로마에 의해 최종적으로 몰락을 맞게 되는 시기에 살았던 인물이다.

그는 부친을 따라 직접 그리스 독립운동에 가담하였다가 포로가 되어 로마로 압송되었다. 로마에 볼모로 잡혀 있는 동안 폴리비오스는 제2차 포에니 전쟁에서 카르타고의 명장 한니발을 패배시킨 로마의 위대한 장군 스키피오 아프리카누스와 교분을 맺게 되는 행운을 얻었다. 그는 스키피오의 고문이 되었고, 스키피오 가문의 후원으로 지중해와 대서양에 이르는 전 지역을 여행하고 여러 전쟁을 직접 목격함으로써 견문을 넓힐 수 있었다. 그리하여 저술된 것이 40권으로 이루어진 『세계사』였다.

폴리비오스는 『세계사』를 통하여 그리스인들의 도덕심을 고양시키려 노력하였다. 그는 로마가 단기간에 지중해와 전 유럽에 걸쳐 패권을 장악하게 된 원인이 초창기 로마인들의 활력과 강건, 소박함과 애국심과 같은 미덕에 있다고 평가하였다. 반면, 그의 조국 그리스는 화려한 문화를 꽃피웠지만 육체적인 나약함과 도덕적인 타락으로 결국 로마의 지배를 받게 되었다고 판단하였다. 폴리비오스는 그의 저서를 통해 그리스인들의 도덕적 반성과 기풍을 진작시켜 민족정신과 독립의 의지를 북돋우려 하였다.

폴리비오스는 역사를 윤리나 도덕, 애국심의 고취라는 소극적인 면에서뿐만 아니라, 보다 적극적인 면에서 국가 경영에 활용하려 하였다. 그의 저서에는 각 지방의 풍치나 특수한 지리적 환경(강, 산, 언덕, 다리, 그리고 기타 특수한 자연환경 등)을 포함하고 있어, 통치자들에게 효율적인 국가 경영이나 전쟁을 위한 정보를 제공하기도 하였다.

리비우스 폴리비오스의 교훈적 역사는 리비우스Titus Livius로 이어졌다. 폴리비오스가 스키피오의 후원으로 『세계사』를 저술할 수 있었던 것처럼, 리비우스는 로마의 실권자인 옥타비아누스(후에 아우구스투스 황제로 즉위)의 적극

리비우스와 『로마사』

적인 후원으로 『로마사』를 저술할 수 있었다. 당시 로마는 포에니 전쟁에서 카르타고를 멸망시키고, 전 지중해의 패권자가 되었다. 당시 로마는 공화정이 붕괴되고 옥타비아누스의 제정이 이루어진 시기로, 소위 '로마 패권'의 초기에 해당하는 시기였다.

리비우스는 당시 로마의 역사가들과 달리 정치에는 전혀 관여하지 않았다. 따라서 리비우스는 정치적 차원에서 역사를 기록하지 않았다. 리비우스의 역사서가 갖는 참신성과 충격은 그가 역사를 개인적이고 도덕적인 차원에서 보았다는 데 있었다. 그는 개인이야말로 역사의 원동력이라는 생각을 갖고 그것을 증명하기 위하여 역사를 서술하였다.

처음에는 작은 도시국가로 출발하였던 로마가 지중해 전역을 제패하게 된 것은 로마인들의 건전한 정신과 생활 태도 때문이었다. 그러나 일단 평화의 시기가 찾아오자 로마인의 정신과 행동은 점차 변질되기 시작하였다. 투철한 군인정신과 애국심은 점차 사라지고, 나태와 안일한 생활 태도가 로마인들 사이에 퍼져 나갔다. 리비우스는 이런 위기감으로 로마의 앞날을 우려하였고, 이를 경계하기 위하여 『로마사』를 저술하였다. 리비우스는 초창기 로마 시민들이 가졌던 용맹과 상무정신, 건전하고 소박한 생활, 민주시민으로서의 자기 희생을 칭송하고, 애국심을 고취시켜 로마를 강건한 국가로 부활시키려 하였던 것이다.[14]

타키투스　리비우스보다도 더 위기의 시대에 살면서 역사의 교훈성을 강조한 사람은 타키투스Publius C. Tacitus였다. 타키투스가 생존했던 시절은 로마가 전성기를 지나 쇠퇴기로 접어들었던 시기로, 네로 황제의 변덕과 잔임함, 도미티아누스 황제의 무자비한 기독교 박해가 있었던 때였다.

건국 초기 도덕적 미덕에 기초한 공화주의 정신은 점차 사라졌고, 로마제국은 권력과 부, 그리고 세속적인 성공에만 몰두하였다. 귀족들의 사치와 허영, 그리고 쾌락주의적 행위는 극에 달하였다. 국민들은 가난과 고통에 허덕였다. 내세에서의 행복과 자유를 설파한 기독교가 도탄에 빠진 민중의 마음을 사로잡았던 시기가 바로 이때였다. 또한 밖으로는 북방의 야만족이었던 게르만족이 서서히 문명사회에 동화되고 급속히 그 세력을 확장하여 호시탐탐 로마로의 침입을 노리고 있었다.

이런 시대적 상황으로 인해 타키투스는 로마제국의 운명에 대한 강한 위기감을 느꼈다. 더욱이 그는 도미티아누스 황제 시절 군사 호민관(군단참모)으로 북방 지역에 출정하여 몸소 게르만족의 동태를 파악하고, 도미티아누스 황제의 독재와 탄압정치를 직접 목격하기도 하였다. 그가 직접 체험한 게르만족의 소박, 정직, 강건, 용기 등

『게르마니아』를 저술한 타키투스

의 미덕은 자만, 나태, 탐욕과 사악함으로 가득한 로마 귀족의 생활과 비교했을 때 로마의 장래를 더욱 걱정하지 않을 수 없게 하였다.

타키투스의 『게르마니아』는 바로 이런 시대적 위기감의 산물이었다. 이 저서는 라인강 연안의 로마 국경 지대의 게르만족의 생활상을 서술한 책이다. 타키투스는 당시 게르만족의 강건한 용기와 건전하고 소박한 미덕을 칭송하고, 사치와 향락으로 점차 물들어 가는 로마인들의 정신적인 타락을 우려하였다. 그는 게르만족이 힘을 합치면 로마에 커다란 도전이 될 것이라고 경고하였다. 이것은 공화정 초기의 로마인들이 보여 주었던 도덕적인 생활 태도와 애국심을 되살려, 쇠퇴의 길로 접어든 로마의 운명을 개척하고자 하였던 타키투스의 역사의식이 나타난 것이었다.

통치적 역사

서양에서 역사를 통치를 위한 학문으로 여긴 예는 17세기 후반 프랑스의 보쉬에Jacques Bénigne Bossuet에게서 찾을 수 있다. 가톨릭 주교였던 보쉬에는 왕권신수설을 제창하여 절대주의 정치체제의 이론적 기반을 제공한 인물이었다. 그는 『보편사론』에서 역사란 사회 지도층이나 통치자를 위한 학문이며, 일반 백성이나 신하들을 위한 학문이 아니라고 주장하였다. 보쉬에는 역사와 정치가 불가분의 관계에 있으며, 역사를 '다스리는 자'의 학문으로 보았다.

프랑스 주교로 왕권신수설을 제창한 보쉬에

유명한 정치가나 군주, 전장의 장군들은 역사로부터 올바른 판단과 지도 지침을 구하려 하였다. 헬레니즘 시대의 알렉산더 대왕은 동방 원정의 길에 역사가인 크세노폰Xenophon의 『아나바시스Anabasis』를 가지고 갔다. 포병학교 시절부터 역사에 많은 관심을 가졌던 나폴레옹은 1799년 이집트 원정 시 코란과 함께 역사서를 가지고 갔다. 나폴레옹은 알렉산더 대왕의 고사를 본떠 이집트 원정 시에 다수의 문인, 학자, 미술가, 과학자들을 대동하였는데, 결국 로제타석을 발견하여 이집트 연구에 획기적인 진전을 이루게 하였다.

나폴레옹이 이집트 원정 시 발견한 로제타석

역사에 대한 이해는 미래를 경영하려는 정치가들의 중요한 길잡이가 된다. 미국의 트루먼 대통령은 "한 나라의 대통령은 해박한 지식뿐만 아니라 미래의 변화에 대해서도 끊임없는 관심을 가져야 한다. 이를 위해서는 미래를 투시할 수 있는 역사의식을 가져야 하고, 자기가 사는 시대를 이해하여야 한다."라고 지적하였다.[15] 따라서 역사 연구는 미래의 지도자들에게 꼭 필요한 훈련이며, 때로는 역사학에 종사한 전력이 유명한 정치인들의 출세에 기여하기도 하였다. 파리 대학의 역사학 교수로서 '7월 왕정' 시기에 프랑스 수상을 역임하였던 프랑수아 기조François Guizot, 러시아사 전문가로서 자유주의의 위대한 지도자였던 파벨 밀류코프Pavel Milyukov, 영국 옥스퍼드 대학의 근대사 전공자로 1960년대 캐나다의 수상을 역임한 레스터 피어슨Lester Bowles Pearson 등이 그 예다.

2차 세계대전 때 시칠리아에 상륙한 미국의 패튼 장군은 이탈리아를 공략할 때 고대 로마 전쟁사의 지식을 교훈 삼아 작전에 활용하였다. 1차 세계대전 직후 14개조 평화원칙을 내세워 새로운 세계질서를 주도하였던 미국의 윌슨 대통령은 역사학 교수 출신이었다. 또한 케네디 대통령은 퓰리처상 수상자인 역사학자 슐레진저Arthur M. Schlesinger, Jr.를 특별보좌관으로 임명하여 정국을 운영하는 데 도움을 받기도 하였다.[16]

통치를 위한 방편으로 역사학이 적극적으로 활용되었던 것은 동양, 특히 중국에서였다. 중국에서 역사는 주로 정책의 입안을 위한 이론적 근거와 참고자료를 마련하기 위해 연구되었다. 역사의 1차적인 목적은 '귀감'이었다. 그러기에 대부분의 역사서에는 거울 '감鑑' 자를 쓰고 있다. 이것은 과거를 거울삼아 오늘을 비춰 보고 내일을 설계한다는 의미를 지니고 있다. 사마광의 『자치통감』, 주희의 『통감강목』, 서거정의 『동국통감』 등이 그 예다.

실제로 중국의 역사를 살펴보면, 역사가 통치를 위한 방편으로 활용된 것을 알 수 있다. 진시황은 강력한 중앙집권적인 군현제를 실시하였다. 이것은 주나라의 지방분권적인 봉건제도가 춘추전국시대의 혼란을 초래했다는 것을 귀감으로 삼은 것이었다. 송나라 태조는 철저한 문치주의를 실시하였다. 이것은 당나라가 멸망하게 된 주요 원인 중의 하나가 절도사의 난립에 있었다는 사실을 교훈 삼은 결과였다.

중국이나 한국의 왕조사를 보면, 관료나 신하들이 왕들의 잘못된 정책과 언행을 직접 상소하는 제도가 있었다. 더욱이 국왕이나 세자는 학문이 깊은 원로대신이나 관리들이 주관하는 경연에 정기적으로 참가하여 통치자로서의 덕목과 통치술을 교육받았다. 이런 경연은 과거 역대 선왕들의 업적이나 행위들을 본보기로 삼아 선정을 베풀도록 하려는 것이 본래의 목적이었으나, 더 나아가 왕권의 전횡을 규제하는 기능까지 띠고 있었다. 그렇기에 중국에서는 정치학과 역사를 서로 밀접하게 연관된 학문으로 인식하고, 모든 정치

가나 관료가 이 두 분야에 많은 관심을 가지고 연구하였다.[17]

역사가 통치를 위한 학문이라는 것은 중국 최초의 사서인 『춘추』를 기록한 공자에서 유래되었다. 공자는 역사를 쓰는 목적이 명분을 밝히는 데 있다고 생각하였다. 즉, 역사적 사건 속에서 유교적인 의리와 명분을 찾아내고, 간신배와 역적을 가려 경계하려는데 목적이 있다는 것이다.[18]

민족주의적 역사

역사를 한 민족이나 국가의 현실적 문제를 해결하는 데 이용하고자 하는 노력은 19세기나 20세기 초 소위 민족주의 사관으로 나타났다. 민족주의는 자민족의 신체적 · 정신적인 우월성, 그리고 문화와 역사의 진취성을 강조하고, 이를 통해 타민족을 지배하고 착취하는 것을 정당화하려는 이데올로기였다.

서양의 경우 민족사관이 가장 두드러지게 나타난 것은 낭만주의 시대의 독일이었다. 19세기 독일 사학자들은 전통적으로 분열을 겪었던 독일이 이를 극복하고 통일을 완수해야 한다는 것을 지상 과제로 삼았다. 그들은 자유의 근원과 자유가 발전하는 과정을 역사를 통해 밝히려 하였다. 여기서 자유란 우리가 흔히 이야기하는 보편적인 의미의 자유가 아닌 민족적인 자유를 의미하는 것이었다. 그리하여 독일사가들은 『갈리아전기』나 『게르마니아』와 같은 중세 게르만족에 관련된 문헌을 찾아 독일인의 민족정신을 확립하려 하였다.

이 시기 독일의 역사가들도 국민에게 민족정신을 함양시키킬 목적으로 저술을 하거나 직접 정치에 관여하기도 하였다. 그 대표적인 예가 '근대 역사학의 아버지'라 불리는 독일의 역사학자 랑케Leopold von Ranke였다. 랑케는 1830년대에 『역사·정치 잡지』를 편집하여, 단일 독일의 민족정신을 주창하고 온건 보수주의의 필요성을 독일 국민에게 역설하였다. 그의 이런 활동은 비스마르크가 독일을 통일시키는 데 기여하였다. 랑케는 또한 당시 프러시아의 프레드리히 빌헬름 4세의 자문 역할을 담당하기도 하였다.[19]

민족의 혈통적 우수성과 역사적 사명을 강조하는 민족주의 사관은 타민족을 자민족에 예속시키려는 소위 식민사관으로 표출되었다. 민족사관과 식민사관은 동전의 앞뒤와 같다. 다시 말해, 민족사관은 자국민의 혈통과 문화의 우수성, 그리고 역사적인 진취성을 강조한 반면, 그들이 지배하고자 하는 민족은 신체적으로는 물론 문화적·역사적으로 열등하다는 점을 부각시켜 식민지 지배를 정당화하였다.

역사적으로 이런 사례는 수없이 발견할 수 있다. 독일의 히틀러는 아리안 민족의 혈통적 우수성을 강조하고 유태인들을 사악한 민족으로 매도하여 유태인 말살정책을 실시하였다. 1940년대 독일의 각급 학교에서 사용되었던 역사 교과서는 민족주의나 애국심을 고취시키는 내용으로 채워졌다. 영국인들은 인도인들의 문화적 미개함과 역사적 후진성을 부각시켜 제국주의적 침략을 합리화하였으며, 식민지 지배의 정당성을 국민에게 홍보하였다.

일본 역시 한국에 대한 식민지 통치를 정당화하기 위하여 식민사관을 내세웠다. 이것은 조선의 사대주의와 당파성을 지적하여 자치 능력이 없는 국가임을 입증하려는 것이었다. 이를 위해 역사를 왜곡하고 날조하여 심지어 일본과 한국은 같은 조상, 같은 역사를 가지고 있다는 터무니없는 주장까지 내세웠다. 한일합방은 총칼에 의한 강압적인 침략이었다. 그럼에도 불구하고 일본은 이를 한민족이 스스로 선택한 자발적인 운동이며, 조선사가 일본사의 일부라는 엉뚱한 주장까지 하였다.

신채호, 박은식, 정인보와 같은 우리의 민족사학자들은 이러한 일본 제국주의자들의 식민사관에 대항하여 우리 민족의 정기와 주체성을 고취시키기 위하여 역사를 연구하고 서술하였다. 단재 신채호는 『조선상고사』에서 한민족의 상무적 투쟁정신을 고양하였다. 박은식은 『한국통사』를 저술하여 일제 침략의 부당성과 억압받는 한민족의 참상을 폭로하였다. 또한 정인보는 한민족의 고유정신인 '얼'을 주창하여 우리 민족의 주체의식을 일깨워 주었다.

특히 신채호는 '단재사학'이라고 불리는 민족주의 사학을 제창하여 일제의 식민사학을 극복하려 했던 역사가이자 독립운동가였다. 그는 조선이 일본의 식민통치를 받게 된 것은 민족혼이 사라졌기 때문이라고 보았다. 따라서 그는 사대주의에 물든 역사관을 바로잡고 민족혼을 불러일으키기 위하여 장지연, 박은식과 함께 황성신문, 대한매일신보 등을 창간하여 역사 바로 세우기와 국권 회복을 위해 심혈을 기울였다.

신채호는 상해 임시정부에도 관여하여 독립운동을 전개하기도 하였다. 그는 만주 지역까지 그 세력이 확장되었던 고구려의 발자취를 찾아 광개토대왕비를 탐사하면서 우리 민족이 만주 벌판을 주름잡던 대국이었음을 강조하였다. 이것은 우리의 역사가 중국 중심이 아니라 우리의 민족적 주체의식에 의해 형성된 역사임을 보여 주는 것이었다. 이러한 정신이 잘 나타난 것이 일본 경찰에 체포되어 여순 감옥에서 쓴 『조선상고사』였다. 그는 역사의 본질을 '아我'와 '비아非我'의 투쟁으로 보았다. 이를 통해 대외적으로는 '아'

일본의 역사 왜곡과 날조

일본인들은 역사 서술을 통하여 한일 양국 간의 역사적 동질성과 사상적 일체감을 조성시키려고 하였다. 그 대표적인 예가 일본 역사가 아오야기 난메이(青柳南冥)가 지은 『조선사천년사』였다. 그는 경술국치 후 경성신문사 사장과 조선연구회 주간을 맡아 식민사관을 주창한 대표적인 인물이었다. 그는 신라가 일본에 의해 건설되었으며, 임나가야(任那伽倻)의 수로왕은 일본 황족이었다고 강변하였다. 일제는 '일본과 조선은 한 몸'이라는 내선일체의 사상을 내세워 민족성을 말살하려 하였다. 또한 조선인들도 한 국가로서 일본의 황제를 섬겨야 한다는 소위 황국신민화(皇國臣民化)를 주창하기도 하였다.

단재 신채호와 그의 저서 『조선상고사』

를 나타내는 우리 민족과 국가의 주체성을 강조하고, 내부적으로는 각 시대의 여러 역사적 현실 간의 상호 모순은 투쟁으로 발전해 나간다는 소위 변증법적 역사 인식을 보여 주었다.

신채호의 또 다른 저서인 『조선혁명선언』은 조국과 민중에 대한 깊은 사랑과 애정이 담겨 있다. 이 저서에서 신채호는 혁명적인 수단을 통해서라도 무단으로 조선을 합병한 일본에 대항할 것을 주장하기도 하였다. 그는 일본 타도와 독립의 쟁취는 민족의 힘이 결집된 조직적인 투쟁을 통해 이루어져야 하며, 동시에 사회 내부의 차별과 불평등한 요인들도 함께 제거되어야 한다고 주장하여 역사의 주체가 민중임을 강조하였다. 민족주의와 애국심을 고취시키려는 역사의식은 비단 우리의 경우뿐만 아니라, 2차 세계대전 후 열강의 식민지 지배에서 벗어나 독립을 쟁취하였던 여러 신생국에서도 보편적으로 나타나고 있다.[20]

『선생님이 가르쳐 준 거짓말』

─왜곡과 위선으로 가득한 미국 역사 교과서

미국 버몬트 대학의 제임스 로웬(James W. Loewen) 교수(사회학)가 10여 년간의 연구 끝에 출간한 『선생님이 가르쳐 준 거짓말(Lies My Teacher Told me)』은 미국 전역에서 가장 많이 쓰이고 있는 12종의 역사 교과서에 담긴 이데올로기를 분석하여 비판한 저서다. '위대한 공화국' '약속의 땅' '미국의 승리' 등 제목만 보아도 느낌이 온다. 바로 백인과 유럽 중심의 역사관이 미국 교과서에 어떻게 나타나고 있는지, 역사적인 인물들을 신격화하기 위해 어떻게 사실을 왜곡하고 축소하였는지를 파헤친다. 이 때문에 로웬의 저서는 출간 당시 열띤 논란을 불러일으켰고, 미국 사회학회로부터 올리버 콕스의 반인종 차별주의 상을 받기도 하였다.

우선, 미국 교과서에 나타난 콜럼버스에 대한 기록을 살펴보자. "힘든 여행으로 난폭해진 선원들은 콜럼버스를 바다에 던지겠다고 위협하였으나, 콜럼버스는 1492년 모든 역경을 극복하고 마침내 서인도제도에 도착하였다. 그러나 자신이 신세계를 발견했다는 사실을 알지도 못한 채, 평가도 받지 못하고 돈 한 푼 없이 죽었다. 그의 용기가 없었더라면 미국 역사는 매우 달라졌을 것이다." 콜럼버스에 대한 이런 설명이 과연 설득력이 있을까? 저자는 여러 사료를 통해 콜럼버스가 탐험정신보다는 신천지의 향료와 금에 대한 탐욕으로 항해에 나섰다는 사실을 밝히고 있다. 콜럼버스는 또한 고생도 별로 하지 않았고, 원주민들을 금광 캐기에 강제로 동원하거나 노예로 팔아 많은 돈을 손에 넣었다는 사실들을 보여 준다. 사실 콜럼버스는 처음으로 아메리카 인디언 500명을 유럽에 노예로 데리고 갔으며, 이후 인류사의 가장 큰 비극으로 불리는 노예무역은 300년간이나 지속되었다.

미국 교과서는 헬렌 켈러(Helen A. Keller)를 어떻게 묘사하고 있는가? 그녀는 듣지도, 보지도, 말하지도 못하였지만 온갖 고난과 역경을 극복하였던 인간 승리의 증인이었다. 보통 미국인들은 그녀를 가정교사였던 설리번이 손바닥에 펌프 물을 대 주며 'Water'란 글자를 적어 주자 글자의 의미를 깨닫고 희열했던 '어린 영웅'의 모습으로만 기억한다. 나중에 그녀가 급진적인 사회주의자로 변신하여 계급 간 불평등을 타파하기 위해 전투적인 삶을 살았다는 사실은 잘 모르고 있다. 교과서 제작과정에서 이런 사실이 의도적으로 묵살되었기 때문이었다.

민족자결주의자로 우리나라의 3·1운동에도 영향을 끼친 우드로 윌슨(Woodrow Willson) 대통령은 또 어떤가? 윌슨은 철저한 식민주의, 인종차별주의, 반공산주의자로 각료회의에서도 종종 흑인들에게 '니그로'라는 경멸적인 말을 서슴없이 사용하였다. 미국 교과서들은 이런 사실들을 의도적으로 모른 체한다. 또한 페니키아인이 이미 아메리카를 탐험했을 수도 있다는 사실에 대해서 침묵함으로써 백인우월주의 시각을 드러내고 있다.

이런 왜곡된 역사를 가르침으로써 미국은 어떤 결과를 얻었을까? 학생들, 특히 아프리카계나 라틴계 미국인들은 미국사 과목에 전혀 흥미를 못 느끼거나 싫어한다. 교사들도 거짓으로 가득한 교과서를 보며 한숨을 쉴 뿐이다. 양심적인 역사학자들은 학생들이 차라리 고등학교에서 역사를 배우지 않고 대학에 오길 바랄 정도다. 이런 비판에도 미국 교과서들은 아직도 백인과 유럽 중심의 이데올로기를 수정할 기미를 보이지 않고 있다.

역사교육은 학생들에게 건전한 시민으로서의 기초적인 교양을 제공하고 있다. 그러나 국가의 통치 이데올로기를 정당화하고 애국심을 고취한다는 미명하에 왜곡되고 그릇된 역사를 주입시킨다면, 역사의 진실은 가려지고 오로지 편협한 국수주의에 머물게 될 것이다. 역사에 대한 자만보다 반성이 오히려 더 나은 미래를 낳을 수 있다는 사실을 한번 되새겨 볼 필요가 있을 것이다.[21]

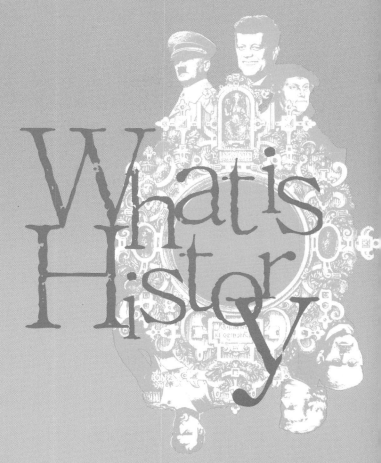

Chapter 3

역사는 어떤 특성을 지닌 학문인가

역사는 모든 과학의 기초이며, 인간 정신의 최초의 산물이다.

- 칼라일(Thomas Carlyle)

역사학의 발전과정

역사학이 독자적인 학문으로서의 영역을 확보하게 된 것은 19세기에 이르러서였다. 19세기 이전에 역사는 문학이나 철학, 신학 등의 보조 분야로 활용되었을 뿐이었다. 그리스의 역사가 헤로도토스나 투키디데스에 이르러 역사가 비로소 신화의 틀에서 벗어나 인간의 활동과 정신의 소산으로 취급되었다. 이로써 역사를 객관적이며 공정하게 서술하려는 노력이 시작되었다.[1] 그러나 그리스 시대에는 역사가 소크라테스, 플라톤, 아리스토텔레스 등의 활약으로 체계화된 철학과는 달리 독립적인 학문으로 취급되지는 못하였다.

중세기는 기독교적 세계관이 지배하던 시대였다. 학문의 여왕은 신학이었으며, 다른 학문은 신학의 보조적인 역할에 머물렀다. 중세인들은 인간의 생애는 물론 역사도 하나님의 주권과 섭리에 의해 이루어진다고 보았다. 따라서 중세의 역사가들은 지상의 역사를 신의 역사로 이해함으로써 모든 민족의 역사를 기독교적 관점에서 서술하였다. 이런 이유로 중세기에는 이교도들의 역사를 편파적이고 적대적으로 묘사하여 역사 서술이 객관성과 공정성을 유지하기가 어려웠다.

르네상스 시기에 이르러 역사라는 학문도 세속화되면서 교훈적이며 실용적인 역사를 기록하였다. 그러나 역사적 사실 자체를 정확히 복원하고, 그것을 객관적으로 취급하려는 노력은 거의 없었다. 더욱이 곧 이어진 종교개혁의 시기에는 신교와 구교 간의 갈등 속에서 각 진영의 역사 서술이 당파적으로 흐르게 되었다. 18세기에도 계몽사상가들이 휴머니즘과 비판정신을 내세워 역사를 합리적으로 서술하려 하였으나, 역사는 철학을 이끌어 가는 보조적인 역할에 그치고 말았다.

앞에서 살펴보았듯이, 객관적이며 합리적인 역사 서술을 위한 노력은 이미 고대에서부터 발견할 수 있으나, 중세기와 르네상스, 낭만주의 시대에 이르기까지 그 뜻을 사실상 이루지 못하였다. 여기에는 여러 가지 이유가 있겠지만, 무엇보다도 고대 이후로 역사를 '생의 교사'로 이해하는 전통이 강하였기 때문이었다. 따라서 역사가들은 과거 사실 자체의 객관적 규명보다는 교훈적이며 실용적인 해석에 더 큰 관심을 기울였다.

역사를 객관적이며 과학적으로 분석하려는 노력은 19세기 초 실증주의가 나타나면서 시작되었다. 역사학이 하나의 학문으로, 과학으로서 자리를 잡게 된 것은 독일의 실증주의 역사가 랑케Ranke에 의해서였다. 랑케는 과거에 무엇이 일어났는지를 객관적으로 연구하는 것이 역사학의 일차적인 목적이며, 따라서 과거를 다루는 역사가의 주관적인 입장을 철저히 배제할 것을 강조하였다. 그는 사료를 객관적이고 과학적으로 취급함으로써 역사가 문학이나 철학, 신학 등의 예속관계에서 벗어나 독립적인 인문학의 한 분야로 자리 잡는 데 기여하였다.

역사학의 학문적 계보

그렇다면 역사학은 어떤 학문적 계보와 특성을 지니고 있는가? 여기서는 역사와 사회과학, 역사와 자연과학을 상호 비교하여 역사라는 학문이 갖는 독특한 성격을 살펴보고자 한다. 역사학은 철학이나 문학과 함께 인문과학으로 분류된다. 그러나 역사는 상상이나 정서에 근거한 학문이 아니라 사실에 기초를 둔 학문이라는 점에서 흔히 경제학, 정치학, 사회학, 인류학, 심리학, 지리학 등과 같은 사회과학 속에 포함되기도 한다.

역사와 사회과학

역사와 사회과학은 공통적인 연구 주제를 가지고 있다. 이 두 분야는 모두 사회 속에서 인간과 인간 활동의 모든 측면을 포괄적으로 연구한다. 이 사실 하나만으로도 역사와 사회과학 사이에는 상호 이해와 존중의 틀이 마련될 수 있다. 그러나 역사가와 사회과학자들은 서로 상대편의 학문 분야에 대한 공방을 벌인다. 역사가들은 사회과학자들이 귀한 존재인 인간을 연구하면서 비인간적인 접근 방식을 취하고 쓸데없는 일반화 작업에만 관심을 가지고 있다고 비판한다. 반면, 사회과학자들은 역사가들이 현실생활과 연관이 없는 무의미한 연구에만 치중하고 있다고 주장한다.

과학적 분석과 역사적 분석

비코(Giambattista Vico)는 과학적 분석과 역사적 분석의 근본적인 차이를 X선과 초상화에 비유하였다. 과학적 분석은 수많은 차별적인 사례로부터 동일하거나 유사한 것을 추출하여 일정한 법칙이나 모델을 발견하는 것이다. 그러나 역사적 분석은 여러 상이한 사례의 공통점이 아니라 각 사례의 독자적인 특성에 관심을 가진다. 개별적인 사건이나 인물들의 행동, 각각의 사회나 문화, 예술의 형태들을 지금의 모습으로 만들어 낸 개성을 밝히고자 한다. 다시 말해, 인간 존재들을 각각의 특수한 시간과 환경에 비추어 연구하려는 것이다.[2]

역사와 사회과학의 차이점은 대략 다음의 네 가지로 요약될 수 있다.[3]

① 역사는 주로 서술적이며, 사회과학은 분석적이다. 역사가는 서술을 통해 사건을 묘사한다. 그러나 역사 서술은 과거에 무슨 일이 일어났는가뿐만이 아니라 그 일이 왜 일어났는가에 대하여도 많은 관심을 가진다. 무엇보다도 역사가들은 역사적 사건의 원인을 규명하는 데 심혈을 기울인다. 이런 점에서 역사는 서술적인 기능이 강하지만, 사건의 원인과 결과의 분석 또한 중요시하고 있다. 그러나 학문의 성격상 역사는 근본적으로 서술적인 면이 강한 반면, 사회과학은 분석적 기능이 우선시된다.

② 역사는 본질적으로 장기간에 걸친 변화의 연구이나, 사회과학은 상당히 최근 상황에서의 인간과 인간의 활동을 연구하는 학문이다. 그러나 이런 구분은 절대적인 것이 아니다. 역사가들은 때로는 매우 한정된 기간을 선정하여 연구하기도 하고, 사회과학자들은 때로 장시간에 걸친 제도의 발전과정을 연구하기 때문이다. 그러나 일반적으로 연구하는 대상의 시간 범위가 다르다는 것이 두 학문의 본질적인 차이라 할 수 있다.

③ 연구의 목적에 차이가 있다. 사회과학은 개개의 인간과 사건들을 하나로 묶어 집단적으로 취급하고 그것들이 지니는 공통점을 연구함으로써 인간 행위에 대한 일반법칙을 도출하는 학문이다. 그리고 이런 일반법칙은 인간을 이해하거나 인간의 행위를 조정 및 통제하는 데 이용된다. 그러나 역사학은 되돌아갈 수 없는 시간의 흐름 속에서 발생한 개별적인 인간, 사건, 사상, 제도들의 독특한 전후관계를 연구하는

학문이다. 다시 말해, 역사는 보편적이며 일반적인 상황이 아니라 인간과 사회의 개별적이며 특수한 상황을 연구하는 것이다.

④ 역사는 특수한 것들에 대한 연구이기 때문에 일반법칙을 찾아낸다는 것이 거의 불가능하다. 엄밀한 의미에서 역사에는 법칙이 존재하지 않는다. 역사가가 실제로 할 수 있는 일이란 한 사건을 서술하고 그 원인과 결과를 설명하는 일뿐이다. 물론 역사는 반복되며 역사에서도 일반법칙을 발견할 수 있다는 역사가들도 있다. 토인비Toynbee나 마르크스Karl Marx와 같은 역사가들이 그 예다. 그러나 역사는 본질적으로 다양한 의식과 의지를 가진 인간을 연구 대상으로 하기 때문에 역사에서 법칙을 발견한다는 것은 오히려 비역사적인 접근 방식이라 할 수 있다.

그렇다면 역사학의 연구 범위와 대상은 어떠한가? 인간 생활을 연구의 대상으로 하는 사회과학 분야의 학문들은 '역사적인 면'을 가지고 있다. 사실 정치학, 지리학, 경제학, 사회학, 인류학, 심리학과 같은 사회과학은 역사의 연구 영역과 상당한 공통점을 가지고 있다. 사회과학 학문들은 각각의 영역에서 과거 인간의 역사적 삶에 대한 연구를 배제하거나 소홀히 할 수 없으며, 오히려 역사적인 접근을 통해 학문적인 토대를 갖출 수 있는 것이다.[4]

연구 영역이나 대상에서 역사는 사회과학 분야와 상당한 공통점을 가지고 있다. 정치학은 인간의 역사적 경험의 주요 부분을 이루는 광범위한 정치적 자료들과 사건들을 분석하고 체계적으로 설명하려는 학문이다. 정치학의 주요 관심은 정부와 지배자, 통치하에 있는 국민들과의 관계 속에서 또한 외국 정부와의 접촉 가운데 이룩된 업적들이다. 지리학은 역사적 사건들이 발생하는 공간적 차원을 규명하며, 기후, 지형, 지세, 토양, 자원 등 자연적 환경과 인간의 활동 간의 상호 연관성을 연구하는 학문이다. 경제학은 화폐로 표시되는 생산과 교환 관계를 다루며, 농업, 산업, 교역, 수송, 기술, 기업조직 등을 연구 대상으로 한다.

사회학, 인류학, 심리학 등과 같은 행동과학들 역시 연구 대상이 인간과 인간의 행동에 관한 것이다. 사회학은 인간들 사이의 공식적·비공식적 관계를 다루며, 사회조직체, 관습, 민중의 신앙 등을 연구 대상으로 한다. 여성사, 흑인사, 인디언사, 이민사 등은 사회과학과 역사학이 접목된 경우다. 심리학은 대표적인 행동과학으로 개별적인 인간이라는 측면에서 관념, 정서, 행태를 분석하는 학문이다.

사회과학 분야의 학문들이 도출해 낸 결론은 역사가들에게 귀중한 안목을 제공해 주며, 역사 연구를 활성화하는 데 기여한다. 반면, 사회과학의 학문들 역시 역사 자료에 상당히 의존하게 되며 인간 행동의 변화하는 상황에 관한 역사적 시각을 갖추지 않으면 안 된다. 컴퓨터의 보급으로 최근의 역사 연구는 여러 사회과학 분야와 마찬가지로 인구나 경제에 관한 다양한 통계 자료 등을 이용하여 과거 인간의 업적이나 행동의 다양한 측면을 이해하려는 경향을 보여 주고 있다.

사회과학 중에서 특히 심리학은 인간 행위에 커다란 영향을 미치는 무의식적 정신세계를 전문적으로 취급함으로써 역사 연구의 새로운 차원을 부여하고 있다. 심리학을 역사에 접목시켜 심리사라는 새로운 연구 분야를 개척한 사람은 하버드 대학 교수였던 에릭슨Erik H. Erikson이다. 에릭슨은 그의 저서『젊은 시절의 루터Young Man Luther』에서 청년 시절 마르틴 루터Martin Luther의 심리적인 갈등과 번민을 분석하여 그의 개종 동기와 종교개혁의 내면적 원인을 분석하였다.[5] 이 저서는 정신분석 이론이 역사 연구, 특히 개인 차원의 인물 연구에 얼마나 효과적으로 적용되는가를 보여 준다. 또한 미국 롱아일랜드 대학의 심리학 교수인 울만Benjamin B. Wolman은 히틀러, 스탈린, 헤르즐(이스라엘 건국의 아버지)과 같은 인물들의 가정과 성장 배경, 인간성, 심리적 갈등 등을 연구하여 다른 시각에서 이들 정치가들의 행동과 사상을 설명하려고 하였다.[6]

역사학은 연구의 범위와 대상이 어떤 학문 분야보다도 광범위하며 유동적인 특성을 지니고 있다. 연구방법은 다르지만 역사학은 사회과학의 여러 학문 분야를 연구 대상으로 하고 있으며, 사회과학 역시 역사학의 연구 분야를 부분적으로 다루고 있다. 이런 관점에서 정치사, 지리사, 경제사, 사회사, 종교사, 음악사, 미술사 등이 연구되고 있는 것이다. 역사학 또한 사회과학이라는 인접 학문으로부터 연구 기법이나 접근 방식에서 상당한 도움을 받고 있으며, 이것이 역사학의 연구나 기능을 더욱 풍부하게 한다.[7] 다시 말하면, 역사학은 인문학과 사회과학의 교차 영역에 자리하고 있는 것이다.

따라서 현대 역사학의 당면 과제는 사회과학과의 학문적 교차 영역을 어떻게 조화시키는가에 달려 있다. 즉, 역사학이 연구의 폭과 질을 넓히기 위해서는 사회과학적 방법을 수용하고 역사학과 유사한 사회과학 분야의 연구

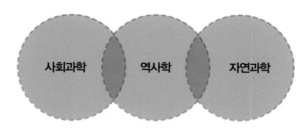

· · · 역사학은 사회과학과 자연과학의 교차 영역에 자리하고 있다.

방법을 활용해야 한다. 역사학은 과거의 정치, 경제, 사회, 문화적인 문제들을 취급할 때 사회과학 전반에 걸친 지식을 필요로 한다. 사회과학 역시 각자의 학문 분야의 심도 있는 연구를 위하여 역사학을 활용하여야 한다. 사회 체제, 경제제도, 헌법이나 법률 등 사회과학에서 취급하는 문제들을 심층적으로 조사하기 위해서는 역사적 배경을 살펴야 하기 때문이다. 다시 말하면, 역사와 사회과학은 학문적으로 상호 보완적인 기능이 필요한 것이다.

역사 연구가 다른 사회과학 분야로부터의 도움을 필요로 한다고 주장한 사람은 미국의 상대주의 역사학자 로빈슨Robinson이었다. 그는 인류학, 선사고고학, 사회심리학, 비교종교학, 정치경제학, 사회학 등을 역사의 '자매과학'이라 칭하였다. 이러한 새로운 사회과학은 인종이나 민족, 생활양식과 문화, 인간성과 종교 등 역사학에서 흔히 사용되는 개념을 크게 바꾸어 놓아 역사학의 차원을 크게 확대해 놓았다.[8]

뷰리-트레벨리언의 논쟁

역사는 과학인가, 아니면 문학(예술)적 성격을 띤 학문인가? 이런 의문은 19세기 역사가들 사이에서 상당한 논란의 대상이 되었으며, 오늘날까지도 여전히 학자들 간에 의견의 차이를 보이고 있다.

이러한 논쟁은 다윈Charles Darwin이 진화론을 발표한 이후 주요 관심사로 떠올랐다. 다윈의 진화론은 역사에 대한 개념이나 연구방법에도 커다란 영향을 미쳤다. 당시에는 자연과학이 점차 모든 학문을 앞서가는 것으로 인식되어 학문과 과학이 점차 동의어로 인식되었다. 따라서 역사에도 물리나 화학과 같이 과학적인 접근방법이 적용되어야 한다는 주장이 제기되었다. 이런 지적인 풍토에 영향을 받아 '실제로 일어난 그대로'의 객관적인 역사 서술을 주장한 인물이 랑케였다. 이후 사학계에서는 랑케 사관에 대한 논의가 분분한 가운데 1930년에 이르러 뷰리-트레벨리언의 논쟁을 계기로 역사의 학문적 성격에 대한 논쟁이 일어났다.

뷰리John B. Bury는 역사를 과학으로 간주하였으며, 사료를 수집·분석하고, 과학의 귀납적인 방법을 통해 그것을 연구하는 학문이라고 주장하였다. 뷰리는 케임브리지 대학의 교수 취임 시 '역사의 과학성'이란 연설에서 역사는 "단지 과학일 뿐이며 그 이하도 그 이상도 아니다."라고 주장하였다.[9]

> 역사적 사실이란 지질학이나 천문학의 사실들과 같이 문학이나 예술을 위한 자료로 사용할 수는 있다……. 그러나 인류사회의 역사에 문학적인 옷을 입힌다는 것은 역사가로서 할 일이 못된다. 그것은 마치 별들의 이야기를 예술적인 형식으로 표현하는 것이 천문학자로서 할 일이 아닌 것과 마찬가지다.[10]

역사는 과학이며, 따라서 자연과학의 연구방법이 적용되어야 한다는 뷰리의 주장은 일견 타당성이 있어 보인다. 역사가는 역사적 사실을 편견 없이 수집하고, 그것을 철저하게 검증하며, 이를 논리적으로 일반화하여 결론을 내려야 하기 때문이다. 역사가의 주된 연구 중의 하나가 과거 사건에 대한 원인과 결과를 규명하는 것이라면, 그것은 분명 과학적인 접근이 필요하다.[11]

그러나 역사는 물리, 화학, 생물과 같은 순수 자연과학 학문일 수는 없다. 물론 실증주의 역사

역사를 과학으로 간주한 뷰리

가인 랑케는 '있는 그대로'의 사실을 기록하는 객관적 역사를 주장하고, 또 그렇게 할 수 있다고 생각하였다. 그러나 역사가 실험과 관찰을 하듯 과거에 일어났던 사실을 그대로 사실적으로 재구성하기란 거의 불가능하다.

역사의 본질은 '이야기'에 있다. 그리고 이러한 기능 때문에 역사는 문학적 성격을 띠고 있는 것이다. 이런 견해를 밝힌 사람은 트레벨리언George M. Trevelyan이었다. 그는 케임브리지 대학의 근대사 왕립교수였으며, 영국 사회사 분야에 많은 업적을 남겼다. 그는 뷰리의 주장에 정면으로 반박하여 다음과 같이 역사의 문학성을 주장하였다.

역사의 본질은 '이야기'에 있다. 뼈 둘레에 살이 붙어 있고 피가 흐르듯이, 이야기의 주변에는 많은 다양한 것이 모여 있어야 한다. 인물 묘사, 사회적 · 지적 운동의 연구, 원인과 결과에 대한 추측, 그리고 과거를 규명하기 위하여 역사가가 끄집어낼 수 있는 것들이 이야기 주변에 있어야 한다. 역사는 항상 설화의 예술로 남아 있어야 한다.[12]

역사의 문학성을 주장한 트레벨리언

트레벨리언은 과학의 기능을 크게 두 가지로 보았다. 그것은 인과법칙을 발견하고, 인간의 실생활이나 사회환경을 개선하는 것이었다. 그는 엄격한 기준에서 역사는 이러한 두 가지 기능을 가지지 않기 때문에 과학의 범주에 속할 수 없으며, 역사는 일반 대중을 교화할 수 있는 교육적 기능을 가져야 한다고 하였다. 그는 역사의 가치는 과학적인 데 있는 것이 아니라 문학적이며 교

육적인 데 있다고 보았다.[13]

이러한 역사의 문학성 때문에 역사는 같은 주제에 관한 기록이라도 기록한 사람의 '사고의 틀'에 따라 내용이 달라질 수 있다는 것이다. 역사적 사료를 선택하고 수집하는 데는 과학적인 분석이 필요하다. 그러나 사료 자체가 단편적이고 불안전하기 때문에 그것을 선택하고 해석해 내는 것은 결국 역사가에게 달려 있다는 것이다.

역사와 자연과학

역사와 자연과학은 다음 몇 가지 면에서 근본적인 차이를 가지고 있다. 자연과학에는 일정한 법칙이 존재한다. 물의 온도를 높이면 물이 끓고 수증기가 되어 승화한다. 물은 높은 곳에서 낮은 곳으로 흐른다. 계절의 순환은 주기적으로 교차된다. 우주의 모든 위성은 일정한 속도로 일정한 궤도를 그리면서 운동을 한다. 그러나 역사에는 이러한 자연의 법칙에서 볼 수 있는 '보편타당한 법칙'이 존재하지 않는다. 사람 개개인의 얼굴 모양이 다른 것처럼, 역사가는 성장 배경, 사회적 여건, 가치관에 따라 같은 사물이라도 다른 각도에서 보게 된다. 이 때문에 역사에서의 절대적이며 객관적인 기술이란 불가능하다. 만약 역사가 자연과학과 같이 법칙적이고 반복적인 것이라면 더 이상 존재의 필요성을 상실하고 말 것이다. 인간의 개별적인 행동과 사건들에 대해 명쾌한 과학적 해답을 낼 수 있다면, 역사 기술의 복잡한 과정을 거칠 필요가 없이 언제나 법칙적인 해답만을 얻으면 될 것이기 때문이다.

자연과학의 연구방법은 우선 가설을 설정하고 실험을 통해 그것을 입증하는 것이다. 그러나 역사에서 가설을 설정한다는 것은 불가능하다. 인간이나 인간 집단은 가상적 상황에 처해 있을 때 다르게 행동하며, 따라서 인간의 행동 패턴에서 규칙성이나 일반성을 찾는다는 것은 거의 불가능하다. 예를 들면, 사람들을 여러 그룹으로 나누어 동일한 지리, 기후, 생활환경을 가진 무인도나 깊은 산중에 고립시킨 후 일정 기간이 지나 그들의 생사 여부를 포함한 적응 상태와 변화된 생활 모습을 고찰해 본다면, 각 그룹이 보이는 반응과 상태는 각기 다를 것이다. 이것은 똑같은 조건이 주어졌을 때 반드시 동일한 결과가 나타나야만 하는 자연과학의 실험이나 관찰과는 확연히 구별되는 것이다. 이는 역사 연구의 대상인 인간이 각각 다른 의식과 목적을 가지고 있으며, 각 개인의 개성, 인성, 교육, 신분에 따라 어떤 사건이나 일에 대하여 다양한 반응을 보이기 때문이다.

자연과학은 실험이나 반복된 관찰을 통해 사물을 인식하는 것이 필수적이며, 이를 통해 보편타당한 법칙을 이끌어 낼 수 있다. 생물학에서 진화의 어느 한 시점을 추측할 수도 있고, 멘델의 법칙과 같이 진화의 과정을 실험할 수도 있다. 그러나 역사는 관찰을 통하여 사료를 얻지 못하며, 역사적 사건은 실험이나 직접적인 관찰의 대상도 될 수 없다.

자연과학은 자연계의 현상, 즉 물질을 다룬다. 자연의 발생과 진화의 과정은 물리적, 생리적, 직선적이다. 그러나 인류의 역사는 자연에서 말하는 기계적인 진화의 과정과는 다르다. 역사에는 인간의 내면적 성찰과 노력, 투쟁의 결과로 얻어진 진보의 개념이 강하게 작용한다. 동식물이나 광물들은 다만 부여된 자연의 상태에 피동적으로 반응하지만, 인간은 사고와 행위를 통하여 능동적으로 변화를 주도해 가는 존재다. 그리하여 콜링우드Collingwood는 "인간의 역사는 인간의 내적 사고의 역사"라고 하였다. 따라서 사고 능력이 있는 인간만이 역사를 소유하고 또 이를 인식할 수 있는 것이다.

역사학은 일반적 분석과 엄격한 과학적 접근법을 거부한다. 역사학은 일반적 분석과 법칙이 아니라 구체적인 서술을 통하여 설명된다. 역사는 의미 있는 역사적 개인이나 상황을 그 모든 살아 있는 세부적인 면에서 묘사하는 데 목적이 있다. 역사학은 시간의 개념을 중시하지만, 또한 과거에 일어났던 인간 활동의 모든 측면을 포괄하는 특징을 가지고 있다.

역사는 자연과학과는 그 성격에서 분명한 차이를 지니고 있다. 그럼에도 불구하고 자연과학의 발달은 역사 연구에 커다란 영향을 주고 있다. 과학기술의 발달로 인하여 유적을 발굴해 내고, 유물의 연대를 좀 더 정확하게 추정하는 일이 가능해졌다. 예를 들면, 어떤 한 지방에서 동전이 대량으로 발견되었을 때 그 연대를 과학적으로 밝혀냄으로써 그 지방에서 어떤 시기에 화폐경제가 수립되었는지를 알 수 있다. 또한 발견된 동전의 규모와 분포를 통하여 그 지역의 인구 분포, 경제 규모, 그리고 문화적 교류의 정도를 파악할 수 있을 것이다.

1960년대 소위 통계학적인 분석방법과 컴퓨터의 활용으로 개량사학이 크게 성행하였다. 이런 학문적 발전에 힘입어 흑인 상인들의 노예 수입명세서를 통해 흑인의 역사를 밝힌다든지, 일반 대중의 투표 성향을 파악하여 정치 권력의 이동 과정을 추적한다든지, 이민국 자료를 이용하여 이민자들의 정착과정을 재구성함으로써 기존의 학설을 뒤엎는 발전을 이룩하기도 하였다.

역사의 특성과 기능

프랑스의 대표적인 연보학자 브로델Fernand Braudel은 역사를 하나의 오케스트라에 비유한다. 오케스트라는 각각 다양한 개성을 가진 악기들이 서로 다른 음색을 내지만 전체적인 조화 속에 화음을 만들어 낸다. 그러나 각 악기의 연주자가 지휘자의 지시에 움직이지 않는다면 오케스트라는 제 기능을 발휘하지 못하게 될 것이다. 훌륭한 오케스트라가 되려면 지휘자 아래 모든 구성원이 합심하여 화음을 내야 한다. 마찬가지로 역사학은 오케스트라의 지휘자처럼 모든 학문을 그 목표를 위하여 운영할 수 있도록 통합적인 기능을 발휘하여야 한다.

역사를 기록하는 가장 중요한 목적 가운데 하나는 교훈성에 있다. 일정한 변화의 패턴과 법칙만이 존재하는 자연과학과 달리, 역사학은 인간을 다루는 학문이기 때문에 도덕과 윤리의 문제를 떠날 수는 없다. 역사와 같은 인문학을 '윤리과학'이라고 부르는 까닭이 여기에 있는 것이다.[14] 역사는 '인생의 교사'라는 말이나 "역사는 한 시대를 다른 시대와 비교함으로써 자신들의 시대적 특징을 자각케 한다."는 말은 모두 역사의 교훈성을 언급한 것이다.

역사의 교훈적이고 실용적인 면을 지나치게 강조하다 보면 과거의 역사를 왜곡하거나 변질시킬 위험이 있다. 그리하여 어떤 역사가들은 과거를 이해하려고 하기 전에 모든 도덕적인 판단을 유보해야 한다고 주장하기도 한다.[15] 그러나 역사가에게는 과거 사건이나 인물들에 대하여 가치판단을 유보하는 중립적인 자세가 바람직하지 않을 수 있다.[16] 역사에서 도덕적인 판단을 내리지 않는 것은 우리의 인생에서 어떤 것을 취하고 어떤 것을 버릴 것인가를 판단하지 못하고 살아가는 것과 같기 때문이다.

역사의 교훈은 역사에서 반복의 문제와 직접 연관이 있다. 만약 전쟁이나 폭동이 반복적으로 나타난다면 우리는 앞으로 일어날지도 모를 사태에 대비할 수 있을 것이다. 2차 세계대전 당시 히틀러의 유태인 학살 사건과 같은 대참사가 다시 일어날 가능성이 있다면, 우리는 이런 일이 재발되지 않도록 여러 조치와 방법을 강구하게 될 것이다.

역사는 외관상 주기적으로 반복되는 인상을 준다. 혁명은 계속하여 발생하고 전쟁은 세계 각처에서 반복하여 일어난다. 인류 역사상 어느 한 시점에서 전쟁이 없었던 시기는 일찍이 없었으며, 정치적 권력이 대등한 두 세력이 대립하면 전쟁이 발생하기 마련이다. 자본주의 체제하에서 불경기와 호경기는 주기적으로 반복되는 인상을 준다. 그러나 아무리 역사적인 어떤 사건이 동일하다고 하여도(실제로는 동일할 수도 없지만), 적어도 앞선 사건은 후에 일어난 사건의 전례가 된다는 점에서 차이가 있다. 더욱이 어느 유사한 사건도 특수한 시대와 인간, 사회조직의 차이를 가지고 있기 때문에 인간의식의 세계를 통해서 본다면 결코 반복이라고 할 수 없다.

몇 가지 예를 들어 보자. 금세기에 인류는 두 번에 걸친 세계대전의 참화를 겪었다. 외관상 전쟁은 반복되는 인상을 준다. 그러나 전쟁의 원인과 진행과정, 전후 협상의 결과는 판이하게 다른 양상을 보여 준다. 영국의 청교도혁명, 미국 독립혁명, 프랑스혁명에서 보듯이, 혁명은 주기적으로 발생하는 것처럼 보인다. 그러나 원인, 과정, 결과에서 각각의 혁명은 전혀 다른 형태를 보여 준다. 미국의 경우는 혁신주의, 뉴딜 정책, '위대한 사회'의 건설 등에서 보듯이 진보적 개혁정책이 반복되는 것처럼 보이지만, 개혁의 양상과 결과의 차이는 분명 존재한다. 따라서 역사에서 어떤 고정된 유형이나 법칙을 발견하려는 것은 무모하며, 오히려 반反역사적인 것이다. 그리하여 역사가들은 역사 현상의 통일성보다는 그것의 특수성이나 개별성에 더 큰 비중을 두고 있다.

요약하면, 역사는 종합 학문으로 과거에 일어났던 인간 활동의 모든 측면을 포괄하는 특성을 지니고 있다. 역사는 직접적인 실험, 관찰, 가설의 입증 등의 연구방법론을 사용하는 자연과학과는 근본적으로 다르다. 역사는 시간의 발전과정에서 인간의 특수성과 개별성을 다루는 윤리·도덕적 학문으로 과거의 흔적인 사료를 추리하고 이를 서술하는 학문인 것이다.

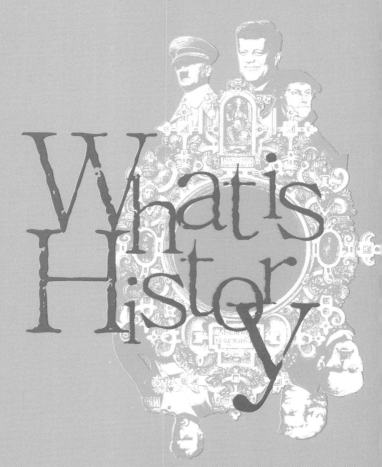

Chapter 4

역사를 어떻게 인식하고
의식할 수 있는가

역사의식이란 역사의 흐름 속에서 자신의 위치를 깨닫는 일종의 자아의식
이다. 즉, 인간 개개인이 서로 동떨어진 개별적인 존재가 아니라 시간적·
공간적으로 서로 연결된 고리로 존재한다는 결속의식 혹은 뿌리의식을 말
한다.
– 본문 중에서

역사는 두 가지 의미를 지니고 있다. '과거 사실 그 자체'를 의미하는 객관적 역사와 '과거 사건에 대한 서술'을 의미하는 주관적 역사가 그것이다. 여기서 더 나아가 역사가 갖는 제3의 의미는 '학문으로서의 역사학'이다. 이것은 과거 인간의 행적이나 업적과 관련된 자료들을 수집·분석하고, 이를 평가하고 해석하는 일체의 역사 연구과정을 말하는 것이다. 즉, 역사학을 체계적인 학문으로 연구하기 위한 이론 설정이나 접근방법을 의미한다.

역사 인식론

일반인들은 어떤 절차를 거쳐 역사적 사실을 이해하고 인식할 수 있는가? 역사는 역사가에 의해 탐구된다. 단순한 과거의 사실들은 전문적인 역사가들을 통하여 역사적인 사실로 만들어지며, 그들의 방법론적인 역사 인식(역사가의 주관적 해석이나 평가)을 통해 일반인들은 역사를 이해하고 역사의식을 갖게 된다. 역사 지식이 일반인에게 전달되는 과정을 도표로 보면 다음과 같다.[1]

인간의
모든 과거

사료
(史料)

역사가의
평가 · 해석

일반인의
역사 이해

사실(事實) ➡ 사실(史實) ➡ 역사 인식 ➡ 역사의식

· · · 역사적 사실을 이해하고 인식하는 과정

　역사의 연구 대상에는 과거 인간의 모든 행위와 사건이 포함된다. 그러나 과거에 발생한 모든 사실事實이 전부 다 역사적 사실史實이 되는 것은 아니다. 우리는 일기를 쓸 때 그날 일어난 일을 미주알고주알 모두 쓸 수는 없다. 하루 중에서 가장 중요하고 의미 있는 것만을 추려 기록한다. 마찬가지로 역사가들은 과거 무수한 사건 가운데서 가치 있고 의미 있는 사실만을 선택 · 수집하고, 이를 통해 어떤 사건이나 인물에 대하여 서술하게 된다. 다시 말해, 역사가는 전문가로서 과거의 역사 기록을 연구하여 어떤 사건이나 인물에 대해서 평가와 해석을 내리게 된다. 그리고 이런 역사가의 역사 인식을 통해 우리는 역사를 이해하고 역사의식을 갖게 되는 것이다. 따라서 우리가 흔히 '역사를 의식한다'고 하는 말은 우리가 직접 역사를 인식한다는 말이 아니다. 역사가라는 전문가의 역사 인식을 받아들임으로써 각자 나름대로 역사를 의식한다는 것을 의미하는 것이다.

　서양에서 14~15세기는 새로운 역사적 출발점이었다. 이 시기에 발생한 르네상스, 종교개혁 그리고 과학혁명은 지적 · 정신적 차원에서 다양한 변화를 일으켰다. 그 결과 신 중심의 중세사회가 마감하고 인간을 중심에 둔 근대적 정신이 탄생하는 새로운 토양이 만들어졌다.

이와 같은 글은 서양사 개설서에서 흔히 접할 수 있다. 이 인용문은 역사적 사실 그 자체라기보다는 중세에서 근대로 이전하던 시기의 시대적인 특징과 변화를 밝힌 역사가의 해석이다. 우리는 이러한 역사가의 주관적인 해석을 역사적 사실로 받아들이게 되며, 이를 통해 역사를 의식하게 된다.

그러면 역사가가 어떤 관점에서 단순 사실로부터 역사적 사실을 선택하여 해석하며, 이를 통해 우리가 어떻게 역사를 의식하게 되는지를 카이사르의 '루비콘강 도강 사건'을 예로 들어 좀 더 상세히 살펴보도록 하자.

기원전 52년 로마 원로원은 포고령을 통과시켜 폼페이우스를 단독 집정관에 임명하였다. 사실상 그는 독재자가 된 셈이었다. 그러나 카이사르 세력과의 공공연한 충돌을 막기 위해 일련의 간접적인 조치를 취하기로 하였다. 그것은 카이사르를 갈리아 지방의 사령관의 지위에서 해임하여 재판하는 일이었다. 왜냐하면 재임 중에는 재판에 회부할 수 없었기 때문이었다.

카이사르

기원전 49년 원로원은 마침내 포고령을 통과시켜 카이사르가 군대를 해산하지 않는다면 공적으로 규정할 것을 선포하였다. 그의 편에 가담한 호민관들은 카이사르가 대기하고 있던 라벤나로 도피하여 그와 합류하였다. 곧이어 카이사르는 1개 군단을 지휘하여 "주사위는 던져졌다."라고 말하고 루비콘강을 건넜다.

루비콘강은 갈리아 속주의 경계를 이루는 아드리아해에 면한 라벤나 남쪽의 작은 강이었다. 카이사르가 군대를 이끌고 루비콘강을 건넌 것은 반역 행위로 술라법을 위반했을 뿐만 아니라, 개선할 때를 제외하고는 무장 군대를 이끌고 이탈리아로 행군하지 못하도록 한 전통적인 관례를 깬 것이었다. 카이사르는 신성한 호민관을 보호한다는 명분을 내세웠으나, 폼페이우스는 카이사르의 이런 행동이 원로원 세력을 무력으로 제압하려는 의도라고 의심하였다.

폼페이우스는 카이사르의 갈리아 군단이 두려워 동방에서 세력을 규합하기 위하여 그리스로 떠났으며, 대부분의 원로원 의원도 수행하였다. 기원전 48년 카이사르는 에피루스에 상륙하여 폼페이우스를 폐위시켰다. 폼페이우스는 이집트로 도주하였으나, 거기서 이집트인에게 암살을 당하였다. 카이사르는 이집트로 계속 진군하여 기원전 47년에 클레오파트라와 프톨레마이오스 13세를 이집트의 공동 통치자로 내세우고, 다시 시리아를 공격하여 연전연승을 거두었다. 이때 카이사르는 "왔노라, 보았노라, 이겼노라."라는 유명한 말을 남겼다.[2]

이 예문은 카이사르가 루비콘강을 건너 로마로 진격하여 권력을 장악하는 과정을 설명하고 있다. 루비콘강 도강 사건이 역사적 사실이 된 것은 역사가들이 그 사건의 중요성을 인식하고 그것을 역사적인 사실로 기록하였기 때문이었다. 그 이전이나 이후에도 수많은 사람이 루비콘강을 건넜지만, 이런 사실에 대하여 관심을 갖지 않는 것은 그것이 역사적 의미가 없었기 때문이었다. 그렇다면 역사가들은 왜 이 사건을 그토록 중요한 역사적 사실로 취급하였는가?

그 이유는 루비콘강 도강 사건으로 카이사르는 폼페이우스를 지원하는 원로원에 대항하여 호민관과 손을 잡았으며, 더 나아가 그것이 로마의 권력 구조가 공화정에서 제정으로 변화된 결정적인 계기가 되었기 때문이었다.

그리하여 역사가들은 결국 로마 공화정의 붕괴와 로마 제정의 시작을 카이사르의 '루비콘강 도강 사건'에서 찾게 된 것이다. 따라서 루비콘강 도강 사건을 단순히 하나의 강을 건넌 것이 아니라 로마 공화정에서 로마 제정으로의 전환이라고 해석하는 것은 전문가로서 역사가의 역사 인식에 속하는 것이다. 그리고 이런 해석은 불법적인 무력에 의해 정권을 장악한 전제주의 전형의 한 예를 알려 줌으로써 우리에게 올바른 역사의식을 심어 주는 데 기여하는 것이다.[3]

역사의식의 의미와 형성

역사의식이란 무엇이며, 어떻게 형성되는가? 역사의식이란 "역사의 흐름 속에서 자신의 위치를 깨닫는 일종의 자아의식이다."[4] 즉, 인간 개개인이 서로 동떨어진 개별적인 존재가 아니라 시간적·공간적으로 서로 연결된 고리로 존재한다는 결속의식 혹은 뿌리의식을 말한다. 이것은 자신이 살고 있는 시대의 역사적 좌표를 이해하고 나아가야 할 방향을 설정하려는 노력을 의미한다. 다시 말해, 역사의 흐름을 통하여 너와 나, 그들과 우리의 위치를 깨닫는 것이 바로 역사의식인 것이다.

역사의식은 비판의식을 수반한다. 우리는 역사를 배움으로써 과거의 사건이나 인물들에 대한 실상을 파악할 수 있으며, 이런 과정을 통해 현실 문제에 관심을 갖게 된다. 따라서 우리는 역사적 사실을 기억하는 것으로만 그칠 것이 아니라 현재 자신이 살고 있는 사회와의 관계 속에서 역사의식을 가져야 하며, 이를 통하여 사회에 대한 비판과 동시에 책임의식을 갖게 되는 것이다.

요약하면, 역사의식이란 역사적인 영향을 받아서 형성되는 감정, 견해, 사상, 이론 따위를 가리키는 말이다. 예를 들면, 한국인으로서 임진왜란이라는 역사적 사건을 통해 전쟁은 왜 일어났으며 어떤 결과를 초래하였는지, 그리고 전쟁 이후에 정치나 경제, 사회, 문화적인 상황이 어떻게 변화하였는지 이해할 수 있을 것이다. 임진왜란 이전과 이후에도 수많은 크고 작은 전쟁이 있었지만, 그 원인이나 결과는 비슷한 측면도 있고 다른 측면도 있을 것이다. 그런 유사점과 차이점을 알아내서 오늘날을 살아가는 우리가 어떻게 하면 세상을 슬기롭게 헤쳐 나갈 것인가를 생각하는 것이 역사의식이라 할 수 있다.

치열한 역사의식의 예로 마틴 루서 킹 목사의 인권운동을 들 수 있다. 1950년대의 미국, 전후 번영과 풍요의 시대에 킹 목사는 피부색에 따라 열차나 버스의 좌석이 차별되고 각기 다른 음식점과 화장실을 써야 했던 과거 노예들의 땅인 남부 지역에서 살았다. 그리고 그에겐 삐뚤어진 우월감에 안주하는 백인들과 차별과 가난에 분노하는 흑인 이웃들이 있었다. 이 독특한 역사의 환경에서 비폭력 무저항주의라는 인권투쟁의 역사의식이 형성되었다. 킹 목사는 선이 악을 스스로 부끄럽게 만들어 결국 평화적으로 인종차별의 굴레를 사라지게 할 수 있다고 믿었다.

우리 민족에게도 강한 역사의식의 소유자가 많았다. 특히 안중근 의사가 그랬다. 그는 제국주의적 침략과 수탈이 정당화되었던 시대에 강대국이라면 누구나 눈독을 들이는 요충지 조선의 애국청년이었다. 그는 우리 민족이 일제의 무력 침략과 약탈에 좌절하고 무력해질 때 스스로 몸을 던져 분연히 자신을 불살랐다. 안중근 의사는 일본 제국주의의 우두머리인 이토 히로부미의 심장에 총을 겨누면서 '역사의 평가'를 염두에 두었을까? 그는 자신이 후세에 '열사' 또는 반대로 '테러리스트'로 기록될까를 생각했을까? 그는 또한 자신의 삶이 역사에 부끄러운 것인가 아닌가를 가늠해 보았을까?

비폭력 투쟁의 상징인 킹 목사나 요인 암살을 통해 민족의 정기와 자존심을 되살리려 했던 안중근 의사는 모두 그들이 살았던 시대와 그들이 소속된 공동체의 특성이 만들어 낸 역사의식의 소유자들이었다.

터너의 프런티어 사관

역사가의 해석이나 평가(역사가의 역사 인식)가 일반인의 역사의식은 물론 국가 발전에 어떻게 기여하였는지를 터너 Frederick J. Turner의 프런티어 사관을 예로 들어 살펴보도록 하자.

미국의 역사학자 터너는 300년에 걸친 서부 개척이 미국인들의 성격과 민주제도의 형성에 끼친 영향을 주제로 프런티어 사관이라는 독창적인 이론을 제시하였다. 그의 이론은 '미국사학의 독립선언'이라고 불릴 만큼 미국사의 해석과 평가에 커다란 영향을 주었다.

터너 이전에는 미국의 정치, 경제, 사회 제도가 대부분 유럽에서 유래되거나 유럽의 영향을 받았다는 학설이 지배적이었다. 그러나 터너는 이런 기존의 해석에 반박하는 소위 '프런티어 사관'을 내세웠다.[5] 그는 서부의 광활한 토지와 이

프런티어 사관을 제창한 터너

질적인 환경, 그리고 300년에 걸친 서부 개척의 역사가 미국의 제도와 미국인의 특성을 형성시킨 요체라고 파악하였다.

> 미국의 정치적 제도와 민주주의 역사는 모방의 역사가 아니라 광활한 서부 프런티어의 환경에 적응하고 진화함으로써 형성된 역사다……. 아메리카의 민주주의는 아메리카의 숲 속에서부터 나왔으며, 새로운 프런티어에 접촉할 때마다 새로운 힘을 얻은 것이다. 헌법이 아니라 자유지, 풍부한 천연자원이 적합한 사람들에게 열림으로써 3백 년 동안 민주적 형태의 사회가 만들어진 것이다.[6]

터너는 서부의 드넓은 미개척지가 대륙을 가로지르며 끊임없이 개발됨에 따라 개척민들이 겪게 되는 환경적인 변화과정을 추적하였다. '야만과 문명이 공존하는' 개척지는 처음에는 탐험가, 모피 사냥꾼 그리고 상인들의 원시적인 생활을 거쳐, 두 번째로 농경민이 가족 단위로 정착함으로써 성숙한 농경 단계에 접어들었고, 마지막으로 자본가와 기업가들이 몰려들어 도시와 공장이 들어서게 되었다.[7] 이런 개척지의 생활 조건과 일련의 발전과정을 통하여 점차 미국인 특유의 성격이 형성되었다는 것이다.

서부 프런티어에서의 장기간에 걸친 생활을 통해 미국인들은 모국인 유럽과는 전혀 다른 미국적 특성을 갖추게 되었다. 변경 지역의 새로운 환경은 거친 개인주의, 평등주의, 자립정신, 물질주의, 실용주의와 같은 미국적 특성을 낳았으며, 서부의 광활한 자유지는 미국의 민주제도를 발전시켰다.[8] 무엇보다도 개척지의 환경은 미국인의 지적 특성을 형성하는 데 기여하였다. '강인함과 힘의 과시, 호기심과 창의적인 정신, 물질에 대한 지배욕, 활동적인 성격, 자유로움에 따를 쾌활함과 낙천주의' 등 미국인들의 특성을 만들었

프런티어로 진출하는 미국 개척민들의 모습

다.[9] 프런티어라는 새로운 환경에 적응하면서 창출된 이런 미국적인 특성을 '아메리카니즘'이라고 하며, 이를 통해 미국인들은 새로운 문명의 개척자가 되었고 강대국으로 성장하는 기반을 갖추게 된 것이다.

프런티어 정신은 남북전쟁 이후 남과 북 사이에 존재했던 갈등과 반목을 극복하고 정신적으로 하나의 민족으로 다시 뭉치게 하였다. 그것은 또한 미국이 남북전쟁 후 산업화와 도시화의 과정을 거치면서 급속한 경제 발전을 이룩하여 세계 최강대국으로 등장하는 데 기초적인 이념을 제공하였다. 더욱이 프런티어라는 독특한 환경이 유럽과 구별되는 미국적 독자성을 확립하게 했으며, 이것이 유럽을 극복하게 만든 역사의식을 미국인에게 심어 주었다. 프런티어 정신은 미국인에게 미국이 '유럽 문명과는 다른, 오히려 그것을 단절하고 뛰어넘는 새로운 차원의 문명'이라는 자긍심과 정체성을 심어 주었으며, 이런 미국적 가치관을 세계에 전파시키는 결과를 가져다주었다.[10]

서부 프런티어가 종결된 후에도 프런티어의 개념은 세계의 다른 지역으로 확대되어 제국주의적 식민정책을 펼치는 데 이용되었다. 1, 2차 세계대전의 참전과 승리는 이런 미국적 프런티어 정신의 산물이라고도 볼 수 있을 것이다. 케네디 대통령 시절 평화봉사단을 개발도상국에 파견하여 미국적 문화와 생활양식을 전파한 것이나, 1968년 미국이 세계 최초로 아폴로 13호를 쏘아 올려 달 표면에 성조기를 세운 것도 이러한 개척정신의 표현이다. 요컨대, 터너의 프런티어 학설은 한 역사가의 역사 인식이 일반 사람들에게 커다란 역사의식을 갖게 하고, 이것이 한 국가의 발전에 중대한 영향을 미친다는 것을 보여 주는 대표적인 사례다.

드레퓌스 사건

-정의는 반드시 승리한다

1894년 발생한 드레퓌스 사건은 프랑스 여론을 분열과 혼란에 빠뜨리고, 당시 프랑스 제3공화정을 심각한 파국으로 몰고 간 일대 사건이었다. 사건의 당사자인 드레퓌스(Alfred Dreyfus)는 독일 국경지대의 알자스 지방 출신으로 프랑스 육군참모부에서 근무하던 포병 대위였다. 그는 두 자녀를 둔 매우 평범하고 화목한 가정의 가장으로 과묵하고 고지식한 성격을 지니고 있었다. 그러나 정직하고 성실한 사람으로 조국에 대한 충성심을 가진 군인이었다. 그런데 드레퓌스는 어느 날 갑자기 독일 대사관에 육군의 군사 기밀을 팔아 넘겼다는 혐의로 체포되어 기소되었다.

당시 프랑스 육군에서는 독일 대사관을 감시할 목적으로 '통계부'라 불리는 정보기관을 설치하였다. 통계부는 여자 청소부를 정보원으로 고용하여 매일 아침 사무실에서 쓰레기통에 버려지는 문서를 모아 보고하도록 지시하였다. 그러던 중 청소부는 군사 기밀을 빼돌린 혐의가 의심되는 한 통의 편지를 수거하게 되었다. 그 편지에는 "……출발 전에 만나지 못해 죄송합니다. 저는 D라고 하는 사람인데 여기 12개 항목의 주요 작전을 동봉합니다."라고 적혀 있었다.

참모본부는 이 문제의 편지에 적힌 'D'는 드레퓌스를 말하며, 필적 또한 드레퓌스의 것과 비슷하다는 이유로 그를 반역자로 몰아세웠다. 그러나 드레퓌스가 누명을 쓰게 된 실질적인 이유는 그가 유태인이며 알자스 출신이기 때문이었다. 알자스는 원래 프랑스 영토였으나 1870년 보불전쟁으로 독일에 합병되었다. 드레퓌스는 바로 이 지방 출신이었던 것이다. 드레퓌스는 누명을 쓰고 그의 동료 장교들로부터 배척을 당했지만, 자신의 무고함을 주장하고 프랑스에 충성을 맹세하였다. 그럼에도 그에게 동정을 보이는 사람은 가족

드레퓌스의 재판 장면

이외에 아무도 없었다.

드레퓌스는 군법회의에서 유죄를 선고받고 남미 기아나 앞 바다에 있는 '악마의 섬'으로 끌려가 24시간 철저한 감시 속에 지옥 같은 생활을 하였다. 드레퓌스의 무죄를 확신한 가족은 재심을 청구하였다. 그러나 정부가 오히려 몇몇 신문을 조종하여 드레퓌스 사건을 기사화함으로써 유태인에 대한 반감과 배척을 부추기려 하자 이 사건은 전국적인 관심사로 확대되었다. 마침내 군사 기밀 누설 사건의 진범이 당시 보병 대대장이었던 에스테라지라는 사실이 밝혀졌다. 그럼에도 군 수뇌부는 이 사건의 정치적 파장을 두려워하여 사건을 은폐하고 축소하려고 하였다. 드레퓌스의 혐의가 벗겨졌음에도 1899년의 재심에서도 그에게 유죄가 선고되었다.

당시 프랑스의 대문호 에밀 졸라(Emile Zola)는 온갖 비난과 어려움을 무릅쓰고 드레퓌스를 옹호하고 나섰다. 졸라는 '나는 고발한다'라는 제목의 글을 대통령에게 공개 서한으로 보냈다.

> 나는 궁극적 승리에 대하여 조금도 의심치 않습니다. 더욱 굳은 신념
> 으로 외칩니다. 진실은 살아 있으며, 그 누구도 그것을 막을 수 없다는 것
> 을! 진실은 땅속에 묻히더라도 자라납니다. 그리고 그것은 무서운 폭발력
> 으로 축적됩니다. 이것이 폭발하는 날 온 세상 모든 것을 휩쓸어 버릴 것
> 입니다……. 나의 행동은 진실과 정의의 폭발을 서두르기 위한 혁명적인
> 조치입니다. 그토록 많은 것을 지탱해 왔고 행복의 권리를 소유하고 있는

인류의 이름에 대한 지극한 열정만이 내가 가지고 있는 전부입니다. 나의
불타는 항의는 내 영혼의 외침일 뿐입니다.

에밀 졸라의 글이 막강한 위력을 발휘하여 여론이 들끓자 대통령은 이에 굴복하여 드
레퓌스를 특별사면으로 풀어 주었다. 정의가 마침내 승리하게 된 순간이었다.
　드레퓌스 사건은 인종차별주의와 제국주의라는 시대적 모순이 집약된 상징적 사건이
었다. 사건의 뿌리에는 프랑스군의 유대인에 대한 인종적 편견과 국수주의가 자리 잡고
있었다. 그러나 중요한 것은 드레퓌스 사건이 단순히 반유태주의적 차별만이 아니라 프랑
스 공화국의 기초를 확립한 계기가 된 사건이라는 데 있었다. 당시 프랑스는 공화주의자,
진보적 정치인, 양심적 지식인, 법률가 등이 중심이 된 공화파와 프랑스혁명의 이념과 공

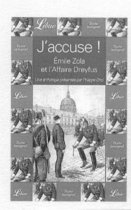

프랑스어 원서 *J'accuse!*

에밀 졸라가 쓴 논설
'나는 고발한다'가 실린 신문

화제를 반대하는 왕정 복고주의자, 옛 귀족, 군부, 반유태주의자, 군국주의자 등이 주축이 된 왕당파 사이에 갈등과 대립을 겪고 있었다. 드레퓌스 사건은 왕정파를 몰락시키고 공화파로 하여금 군대를 장악하게 함으로써 공화정의 기초를 굳건히 한 계기가 되었다. 그리하여 오늘날 프랑스 공화국의 기초가 확립되었던 것이다.

드레퓌스 사건의 전모는 객관적인 사실로 과거의 기록을 통해 누구나 찾아낼 수 있다. 그러나 이 사건이 군사 기밀을 적대국에게 넘겨 준 단순한 첩보 사건이 아니라 프랑스의 왕정을 파괴하고 오늘날 프랑스 공화국을 형성하게 되는 토대를 마련한 중대한 사건이라는 역사적 해석은 전문가로서 역사가의 역사 인식으로부터 가능한 것이었다. 그리고 이러한 역사적 해석은 일반인들에게 권력의 횡포와 음모에 맞서 한 인간의 자유와 인권이 얼마나 귀중한 가치를 가지는 것인지를 우리에게 알려 주었으며, 이를 통해 우리에게 바른 역사의식을 심어 주는 데 기여하였다.

역사란 무엇인가

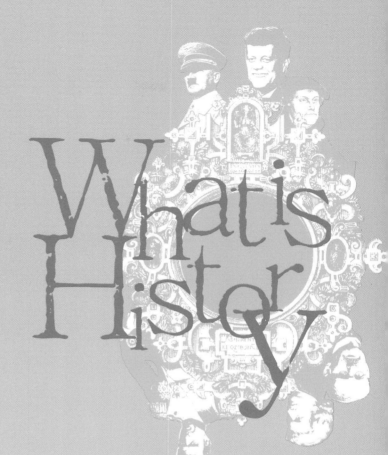

Chapter 5

역사는 과연 객관적으로
인식하고 서술할 수 있는가

역사가의 의무는 진실과 허위, 확실과 불확실, 의문과 부인을
명확히 구별하는 것이다.

– 괴테(Johann Wolfgang von Goethe)

역사는 과연 객관적으로 인식하고 서술할 수 있는가

역사적 사실을 관찰하고 서술하는 데 무엇보다도 중요한 것은 객관성을 유지하는 것이다. 과거를 '있는 그대로' 서술해야 한다는 것은 실로 역사가들이 지켜야 할 이상이자 의무다. 그것은 역사가들의 자의적인 해석에 따라 역사의 진실이 훼손되거나 왜곡될 우려가 있기 때문이다. 그러나 인간의 눈으로 인류의 과거사를 공평하게 본다는 것은 결코 쉬운 일이 아니다. 인간의 인식에는 한계가 있으며, 역사가들은 과거를 재현하는 데 저마다 다른 관점과 틀을 가지고 있기 때문이다.

월터 롤리Walter Raleigh라는 영국인은 군인, 탐험가, 작가, 식민지 경영자 등 다채로운 경력을 지닌 인물이었다. 1603년 그는 영국 왕 제임스 1세에 대한 음모죄로 런던탑에 갇혀 12년 동안 복역했다. 그는 감옥에서 『세계의 역사The Histories of the World』를 집필했다. 제1권을 마치고 제2권을 쓰던 어느 날의 일이다. 바깥이 떠들썩하게 소란하기에 호기심이 많은 그는 런던탑의 자기 방 창문을 내다보았다. 두 남자가 서로 심하게 다투는 광경을 열심히 지켜보았다. 다음 날, 마침 사건 관계자와 만나게 된 그는 싸움에 대해 물었다. 그런데 자신이 목격한 것과는 상당히 다른 내용을 말하는 것이었다.

롤리는 정확한 기억력을 갖고 있다고 자부하는 사람이었는데, 상대방 역시 자기가 직접 관계된 일이라며 끝까지 주장을 굽히지 않았다. 롤리는 바로 어제 일어난 사건도 이 모양인데 하물며 수백 년 전에 일어난 일을 어떻게 알 수 있겠는가라고 탄식하며, 쓰고 있던 제2권을 난로에 집어던져 버렸다. 때문에 본래 십수 권으로 계획했던 그의 『세계의 역사』는 그리스·로마 부분을 쓴 제1권밖에 없다. 역사를 객관적으로 있는 그대로 기록한다는 것이 얼마나 어려운 일인가를 단적으로 알려 주는 일화다.[1]

실증주의 역사학

대부분의 역사가는 너나 할 것 없이 누구나 자기가 쓰고 있는 역사야말로 가장 정확하고 객관적인 것으로 인정받기를 원한다. 그러나 역사가가 민족적 혹은 이념적 입장에서 이해관계에 엉켰을 경우 그가 서술한 역사가 과연 객관성을 유지할 수 있는가는 매우 의심스러운 일이다.

그렇다면 역사적 사실은 객관적인가, 아니면 주관적인가? 역사적 사실들은 과연 '일어난 그대로' 인식할 수 있느냐 없느냐란 문제에 직면하게 된다. 대부분의 역사가들은 역사 서술의 가장 중요한 가치로 객관성과 공평성을 내세우고 있다. 그러나 이것은 실현 불가능한 일이며, 저술 작업의 과정에서 역사가의 주관이 개입될 수밖에 없다. 같은 역사적 사건이라도 시대와 장소에 따라 그 해석이 달라지기 때문에 각 시대마다 과거에 쓰인 역사들을 다시 쓰는 것이 필요하다는 것을 깨닫게 되는 것이다.

일반적으로 '과학적'이라는 말과 동의어로 사용되는 '실증적'이라는 단어

를 처음으로 사용한 사람은 콩트Auguste Comte였
다. 콩트는 『실증철학의 체계』라는 저서에서 사
실과 관계된 모든 인식은 '실증적 자료'에 근거해
야 한다고 주장하였다. 사회나 역사적 현상은 과
학자가 실험이나 관찰을 하는 것과 같은 동일한
방법으로 인식할 수 있다는 것이다. 따라서 역사
가들은 주어진 사실을 있는 그대로 받아들이고,
단지 다른 사실과의 연관 관계만 살피면 된다는
것이다.

실증주의 사관을 제시한 콩트

이러한 실증주의 철학을 역사학에 도입한 대표적인 사람은 독일의 역사
가 랑케Ranke였다. 랑케는 역사가가 자신의 편견이나 생각을 버리고, 과거
사실을 실제로 일어난 그대로 서술해야 한다고 주장하였다. 랑케는 인간들
이 객관적 진실을 왜곡하거나 날조하지 말 것을 강조하면서, 진실은 여러 개
가 아니고 오직 하나일 뿐이라고 지적하였다.[2]

사람들은 역사가 과거를 심판하고, 미래의 유익
한 교훈을 제공한다고 믿어 왔다. 그러나 역사에서
이러한 기능을 찾는 것은 무리이며, 단지 과거에 실
제로 일어난 그대로 보여 줄 따름이다……. 추하고
경멸스러운 사건이나 사실이라도 그것을 정확하게 묘
사하는 일이 가장 훌륭한 원리인 것이다.[3]

'근대 역사학의 아버지'라 불리는 랑케

랑케는 민족주의 사관이나 식민사관, 또는 기

'근대 역사학의 아버지' 랑케

랑케는 신앙심 깊은 루터파의 중류 가정에서 유복한 아들로 태어났다. 법률가인 부친의 영향으로 어릴 때부터 가정 분위기는 엄격하였으나, 그는 진지하고 학구적이었다. 랑케는 1814년 라이프치히 대학에 입학하여 역사학보다는 신학과 철학 강의에 더 몰두하였다. 대학 졸업 후, 그는 프랑크푸르트에 있는 한 고등학교에서 고전문학사를 가르쳤다. 여기서 랑케는 고대의 역사가들에 대한 체계적인 연구를 시작했다.

랑케가 본격적으로 역사 연구에 몰두하기 시작한 것은 역사적 사실을 가공적으로 날조하거나 왜곡하는 역사가에 대한 반발에 따른 것이었다. 그리고 그가 스스로 역사적 사실 그 자체에 대해서 커다란 흥미를 느낄 수 있었기 때문이었다. 꾸준한 역사 연구의 결과로 랑케는 국가적인 명성과 더불어 베를린 대학 교수직을 얻게 되었다. 그는 수많은 저술뿐만 아니라 최초로 세미나식 강의를 실시하여 학생들이 스스로 사료를 비판적으로 연구할 수 있는 능력을 키워 주었다. 그 결과, 랑케 학파라고 불리는 수많은 제자가 양성되었다.

독교 사관과 같은 특정한 입장이나 이해를 대변하는 것이 참된 역사의 인식 방법이 아니라고 보았다. 민족, 식민 혹은 기독교라는 수식어가 붙는다면 역사학은 그 수식어에 예속되기 마련이다. 그렇게 되면 역사학이 아니라 단지 정치나 종교, 민족을 옹호하는 수단으로 전락해 버린다. 역사학이 참으로 역사학이 되기 위해서는 오로지 역사 자체의 인식만을 목적으로 해야 한다는 것이다.

과거를 객관적으로 표현해야 한다는 랑케의 실증주의 역사학의 기본 전제는 다음과 같다. ① 역사는 역사가의 마음 밖에 있는 대상으로서 '객관적인 실재'다. ② 역사는 인과적 관계에 의해 이루어진 구조, 즉 법칙성을 지니고 있다. ③ 역사가는 모든 종류의 편견 등으로부터 벗어날 수 있으며 역사적 현상을 중립적으로 관찰할 수 있다. ④ 역사는 신의 지배를 받지 않는 동시에 감정, 신앙 등의 지배도 받지 않는 합리적 과정에 따라 발전한다. ⑤ 모든 지식은 자연과학적 지식일 때 진리이며, 따라서 역사도 지식인 만큼 자연과학처럼 일반성과 법칙성을 추구해야 한다.[4]

랑케는 역사가가 과거의 사실을 규명하는 데 있어 자신의 주관적인 판단이나 가치를 개입시키는 것은 인간이 자연을 개발한다는 이유로 오히려 자연을 파괴하고 오염시키는 일과 같다고 하였다. 그는 과거에 일어난 사실은 어느 누구도 건드릴 수 없는 성스러운 영역이며, 이를 함부로 취급한다면 신을 모독하는 행위라고 지적하였다. 역사의 창조는 이미 신에 의해 이루어진 것이므로 인간이 다만 그것을 찾아내면 되는 것이지, 그것을 고치거나 잘못된 해석을 부가해서는 안 된다는 것이다.

랑케와 그의 후계자들은 외교 문서의 공개와 성서학, 신화학, 언어학, 고고학 등 보조과학의 힘을 빌려 역사 자체의 논리적 수단과 분석적 기술을 발전시켰다. 사료의 철저한 검증과 평가를 통해 사료 비판의 방법을 고안하였고, 문헌의 객관성과 진실성 여부를 판단하는 엄밀한 기준을 마련하였다. 랑케 사학은 과학적이고 실증적인 연구방법을 강조하여 역사학의 학문적 위상을 높이고 역사가 독자적인 학문으로 발전하는 데 커다란 공헌을 하였다. 이런 점에서 랑케는 '근대 역사학의 아버지'로 불린다.[5]

상대주의 역사학

역사 서술에서 객관성과 공평성을 찾으려는 랑케의 노력은 역사가라면 누구나 지켜야 할 학문의 기초가 되는 것이다. 이러한 사실 숭배는 랑케 이후 거의 반세기에 걸쳐 역사 서술의 목적, 자료의 수집과 접근 방식에서 역사가들에게 커다란 영향을 주었다. 그러나 랑케 사관에 대한 반론도 만만치 않다. 랑케 사관의 비판자들은 랑케의 주장대로 역사를 객관적으로 인식하는 것은 가능하지도 않고, 바람직하지도 않다고 주장한다.[6] 랑케 사관에 반발하여 나타난 상대주의 역사관은 이탈리아의 크로체와 영국의 콜링우드, 미국의 로빈슨, 비어드, 베커 등에 의해 주창되었다. 랑케의 '일어난 그대로'

의 역사 서술에 대한 상대주의 역사학자들의 비판은 다음과 같다.

① '과거의 흔적'인 사료는 그 특성상 단편적이며 선택적이다. 사료는 역사가의 손에 들어오기까지 오랜 시간이 경과되어 거의 대부분 소멸되고 단지 극소수만이 전해진다. 따라서 과거의 어떤 사건이든 전체를 온전히 이해하고 해석할 수 있는 완벽한 자료는 없다.

② 랑케는 역사 연구에도 자연과학적인 방법이 적용되어야 한다고 하였다. 그러나 역사는 자연과학과 근본적으로 다르다. 과학자는 사물을 직접 실험하고 관찰할 수 있으나, 역사는 이미 지나가 버린 과거를 그대로 재현하여 관찰할 수 없다. 예를 들면, 생물학자는 곰팡이를 현미경을 통해 직접 관찰할 수 있지만, 역사가는 사료를 통해서만 간접적으로 과거를 관찰할 수 있다.

③ 역사학의 연구 대상인 과거의 사건이나 인물들은 본질적으로 시험관 속의 물질과 다르다. 역사에는 윤리적·도덕적 판단이 뒤따른다. 그러므로 역사적 주제, 사료의 선별, 그리고 서술과정에서 의식적이든 무의식적이든 역사가의 주관이 작용하게 된다. 그런 의미에서 모든 역사는 주관적 역사다.

크로체-콜링우드

크로체Benedetto Croce는 자연과학을 기초로 하는 실증주의적 방법의 역사 연구를 배격하고 인간의 정신을 중시하였다. 크로체는 역사학이 자연과학과는 본질적으로 다르다고 주장하였다. 즉, 자연과학은 일반적인 개념들을 그것의 상호관계 속에서 관찰하거나 탐구하지만, 역사학은 구체적이고 개별적

인 사실들을 조사하여 그것의 상호관계를 규명하는 것이라고 보았다.[7]

역사학은 자발적이며 자유 의지를 가진 인간이 만들어 낸 현상을 다루기 때문에 사람의 생각으로는 단순히 이해될 수 없는 경우가 수없이 발생한다. 역사는 감정적이고 예측 불허의 극적인 변화를 항상 수반하기 때문에 자연과학과는 다른 독특한 고유의 가치를 지니고 있다. 따라서 역사학은 어디까지나 정신과학에 속하는 학문이라고 보았다.

크로체는 역사 서술을 현재 '생의 관심'을 표현한 것으로 파악하였다. 따라서 현재 생의 관심에 근거한 정신 또는 사유를 통하지 않는 사실들이란 '죽은 역사'이며, 이것은 마치 연주가 시작되기 전에 음조를 맞추기 위하여 불어 대는 악사들의 악기 소리에 불과하다고 주장하였다. 크로체는 모든 역사란 본질적으로 역사가의 현재의 눈을 통하여 현재의 문제에 비추어서 과거를 보는 것에서 성립되며, 따라서 "모든 역사는 현재의 역사"라고 하였다.

> 모든 역사적 판단의 저변에 흐르는 실제적 요청 때문에 역사에 현재적 성격이 부여되는 것이다. 시간상으로 아무리 먼 과거라고 할지라도 역사는 사실상 그 사건이 살아 움직이고 있는 현재의 필요와 상황과 깊은 관계가 있기 때문이다.[8]

과거 사건은 우리가 현재 살고 있는 세계와 어떤 의미에서든지 관련이 있고, 이런 관련성 때문에 역사 지식이 산지식으로 활용된다는 것이다. 이 점에서 역사가는 죽은 과거가 아닌 살아 있는 과거를 탐구하는 것이며, 역사는 현재의 당면 과제를 해결하는 데 도움이 되어야 한다는 것이다.

콜링우드는 크로체와 마찬가지로 실증주의적 방법의 역사 연구를 철저하게 배격하였다. 그는 크로체의 주관적 역사를 더욱 확고히 지키고, 더 나아가 급진적인 현재주의를 제창하였다. 콜링우드는 자연과 정신이 본질적으로 다르기 때문에 그 연구방법도 다를 수밖에 없다고 하였다. 자연의 과정은 '사건의 과정'이며 역사적 과정은 '사고의 과정'이므로, 자연과학적 방법은 인간과 사회 연구에 적합하지 않다고 하였다. 다시 말하면, 자연과학에서는 관찰자가 자연 현상을 객관적으로 관찰하여 일정한 법칙과 원인을 발견하지만, 역사가는 사건의 외형뿐만 아니라 그 사건을 일으킨 인간의 사상까지 알아내지 않으면 안 된다는 것이다.[9]

콜링우드는 역사란 "역사가가 연구하고 있는 사람들의 사상을 자기 마음속에 재현하는 것"이라고 하였다.[10] 그렇다면 역사가가 어떻게 과거의 사건들을 재현할 수 있는가? 역사가는 과거 사실을 직접 목격한 사람이 아니기 때문에 관련 사료를 통하여 상상력을 발휘해야 한다. 즉, 이미 존재하고 있는 확실한 사실을 기준으로 하여 그 사건과 연관된 사실들을 추출해야 한다. 그렇게 하여 과거의 상황을 자신의 경험 영역 안에서 다시 해석함으로써 과거의 사실들을 인식할 수 있다는 것이다. 요컨대, 역사적 사실은 객관적으로 '있는 그대로' 존재하는 것이 아니라 역사가의 주관적 사고에 의하여 나타나는 정신적 산물이라는 것이다.

로빈슨-비어드-베커

객관적이며 공정한 역사 인식이 불가능하다고 주장한 상대주의 역사관이 뿌리를 내린 곳은 미국이었다. 상대주의 역사가들은 사실의 절대적인 객관성을 부인하고, 시대나 환경의 변화에 따라 역사적인 사실의 가치도 달라진다고 주장하였다.

상대주의 역사학은 19세기 후반 로빈슨James H. Robinson에 의해 시작되어

1930~1940년대 비어드Charles A. Beard와 베커Carl Becker에 의해 그 전성기를 맞이하였다. 그들은 인간과 사회의 개별성과 다양성, 주관적 이념과 현재성을 강조하였다. 미국에서 상대주의 역사학이 발전한 것은 미국 특유의 사상이라 할 수 있는 실용주의적 풍토에 기인한다. 즉, 상대주의 역사관은 미국의 개인주의와 민주주의적 가치관에 부합되는 것이었다. 로빈슨은 그의 저서 『새로운 역사The New History』에서 다음과 같이 언급하였다.

> 역사는 다시 쓰여야 한다. 왜냐하면 첫째, 시간이 지남에 따라 과거 쓰인 역사의 근거가 되었던 사료 이외에 새로운 자료가 발견되고 많은 사료들이 사멸되기 때문이다. 둘째, 전 시대의 역사가의 관심의 대상이 되었던 것이 당대에는 관심 밖으로 밀려날 수도 있고, 또 전 시대의 역사가의 관심을 끌지 못했던 사실들이 당대에 다시 관심의 대상이 될 수 있기 때문이다. 셋째, 과거에 발생한 사건·사실이라고 하더라도 그것들과 관련된 제반 요소, 즉 정치·경제·사회·문화 및 자연과학의 대상이 되는 새로운 학문(예를 들면, 고고학, 인류학, 민속학 등)의 발전으로 인하여 새로운 해석과 관점이 나타나기 때문이다.[11]

로빈슨과 함께 공동 저술을 발표하는 등 입장을 같이해 온 비어드는 역사 서술의 상대주의를 더욱 명확히 제시하였다. 비어드는 역사를 객관적이고 공정하게 서술하는 것이 역사가의 임무라고 했던 랑케의 주장을 '고상한 꿈'에 불과하다고 일축하였다. 그는 역사가의 역사 서술은 "일종의 신념 행위로 쓰인 역사"라고 주장하였다. 그는 "역사가는 시대적 산물이며, 그의 저술은 그가 속한 국가, 종족, 그룹, 계급이나 당파의 입장을 반영한 것"이라고 하였다.[12] 또한 사람들은 성장과정과 교육적 배경, 그리고 취향 등에서 다양한 차이를 보인다. 이로 인하여 사람들은 각기 다른 주관성을 가지고 있으며, 사물을 있는 그대로 인식하는 것은 거의 불가능하다는 것이다.

　로빈슨과 비어드에 이어 주관적 상대주의 이론을 극단적으로 옹호하였던 인물은 베커였다. 베커는 역사의 본질에 관한 다음의 세 가지 질문, 즉 ① 역사적 사실이란 무엇인가, ② 그것은 어디서 발견될 수 있는가, ③ 그것은 언제 나타나는가 등의 문제들에 답변하는 형식으로 그의 역사관을 피력하였다.[13]

　베커에 의하면 역사적 사실은 과거에 발생한 것으로, 이미 사라져 버렸기 때문에 역사가가 직접 취급할 수는 없다. 따라서 "역사적 사실이란 역사가가 그것을 창조하기까지는 결코 존재할 수 없다." 그리고 "역사가가 창조한 모든 역사적 사실에는 역사가의 개인적 경험이 개입된다." 역사적 사실은 단지 인간의 정신 속에 존재하며, 역사가의 상상에 의해 발견되고 창조되는 '하나의 상징'인 것이다.[14]

　역사적 사실이 언제 나타나는가에 대하여 베커는 바로 지금 현재라고 하였다. 즉, 역사적 서술은 그것을 표현하는 사람의 현재적 관심이나 이해를 나타낸다는 것이다. 이것은 역사가가 이미 박제가 된 과거가 아니라 살아 움직이는 과거를 연구한다는 것을 의미한다. 살아 있는 역사는 "현재 지속적으로 형성 중인 역사"를 말하며, 이를 통하여 현재의 당면 과제에 대한 해답을 얻을 수 있다고 하였다. 그는 한 걸음 더 나아가 "모든 사람은 나름대로의 역사가"라고 하여 주관적 상대주의 역사관의 극치를 보여 주었다.[15]

모든 사람은 나름대로의 역사가

베커는 1931년 미국 역사학회장 취임 연설문에서 "모든 사람은 각자가 나름대로의 역사가"라는 말을 남겼다. 보통 사람들이 일상생활에서 영수증을 보관하고 가계부나 장부를 기입하며, 일기나 메모 등을 작성하고 기록하는 것은 자료를 수집하고 기록하는 역사가의 행위와 다름없다는 것이다. 베커의 이러한 주장은 한마디로 역사 지식의 대중화 또는 생활화를 의미한 것이었다.

상대주의 역사관은 다양한 사고와 역사 해석을 통해 역사학의 범주를 더욱 풍요롭게 하였다. 그러나 역사가 일종의 선전 도구나 정치적 목적으로 악용되어 집권층의 권력 유지에 합법적인 수단을 제공하기도 하였다. 월시 William. H. Walsh는 역사의 이데올로기적인 악용을 다음과 같이 언급하였다.

특정 권력이나 정당의 선전적 도구가 되는 역사, 즉 충성한 자를 격려시키고 불충한 자를 개종시키는 역사는 바르지 못한 역사다. 그것은 편견에 사로잡혀 있기 때문에 나쁜 것이 아니라, 나쁜 편견에 사로잡혀 있기 때문에 나쁜 것이다.[16]

또한 상대주의는 역사 지식과 가치의 무정부 상태를 초래할 수 있다는 비판을 받고 있다. 역사적 상대주의는 역사 인식의 주관성, 역사 지식의 불확정성, 역사적 가치관의 다양성을 주장한다. 모든 역사 인식은 주관적이며, 역사 지식은 절대적인 것이 아니라는 것이다. 이렇게 되면 역사가마다 자신의 판단을 제시하게 되고 그중 어느 것도 확정적인 것일 수 없기 때문에, 모든 역사 지식과 가치는 혼란스러운 상태를 초래하여 회의주의에 빠질 수 있는 위험이 있다.

앞에서 우리는 역사가 과연 객관적으로 인식될 수 있는가 하는 문제에 관하여 다양한 사상가의 견해를 살펴보았다. 오늘날에는 19세기 랑케 사관이 주창한 역사 서술의 객관성과 공정성을 절대적으로 신봉하는 역사가들이 거의 없다. 인간은 그 속성상 공정하게 사물을 관찰할 수 없으며, 아무리 공정하더라도 한계가 있기 마련이다. 제한된 사고와 처한 환경의 지배를 받는 역사가들에게 그러한 능력을 요구하는 것은 무리일지 모른다. 어찌 보면 그것은 인간의 일이 아닌 신의 영역일지 모른다.

신좌파 역사가인 진Howard Zinn이 언급하였듯이, 역사가의 '무감각한 중립성'은 인도주의와 복리 증진, 그리고 더 나은 세계의 창조라는 과제를 실현하려는 인류의 목적에도 부합되지 않는다.[17] 역사는 어떤 형태든지 가치판단을 요구하며, 역사가는 이러한 도덕적이며 윤리적인 판단에 무감각할 수 없는 사명을 가지고 있다. 그러나 이런 가치판단은 단순히 역사가의 주관에 의한 것이 아니라 가능한 한 많은 객관적인 사료에 의해 뒷받침되어야 한다. 객관적이고 충분한 사료의 보완 없이 단지 역사가의 주관적인 판단에만 의존한다면 역사는 신화나 소설과 같이 실체가 없는 픽션에 불과하기 때문이다.

에드워드 카, 『역사란 무엇인가』

-객관과 주관의 조화

영국의 역사가 에드워드 카(Edward H. Carr)는 역사 서술에서 객관과 주관을 조화시키고자 하였다. 카는 '있는 그대로의' 객관적인 역사를 강조한 랑케 사관과 역사가의 주관적인 해석을 주장한 상대주의 역사관 양측의 문제점과 한계를 비판하고, 이를 절충하는 자세를 견지하였다. 카는 그의 저서 『역사란 무엇인가』에서 객관적 역사를 강조한 랑케와 역사가의 주관을 강조한 콜링우드 모두 바람직하지 않다고 보았다.

카에 따르면, 과거의 사실과 관련된 문헌은 역사가가 그것을 다루기 전에는 아무 소용이 없는 죽은 종이에 불과하였다. 문헌을 가지고 역사를 만드는 것은 역사가이므로 사실만을 성스럽게 숭배하는 랑케 사관은 근본적으로 잘못됐다는 것이다. 카는 또한 상대주의 역사관이 역사가의 주관성을 지나치게 강조하여 결국 객관적인 역사를 불가능한 것으로 만들었다고 지적하였다.

카는 역사 연구에서 사실과 역사가는 모두 필요한 요소로 어느 한쪽이 더 우위에 있다고 주장할 문제가 아니라고 지적하였다. 역사가는 무엇보다도 사실을 존중하고 그 사실이 정확한가를 철저히 확인해야 한다. 그러나 동시에 역사가는 그 사실들이 갖는 의미를 생각하여 시대와 사회에 끼친 영향을 시간적 전후에 따라 해석해야 한다고 지적하였다. 즉, 역사가는 사실의 중요성을 인정하면서도 해석이라는 과정을 거쳐야 한다는 것이다. 역사가는 사실의 노예도 아니고 강압적인 주인도 아니다. 역사가와 역사적 사실은 평등한 관계에 있다. 그러므로 카는 "역사란 역사가와 사실의 상호작용의 부단한 과정이며 현재와 과거의 끊임없는 대화"라고 지적하였다.[18]

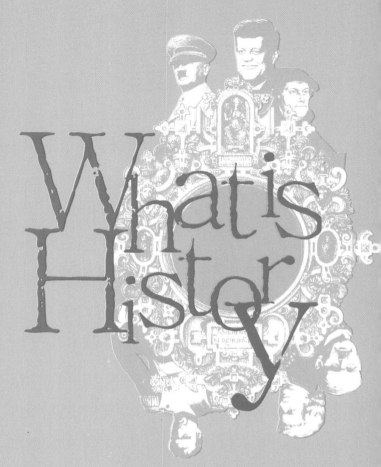

Chapter 6

역사에서의 시대구분과
역사관의 다양한 유형

새것은 옛것에 감추어져 있고,

옛것은 새것 속에 있나니······.

– 아우구스티누스(Augustinus)

시대구분의 한계와 필요성

역사는 본질적으로 '시간 속의 인간'을 다루는 학문이며, 시간적 변화에
따라 축적된 지식이다.[1] 이런 역사적 시간은 인위적으로 단절될 수 없는 연
속의 개념을 가지고 있다. 한 인간의 단일적 생애와는 달리, 역사는 절대적
시작과 절대적 종결이 있을 수 없다. 아우구스티누스Aurelius Augustinus가 "새
것은 옛것에 감추어져 있고, 옛것은 새것 속에 있다."라고 하였듯이, 역사는
앞과 뒤가 연결되어 끊임없이 흘러가는 살아 있는 조직이다. 한 시대의 정신
이나 제도는 다음 시대로 이어진다. 따라서 역사를 토막 내어 인위적이고 획
일적으로 구분하는 일은 모순이 아닐 수 없다.

그럼에도 역사가들은 왜 역사를 굳이 여러 시대로 구분하려 하는가? 만
약 어떤 사물이나 사건을 전체적으로 파악하려 할 경우, 우리는 통상 그것
을 몇 개의 부분으로 나누고, 이를 연결하여 전체를 파악하려는 경향을 지니
고 있다. 고등학교에서는 월례고사, 중간고사, 기말고사 등 여러 번의 시험
을 치른 후 종합적으로 합산하여 성적이 정해진다. 한 개인의 생애도 유아

기, 소년기, 사춘기, 장년기, 노년기 등의 방식으로 나누어 생의 과정과 의미를 살펴보기도 한다.

역사의 시대구분도 여러 부분을 나누어 전체를 파악하고자 하는 이런 사고방식과 마찬가지다. 아무리 뛰어난 역사가라도 역사 현상을 한 번에 전부 파악한다는 것은 거의 불가능하다. 그런 까닭에 역사가는 시대를 구분하여 자신의 연구 영역을 한정하지 않을 수 없다. 이런 학문적 필요성에 의해 석기시대라든지 이집트학 혹은 프랑스 혁명사 등의 전문가가 있기 마련이다. 또한 일반 대중도 장구한 인류사를 구분 없이 천편일률적으로 서술한 역사책은 지루하여 도저히 읽을 수 없을 것이다.

시대구분은 인간이 자신이 살았던 당대의 주어진 조직 위에서 역사 발전을 이해하려는 일종의 인식 형태라 할 수 있다. 각 시대에 따라서 두드러지게 나타나는 시대정신이나 지도 이념을 이해하고, 그에 따라 역사 사실들을 통괄해서 개관해 볼 수 있기 때문이다. 시대구분은 각 시대가 갖는 역사적 특징이나 흐름을 효율적으로 이해하고 연구하기 위해 불가피한 것이다. 다시 말해, 시대구분은 역사의 모든 발전과정을 종합하여 통괄적으로 파악하기 위한 작업이다.[2]

그렇다면 시대구분은 무엇을 기준으로 삼는가? 시대구분은 특정 기간, 예컨대 백 년 단위의 세기별로 임의로 정해지는 것이 아니라, 인간의 의식이나 생활체제, 정치조직의 급격한 변화가 이루어진 시점을 기준으로 나누어진다. 예를 들면, 로마의 멸망은 유럽사에서 모든 사고가 그로부터 전개되어야 할 만큼 중요한 의미를 갖는 전환점이다. 북미의 역사에서 미국의 독립은 중요한 분수령이 된다. 중세 말 르네상스와 종교개혁은 세속주의와 개인주의로의 정신적 전환이 이루어진 중요한 사건들이었다.

어떤 문명을 고찰할 때에는 국가별보다는 시대별로 구분하는 것이 더 의미가 있다. 시대별 고찰을 통해 각 국가들이 겪은 공통의 역사적 경험과 내용이 잘 드러나기 때문이다. 또한 한 국가의 역사에서도 더욱 세분화된 시대구분이 이루어진다. 우리나라의 경우는 삼국시대, 고려시대, 조선시대, 공화국시대로 구분될 수 있다. 미국의 경우는 식민지 시대, 독립혁명 시기, 정부수립기, 서부개척기, 남북전쟁, 재건기, 혁신주의, 1920년대, 뉴딜 시기 등으로 세분될 수 있다. 현대사의 경우 대통령이나 내각의 임기 등 특정 정치 세력의 등장이나 통치 기간에 따라 역사를 구분하기도 한다.

고대에서부터 역사 발전을 몇 개의 특징적인 시대로 구분해 보고자 하는 시도가 있었다. 역사가 초인간적인 힘에 의해 지배되고 있다고 보았던 고대인들은 신화적 관점에서 역사를 구분하였다. 중세의 기독교적 역사 인식에서 나타난 시대구분은 이러한 종교적인 관점에서 나타난 것이라 할 수 있다. 시대구분이 좀 더 합리적으로 이루어지기 시작한 것은 인간이 역사 발전 속에서 자신들의 독자성을 강하게 의식하기 시작하면서부터였다. 이로써 인간은 역사를 신적인 힘으로부터 독립시켜 현실적 변화 속에서 시대적 특징을 파악하였다. 이러한 발전은 17세기 이후 형성되기 시작하였다. 19세기에 이르러서는 시대구분에 대한 다양한 이론이 제기되어 역사 발전을 이해하려는 시각도 한층 더 넓어지게 되었다.

역사의 시대구분은 연구의 효율성과 편리성을 위하여 설정된 것으로 다소 임의적인 특성을 지닌다. 따라서 우리가 칼로 두부의 모를 내듯 어느 시대가 어떤 특정한 시점에서 시작하고 끝난다고 하는 절대적인 기준을 설정하는 것은 매우 위험한 생각이다. 역사 발전에 있어서는 어떤 사건이나 제도가 어느 시점에서 끝나고 시작하는 것이 아니라 그들의 작용과 역사적 의미가 지속되기 때문이다.

예를 들어, 서로마 제국이 몰락하였던 476년을 고대의 종말로 보고 곧 이어진 시대를 중세로 구분하려는 것은 매우 단편적이며 위험한 발상이다. 왜냐하면 서로마의 몰락 이후에도 동로마 제국은 1000년이 넘게 로마의 정신을 이어받았고, 로마의 문화와 전통, 특히 실용적인 건축 양식과 기독교 사상은 다양한 형태로 다음 시대에 연결되었기 때문이다.

형태에 따른 역사구분

역사는 효율적인 연구를 위하여 그 형태에 따라 ① 시대에 따른 구분법, ② 조직체나 제도에 따른 구분법, ③ 사상이나 이념에 따른 구분법, ④ 국가에 따른 구분법, ⑤ 이슈에 따른 구분법, ⑥ 인물 중심의 구분법 등으로 나누어 볼 수 있다.[3]

① 시대에 따른 구분법: 대학의 역사 교과목이나 교재는 통상 시대별로 구분된다. 19세기 유럽사, 20세기 미국 외교사, 나폴레옹의 등장, 러시아 혁명 등이 그것이다. 우리나라의 대학에서도 한국고대사, 한국중세사, 한국근세사, 한국최근세사 등 시대별로 나누어 교과목을 개설하고 있다. 이러한 시대별 구분은 다른 형태의 역사구분법의 범위와 불가피하게 중복되거나 혼합될 수 있다. 왜냐하면 특정한 시대는 그 시대에 속하는 다른 국가나 주제들을 포함하기 때문이다. 즉, 19세기 유럽사는 프랑스, 독일, 이탈리아 등 유럽의 여러 국가나, 마르크스, 다

114

역사란 무엇인가

원, 비스마르크와 같은 인물이나 사상, 그리고 다양한 주제를 포함한다.

② 조직체나 제도에 따른 구분법: 고대노예사, 중세길드사, 독일경제사, 미국외교사 등이 이런 부류에 속한다. 조직체나 제도에 따른 역사구분의 장점은 일정 기간에 특정한 사회제도, 정치체제나 문화적 양상의 발전과정과 그 영향을 심도 있게 관찰할 수 있다는 데 있다. 이 역시 역사가들이 어떤 제한된 주제에 대하여 효과적인 연구를 하기 위한 편의상의 구분이다.

③ 사상이나 이념에 따른 구분법: 역사의 주체가 되는 인간은 그 시대의 이념과 사상의 지배를 받고 행동한다. 따라서 이 구분법은 역사의 본질을 이해하는 데 매우 유익하다. 사상사의 경우 연구하고자 하는 시대의 정신을 올바르게 이해하고, 이를 보다 큰 역사적 맥락 속에서 파악하는 것이 필요하다. 예를 들면, 사회진화론은 19세기 말과 20세기 초 미국에서 어떻게 발전되었으며, 이것이 당시의 정치·경제·사회 문제와 어떻게 연관되고 어떤 영향을 주었는가를 포괄적으로 이해하여야 한다. 사상사 분야에서 특히 어려운 문제는 그 사상이 일반 평민들에게 미친 영향에 관한 것이다. 왜냐하면 한 시대의 사상이나 이념은 주로 지식인들이나 사회 지도층에 한정되어 인식되기 때문이다. 사상사를 취급할 때 주의해야 할 점은 단일 사상에만 집착하여 대립적인 다른 사상들의 중요성을 무시하면 안 된다는 것이다.

④ 국가에 따른 구분법: 이것은 역사를 독일사, 프랑스사, 미국사, 중국사, 남미사, 중동사 등 국가별로 구분하는 것이다. 이러한 국가별 구분에 따른 연구는 특정한 국가의 문화적 실체에 대한 깊이 있는 연구

를 제공해 주며, 그 국가의 사회적 발전이나 민족적 일체감을 조성하기 위한 기반을 제공하기 때문에 매우 유용하다. 반면 이 구분법은 편협한 역사 해석이나 극단적인 민족주의적 경향을 나타내는 결점을 지닌다.

⑤ 이슈에 따른 구분법: '미국사에서 프런티어의 역할은 무엇인가?' '로마 제국 멸망의 원인은 무엇인가?' 혹은 '마르틴 루터는 개혁가인가, 아니면 혁명가인가?' 하는 것들이 이 구분법의 예다. 이러한 연구 분야는 많은 역사가의 관심을 끌고 있으며, 또한 우리에게 의미 있는 가치 판단의 기회를 제공해 준다. 이슈에 따른 연구는 비판적인 탐구와 역사 자료에 대한 더 많은 분석을 끌어낸다는 장점이 있다.

⑥ 인물 중심의 구분법: 역사상 중요한 인물이나 그들의 업적을 기록하는 전기가 대표적인 경우다. 전기는 그 기록의 대상이 역사적 사건에 관련될 경우에만 역사적 가치를 지닌다. 역사적 배경이 없이 인물 자체를 독립적으로 묘사한 전기는 문학이지 결코 역사서가 될 수 없다. 그러나 역사로서의 전기는 칼라일Thomas Carlyle이 말한 바와 같이 "세계사는 위인의 역사다."라는 영웅사관의 관점으로만 취급되어서는 안 된다.[4] 물론 위인들의 업적이나 활동이 인류사에 커다란 영향을 끼친 것은 사실이다. 그러나 우리가 어떤 역사적인 사건의 한 요인에만 치중한다면 다양한 역사 해석이나 인식이 불가능하기 때문이다.

서양사의 시대구분

고대의 시대구분

고대인들은 주로 자기들이 살던 지중해 세계를 기반으로 순환론적인 관점에서 시대를 구분하였다. 그들은 역사가 초인간적인 힘에 의해 지배되고 있다고 생각하여 신화나 구약성서에 근거하여 시대의 특징을 파악하려 하였다.

서양사상 최초로 시대구분을 언급한 사람은 기원전 8세기 헤시오도스 Hesiodos였다. 그는 인류 문명 초기에는 황금의 유토피아 시기가 있었으나, 이후 점차 몰락의 길로 접어든다는 퇴보사관을 제시하였다. 그는 고대신화를 다룬 저서 『신통기Theogonia』에서 역사를 황금의 시대, 은의 시대, 철의 시대, 동의 시대로 구분하였다. 인류 문명 초기에는 황금의 유토피아 시기가 있었으나, 황금→은→철→동으로 점차 저질의 금속으로 표현되듯이 퇴보의 과정을 밟았다는 것이다. 그는 각 시대의 출현을 신의 작품으로 보았으며, 신화적 관점에서 역사를 파악하였다. 헤시오도스의 시대구분은 비역사적이긴 하였지만, 처음으로 역사철학적인 사상의 일면을 보여 주었다.

세계의 역사가 4개의 제국으로 이어져 내려왔다는 소위 4제국설은 기원후 4세기에 오로시우스 Orosius와 제롬Jerome 등에 의해 주장되었다. 그 기원은 정확히 알 수 없지만 『구약성서』 다니엘서에 근거한 것으로 보인다. 네부카드네자르 왕이 어느 날 꿈에 거대한 신상을 보았는데, 그것

서양 최초로 시대구분을 언급한 헤시오도스

의 머리는 황금, 가슴은 은, 허리는 청동, 다리는 철로 된 것이었다. 그런데 커다란 돌이 날아와 그 신상을 파괴해 버렸다. 이 꿈을 전해 들은 예언자 다니엘은 왕에게 그것은 4제국(바빌론, 페르시아, 그리스, 로마)을 의미하며, 이들 제국이 하나님에 의해 세워졌지만 파괴될 것이라고 해석하였다.

오로시우스는 역사가 바빌론→아프리카→마케도니아→로마로, 제롬은 바빌론→페르시아→마케도니아→로마로 발전되었다고 보았다. 이 두 사람 모두 마지막 제국인 로마는 영원히 존재할 것이며, 로마의 멸망은 곧 세계사의 종말을 뜻한다고 보았다. 흥미로운 사실은 역사를 자유 의지의 실현과정으로 파악했던 헤겔이 그의 저서 『법철학』에서 세계사의 발전과정을 동방 사회(오리엔트)→그리스→로마→게르만 사회로 구분한 것은 바로 4제국설의 도식과 유사한 형태라는 것이다. 4제국설은 16세기 보댕Jean Boding 등 프랑스 학자들에 의해 비판받았으나, 하나의 역사철학으로 19세기 전반까지 존속되었다.[5]

중세의 시대구분

중세의 역사 서술에는 기독교적 역사관이 철저히 나타나 있으며, 오늘날 정통 가톨릭 교계가 이를 대표하고 있다. 기독교사관에서 역사는 하나님의 섭리다. 역사는 이미 정해진 목적지인 신국(하나님의 나라)을 향해 직선적으로 진행된다는 것이다. 그리스도의 탄생은 획기적인 역사적 사건이며, 그리스도 탄생 이전은 암흑의 시대, 탄생 이후는 광명의 시대로 보았다.

중세의 기독교 역사관에 입각하여 시대구분을 한 대표적인 사람은 아우구스티누스였다. 그는 5세기 로마제국 말기에 아프리카 교회의 주교였다. 그는 로마가 게르만족의 침입, 법질서의 문란과 도덕적인 타락, 행정의 무능과 부패로 인하여 점차 몰락해 가는 위기의 시대에 살았던 인물이었다. 고대 세계가 멸망하고 새로운 중세라는 시기가 막 도래하던 전환기에 아우구스티누스는 『신국론』이라는 책을 저술하였다.

아우구스티누스는 인류의 역사를 선과 악의 대결, 즉 '신의 나라'와 '지상의 나라'의 대립과정으로 파악하였다. 하나님은 이러한 인간들의 대립과 투쟁을 통하여 역사를 만들어 가며, 이를 통해 그가 의도한 바를 실현해 간다는 것이다. 결국 예수님의 재림과 함께 신의 나라가 나타나며, 이후 역사의 종말이 온다는 것이다. 기독교가 이처럼 역사를 태초로부터 시작하여 최후의 심판이 있을 종말을 향하여 진행하는 것으로 이해하고자 한 것은 실용적인 목적을 염두에 둔 것이었다.

아우구스티누스에 의하면, 모든 인류는 아담과 하와가 선악과를 따먹은 일로 말미암아 원죄를 지은 죄인이다. 그리고 역사는 하나님의 섭리에 따라 인류가 원죄로부터 해방되어 구속되어 가는 과정이다. 역사의 종말에는 최후의 심판이 있으며 하나님으로부터 구원을 받는 자와 그렇지 못한 자가 구별된다. 따라서 구원을 받기 위해서는 모든 인류가

『신국론』을 저술하여 기독교사관을 정립한 아우구스티누스

기독교에 귀의해야 한다고 주장한다.

아우구스티누스는 기독교적 관점에서 인류의 역사를 다음과 같이 7단계로 나누어 시대를 구분하였다.

① 아담~노아의 홍수 시기

② 노아의 홍수~아브라함

③ 아브라함~다윗

④ 다윗~바빌론 포로 시기

⑤ 바빌론 포로~그리스도의 탄생

⑥ 그리스도의 탄생~아우구스티누스 자신의 시대

⑦ 영원한 안식기

①~⑥단계는 각각 인간의 연령기와 결부시켜 아담(유년기), 노아(소년기), 아브라함(청년기), 다윗(장년기), 바빌론 포로 시기(중년기), 그리스도의 탄생(노년기)으로 구분하였다. 또한 아우구스티누스의 이런 시대구분은 구약성서 창세기에 나오는 7일간의 천지 창조를 근거로 만든 것으로 전해지고 있다.[6]

또 다른 중세의 시대구분은 성부, 성자, 성령의 삼위일체에 근거한 3분법이었다. 이를 대표하는 사람이 이탈리아 출신 신학자인 요아킴Joachim of Floris이었다. 그는 세계사를 하나님이 지배하는 성부의 시대, 그리스도가 지배하는 성자의 시대, 성령이 지배하는 성신의 시대로 구분하였다. 이것은 구약시대, 신약시대, 영생시대의 역사구분과 일맥상통한 것이다.

요약하면, 기독교 역사 인식은 지상의 모든 역사가 구원의 역사라는 의미에서 이해되었다. 그리고 역사의 목적은 하나님이 설정한 '영원한 제국'에 있었다. 인간 세상의 모든 사건은 오로지 인간에 대한 하나님의 시험과 벌로서의 의미만 가질 뿐이었다. 인간은 전체 역사를 통해 신의 계획을 수립하는 데 필요한 하수인에 불과한 존재로 간주되었다. 이러한 기독교 사관은 "사실 그 자체의 역사라기보다는 차라리 해석의 역사"이며 "과학적이기보다는 종교적 성격이 강한 구원사"라 할 수 있다.[7]

근대의 시대구분

진정한 시대구분은 르네상스 시기 휴머니스트(인문주의자)들에 의해 제시된 3분법으로 시작되었다. 그들은 고대−중세−근대의 시대구분법을 제시하고, 각 단계마다 뚜렷한 시대적 특징을 자각하였다. 15~16세기의 휴머니스트들은 자신들이 살고 있던 르네상스 시기에 대한 확고한 의식을 가지고, 그것을 '새로운 시대(근대)'라고 불렀다. 그들은 고전고대를 가장 창조적이며 우수한 시대로 높이 평가하고, 자신들이 살던 르네상스 시기를 이러한 고전 문명의 부흥 시기로 간주하였다. 즉, '고대'의 부활로 '새로운 시대'인 근대를 의식하게 됨으로써 '중간 시기'로서의 중세가 구분되어 3시대 구분법이 나타나게 되었다.

르네상스 휴머니스트들의 시대의식은 18세기 소위 '이성시대'의 계몽주의 사상가들에 의해 계승되었다. 그들은 476년 서로마제국의 멸망 이후 약 천 년 동안 지속된 중세를 '암흑의 시기', 즉 맹목적인 신앙에 의해 지배된 비진보적이고 정체적인 시기로 간주하였다. 프랑스의 계몽사상가인 볼테르Voltaire는 그의 『풍속론』에서 중세가 성직자의 횡포가 심한 암흑기였으나, 르네상스 시기는 "해방된 이성의 빛에 싸인 찬란한 시대"라고 평가하였다.

중세에 대한 이러한 부정적인 평가는 19세기 낭만주의 사상가들에 의해 긍정적인 평가로 바뀌게 되었다. 그들은 고딕 예술의 웅장미, 경건한 신앙, 기사정신의 감정적인 매력 등 중세 문화의 가치를 재발견하고, 르네상스 시기의 차가운 합리주의, 이교도적인 비도덕성에 반감을 보였다. 낭만주의 시대의 역사가들, 특히 랑케는 "모든 시대는 신으로부터 동일한 거리에 있다." 라고 하여 중세의 가치를 재평가하였다. 역사가 도슨Christopher Dawson 역시 중세는 다가올 후대의 모든 문화적 업적의 기초가 되었으며, 따라서 중세를 서양 문명의 건설적이며 중요한 형성기로 파악하였다.[8]

낭만주의 사상가들에 의하면, 중세 문명은 그리스·로마의 고전 문명과 게르만적 봉건사회를 결합시킴으로써 유럽 문명을 형성시킨 교량적 역할을 하였다. 실제적으로 중세 없이 근대의 형성은 생각할 수 없는 일이다. 이것은 근본적으로 역사를 단절로 볼 것인가, 아니면 연속선상에서 파악할 것인가 하는 문제와 연결되어 학자들 간에 많은 논쟁을 불러일으키는 계기가 되었다.

인류의 역사를 고대, 중세, 근대로 구분하는 이른바 3분법의 시대구분을 제시한 사람은 17세기 네덜란드 할레 대학의 교수였던 켈라리우스Christoph K. Cellarius였다. 켈라리우스는 창의적인 역사철학 이론을 제시한 사상가는 아니었다. 다만 학생들에게 어떻게 하면 역사를 효과적으로 가르칠 수 있는가를 염두에 두고 참고서를 편찬한 교사였다. 그는 자신이 만든 역사 교과서에 세계사를 다음과 같이 세 시대로 구분하였고, 이것이 전 세계적인 역사구분으로 일반화되었다.

① 고대사: 창세기~콘스탄티누스 대제

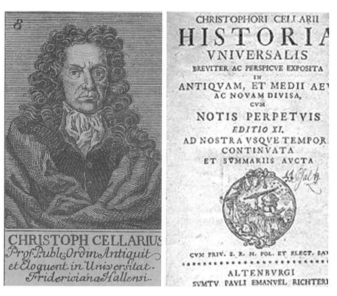

3분법에 의한 시대구분을 제시한 켈라리우스와 그의 역사서

② 중세사: 콘스탄티누스 대제~터키의 콘스탄티노플 점령(1453)

③ 근대사: 1453~

　　19세기에 들어와서 여러 교과서가 3분법을 따르되, 고대와 중세의 경계를 서로마제국의 멸망(476)으로, 중세와 근대의 경계를 아메리카 대륙의 발견(1492)이나 종교개혁(1517)으로 파악하였다. 이러한 3분법을 서양사뿐만 아니라 전 세계적인 역사의 시대구분으로 일반화하는 데 기여한 것은 19세기 중엽에 나타난 사회발전 단계설이었다. 특히 마르크스Marx가 고대 노예제-중세 봉건제-근대 자본주의 사회로 구분함으로써 이런 3분법은 보편적인 역사 발전의 법칙으로 보강되었다.

　　시대구분은 역사 발전의 흐름을 개관하기 위한 것으로, 다소 주관적이며 인위적인 특성을 지니고 있다. 따라서 절대적인 기준이나 객관성을 가지고 시대를 구분한다는 것은 매우 어려운 일이다. 그러나 시대구분은 불가피하게 각 시대의 시작과 끝을 설정해야 하며, 이를 통해 각 시대가 갖는 특징을 파악할 수 있다. 그렇다면 시대구분은 어떤 사건 혹은 사상을 기준으로 정해야 하는가? 앞서 살펴보았듯이, 3분법에 의한 시대구분은 휴머니즘 → 계몽주의 → 낭만주의의 시대를 거치면서 확고한 역사구분으로 정착되었다. 이 구분법은 과거의 설화나 성서에 따른 역사가 아닌 현실 역사를 근거로 하여 시도되었다는 점에서 특별한 의미를 지닌다.

3분법은 오늘날 보편적인 시대구분으로 받아들여지고 있다. 그러나 그 문제점 또한 적지 않다. 특히 문제가 되는 것은 시대구분의 설정 기준, 즉 근대의 시작을 어느 시점으로 볼 것인가 하는 점이다.[9] 역사가에 따라 관점이 다르긴 하지만, 대략 르네상스, 종교개혁, 신대륙 발견, 베스트팔렌 조약 등이 중세와 근대를 가르는 분기점으로 간주되고 있다.

르네상스는 고대 로마의 부활을 의미하는 문예부흥기였다. 문학에서 페트라르카와 보카치오, 예술에서 레오나르도 다빈치와 미켈란젤로, 지식에서는 발라, 정치사상에서는 마키아벨리 등이 인간의 자아를 재발견하여 새로운 예술과 학문의 시대를 열었다. 르네상스는 합리적인 사고, 세속적인 인간사와 지상에서의 인간의 역할에 대한 관심을 일깨워 준 계기가 되었다는 점에서 신앙 중심의 문화적 암흑기였던 중세와 전혀 다른 양상을 보이고 있다.

신학사상가 트뢸치Ernst Troeltsch는 근대의 시발점을 종교개혁으로 보았다. 종교개혁은 중세 천 년에 걸친 가톨릭교회의 지배권을 무너뜨리고, 새로운 개신교 종파들이 등장하는 계기가 되었다. 루터의 의인설에 의해 중세 가톨릭의 두꺼운 벽이 깨어졌다. 칼뱅John Calvin의 예정설은 근면 · 검소 · 절약의 정신, 직업에의 소명의식을 강조하여 근대 자본주의가 태동하는 데 커다란 영향을 끼쳤다. 그 결과 중산계층이 대두되고 부르주아적 민주주의가 형성되는 기반이 조성된다.

르네상스와 종교개혁 못지않게 근대의 시발점으로 자주 언급되는 것은 지리상의 발견이다. 지리상의 발견으로 서방 세계의 중심이 지중해에서 대서양으로 이동하였다. 새로운 항로가 열림으로써 동서 문화의 교류가 확대되고 기독교가 전 세계적으로 보급되는 계기가 되었다. 또한 해외 시장이 개척되어 원료의 공급이 수월해져 상공업이 발달하고, 그 결과 자본주의가 촉진되었다.

근대의 시작을 1648년 베스트팔렌 조약으로 보는 학자들도 있다. 이 조약으로 루터 이래 100년간 지속된 종교전쟁이 종식되고 절대주의라는 새로운 시대가 열렸기 때문이다. 절대주의는 역사적으로 중세의 신분제 사회에서 군주주의 체제로의 전환을 의미하였다. 베스트팔렌 조약의 결과로 근대적 국가체제가 성립되었을 뿐만 아니라 국제 간 세력 균형, 근대적 외교관계, 인도주의와 국제법이 형성되었다.

현대사의 등장

시대 기준의 설정 문제와 함께 제기되는 또 다른 문제는 근대의 연장을 어떻게 볼 것인가 하는 것이다. 이것은 세계사의 범위가 시간적·공간적으로 확대되면서 근대를 또 다시 세분하여 새로운 시대를 설정하려는 시도다. 여기에는 두 가지 방법이 있다. 하나는 근대를 전·후기로 세분하여 나누는 방법이고, 다른 하나는 근대의 연장선상에 있는 시기를 최근세 혹은 현대로 구분하는 방법이다. 후자의 경우는 근대사를 그대로 두고 새로운 시대를 추가

하는 방법이다. 따라서 오늘날 시대구분은 과거 3분법에서 또 한 시대가 추가되어 4분법으로 확대되었다. 이것은 현대사를 이전의 근대와 구별되는 독자적인 특성을 지닌 시대로 파악하고자 하는 시도다.

현대사를 근대에 이은 시대로 설정한 4분법 역시 절대적인 기준이 되지 못한다. 당대의 사람들은 역사를 고찰할 경우 언제나 자신이 살고 있는 시대를 현대라고 일컫는다. 따라서 현대라는 명칭은 고대, 중세, 근대라는 각각 명료한 성격을 가진 시대에 비해 무성격적인 명칭이라고 할 수 있다. 현대는 말하자면 '무명의 시대' '익명의 시대'가 되는 셈이다. 더욱이 3분법이나 4분법은 유럽의 역사를 기준으로 하였기 때문에 한국이나 중국 등 비유럽 지역에서는 적용하기 어렵다는 문제점을 안고 있다.

현대사는 일반적으로 1차 세계대전이 발생한 1914년을 기점으로 구분하고 있다. 1차 세계대전 이후 유럽 중심주의가 종식되고 미국이 새로운 강국으로 등장하였다. 그리하여 현대를 '미국 패권시대'로 규정하는 학자들도 있다. 현대는 19세기를 풍미했던 민족국가의 이념이 붕괴되고 세계가 하나가 되는 소위 '지구촌 시대'가 개막되었다. 또한 기술과학과 산업이 고도로 발전하고 자본주의가 강성해지는 시기였다.

역사관의 다양한 유형

18세기 이후 여러 역사철학자에 의해 통일적인 역사관을 세우려는 시도가 나타났다. 앞서 언급한 아우구스티누스의 기독교사관과 함께, 비코의 나선사관, 헤겔의 변증법적 사관, 콩트의 실증주의 사관, 마르크스의 유물사관, 슈펭글러와 토인비의 문명사관 등이 그것이다.

역사관이란 역사에 대한 견해, 해석, 관념, 사상 등을 의미한다. 광범위하게 '역사를 보는 눈'이란 의미로도 사용된다. 일반적으로 역사관이란 인류 사회와 문화의 변화와 발전에서 시간의 전후관계에 따라 특정한 유형이나 법칙으로 체계화하는 것을 말한다. 역사관은 이론적으로 역사를 움직이는 원동력이나 실체를 파악하는 동시에 역사 전체를 관통하는 일관된 원리나 법칙을 찾아내려는 것이다. 역사관은 ① 역사의 전개과정(역사가 어떤 일정한 패턴에 따라 발전하고 진행하는가), ② 역사의 동인(역사를 움직이는 원동력은 무엇인가), ③ 역사의 종말(역사에서 종말은 있는가)의 세 가지 개념을 중심으로 파악하는 것이 보통이다.[10]

비코의 나선사관

이탈리아의 철학자 비코Giambattista Vico는 그의 저서 『새로운 과학』에서 자연과학을 만능으로 생각하였던 계몽주의 사상에 일대 변화를 일으켰다.[11] 그는 자연과 인간을 구별하여 자연은 신이 지배하고, 인간의 세계는 인간이 창조한 것이라고 주장하였다. 그리하여 그는 역사를 진정한 의미의 인간적인 학문, 인간 스스로가 발전시키고 가치를 추구할 수 있는 학문의 세계로 보았다.

비코는 역사의 전개과정이 직선적인 것도, 순환적인 것도 아닌 나선형으로 발전한

나선사관을 주장한 비코

다고 주장하였다. 그는 역사가 '순류'와 '역류'의 과정을 반복하면서 상향적으로 진보한다고 보았다. 그러나 순류는 발전을 의미하고, 역류는 퇴보를 의미하는 것이 아니다. 앞으로 나아가는 가운데 계속적인 여과과정을 밟는다는 것이다. 르네상스 다음에 종교전쟁이 일어난 것은 르네상스가 순류이고 종교전쟁이 역류로서 퇴보한 것이 아니라, 르네상스가 진행되면서 종교개혁으로 나타난 이질적인 요소들이 여과되고 있다는 것을 의미한다.

비코는 역사의 과정을 ① 신의 시대, ② 영웅의 시대, ③ 인간의 시대의 3단계로 구분하였다. 신의 시대는 감정이 지배하는 시기로 신정정치가 행해지며, 영웅의 시대는 문학정신이 지배하는 시기로 귀족정치가 행해진다. 인간의 시대는 이성이 지배하는 시기로 입헌군주제나 공화제가 행하여지는 시기다. 이런 역사 구분은 진보의 개념을 구체화한 것으로, 각 단계가 다음 단계로 넘어가는 과정은 인간화의 과정인 동시에 신으로부터 소외되는 과정이라고 보았다.

비코의 나선사관은 역사 발전에서 진보의 이념이 강하게 나타난다. 여기에서 진보는 시간에 따라 변화되는 가치 긍정적 의미가 아니다. 신의 시대에서 영웅의 시대로, 영웅의 시대에서 인간의 시대로, 다시 인간의 시대에서 신의 시대로 계속적으로 순환한다는 것이다. 그러나 이후에 과정은 전 시대와 결코 동일한 과정을 겪는 것은 아니라는 것이다. 즉, 비코에게 진보의 이념은 시간에 따라 무조건 가치 지향적으로 나아가는 불합리한 도식이 아니고, 그렇다고 순환론적인 모순에 빠지는 비관적인 공식도 아니라는 것이다. 비코의 주장은 오히려 순환적 비관론에서 구출할 수 있는 교훈적이며 계몽적인 차원의 장점을 지니고 있다는 것이다.[12]

헤겔의 변증법적 사관

헤겔Hegel은 역사의 발전과정을 '자유의 의식에 있어서의 진보'라고 이해하였다. 여기서 자유란 물체의 실체가 중력인 것처럼 정신의 실체를 뜻한다. 헤겔은 세계사를 이러한 정신의 실현과정으로 보았다. 그리하여 그는 세계사를 인간의 자유가 확대되어 가는 과정에 따라 다음과 같은 단계로 구분하였다.

① 동방사회: 전제군주 한 사람만이 자유로운 사회
② 그리스 · 로마 사회: 소수만이 자유로운 사회
③ 게르만 사회: 모든 사람이 자유로운 사회

헤겔은 역사의 흐름을 변증법적 발전과정으로 보았다. 중국, 인도, 페르시아의 동양 문명이 그리스와 로마의 서양 문명으로, 다시 이들이 서유럽의 게르만족의 기독교 문명으로 이어지는 정→반→합의 연쇄과정을 거쳐 자유가 점차 확대되고 사회도 점차 이상 사회로 진보한다는 것이다. 헤겔은 인간의 생애가 유년기, 청년기, 장년기를 거치듯이 인간의 정신생활도 점차 성숙해져 간다고 보았다.

변증법적 사관을 주장한 헤겔

헤겔의 이러한 시대구분은 적지 않은 문제점을 지니고 있다. 헤겔은 자유의 진보과정을 시대구분의 기준으로 삼았다. 그러나 앞의 3단계 모두 자유라는 개념이 인간에게 알려지지 않았고 또 실현되기도 힘들었던 시기였다. 헤겔은 게르만 사회에 이르러 기독교의 보급으로 모든 사람이 자유롭게 되었다고 하였다. 그러나 중세는 엄격한 신분제 사회로서 현실적으로 자유가 보편화되지 않았던 시대였다. 중세 기독교 사회에서 자유란 영적인 자유일 뿐이었다.

콩트의 실증주의 사관

19세기 들어 자연과학의 발달에 힘입어 역사학도 일종의 자연과학적 방법으로 연구해야 한다는 실증주의 사관이 형성되었다. 그 대표적인 인물이 콩트Comte였다. 콩트는 18세기 시민혁명의 혼란과 위기로부터 벗어날 수 있는 방안을 찾으려 하였다. 그는 근본적으로 인간과 사회의 구조적인 모순을 투시하고 이로부터 이상적인 사회를 꿈꾸었다.

콩트는 역사를 모든 다양한 개체가 통일적인 이상사회를 향하여 발전해 가는 과정으로 파악하였다. 그는 『실증철학론』에서 역사는 과학이며, 과학적 법칙에 의해 연구되어야 한다고 주장하였다. 그리하여 그는 역사에도 일반법칙이 존재한다고 보고, 이를 발견하기 위하여 과학적이고 실증주의적인 연구방법을 제시하였다. 콩트는 인간 정신이 진보함에 따라 인류와 사회를 다음의 세 단계로 나누었다.

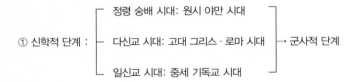

① 신학적 단계 :
　정령 숭배 시대: 원시 야만 시대
　다신교 시대: 고대 그리스 · 로마 시대 → 군사적 단계
　일신교 시대: 중세 기독교 시대

② 형이상학적 단계: 르네상스부터 프랑스혁명 시기까지 → 법률적 단계

③ 실증적(과학적) 단계: 18세기 이후 → 산업적 단계

신학적 단계는 13세기까지의 시기로 초자연적인 신앙이 인간 정신을 지배하는 단계다. 이 단계는 정령 숭배 시대 → 다신교 시대 → 일신교 시대로 진행되었다. 자연에 정령이 존재하고, 모든 자연현상이 절대적인 신에 의해 움직이는 단계다.

형이상학적 단계는 13세기에서 18세기에 이르는 시기로 법과 철학이 지배하는 단계다. 이 단계는 맹목적인 신앙이나 초자연적인 현상이 아니라 이성에 의해 지배되는 시기다. 르네상스와 종교개혁, 프랑스혁명의 시대가 이에 속한다. 이 단계에서는 비판, 혁명, 개혁이 나타나 낡은 제도가 무너지고 새로운 사회질서가 이루어진다.

실증적 단계는 18세기 이후의 시기에 해당한다. 이 단계에 이르러 인간은 우주의 근본 원인이나 목적에 대한 부질없는 탐구를 포기하고 관찰과 추론에 의해 과학적 인식을 하게 된다. 마침내 미신이 추방되고 실증적인 과학이 주도하는 이상적인 사회가 이루어진다. 이 시기에는 수학, 물리, 천문학과 같은 학문이 지배한다. 그리고 최종적으로는 사회의 모든 문제를 종합적으로 해결할 수 있는 사회학이 최고의 학문으로 등장한다는 것이다.

콩트는 이러한 3단계의 진보에 따라 인류 사회는 군사적 단계, 법률적 단계, 산업적 단계로 발전되어 간다고 하였다. 그리고 이에 따라 사회 단위도 가족, 국가, 인류로 진보하게 되고, 질서의 형태도 가정적, 집단적, 우주적 형태로 바뀌게 된다는 것이다.

마르크스의 유물사관

마르크스는 그의 저서 『공산당선언』과 『자본론』에서 각각 계급투쟁설과 경제결정론에 입각한 유물사관을 제시하였다. 마르크스는 역사 발전의 원동

유물사관과 계급, 투쟁설을 주장한 칼 마르크스

력을 사회나 정치 제도가 아닌 경제제도에서 발견하였다. 마르크스에게 역사를 움직이는 동력은 경제이며, 그중에서도 생산 및 생산물의 교환관계였다. 경제적 생산관계에 따라 기초적인 하부구조가 형성되며, 이러한 하부구조가 변화됨에 따라 상부구조(정치·사회·법률·종교·문학·예술 등 거의 모든 인간의 삶의 영역)가 변한다는 것이다. 다시 말하면, 경제라는 물질적인 기반이 사회의 실체적인 토대가 되며, 이에 따라 상부구조가 형성되고, 다시 이로부터 인간의 의식이 결정된다는 것이다. 그리고 이런 의식은 구체적으로 계급투쟁의 과정으로 나타난다고 보았다.[13]

마르크스는 생산 수단의 소유 형태에 따라 인류사회의 발전과정을 5단계로 나누어 설명하였다. ① 원시 공산제 사회, ② 고대 노예제 사회, ③ 중세 봉건제 사회, ④ 근대 자본주의 사회, ⑤ 사회주의가 그것이다.

원시 공산제 사회에서는 공동 생산과 공동 분배의 평등한 소유관계가 유지되었다. 그러나 노예제, 봉건제 그리고 자본제 사회에서는 이러한 공동 소유의 원칙이 무너지고 생산 수단이 사회의 한 계층에 의해 독점되었다. 고대 노예제 사회에서는 왕이나 토지 귀족이, 중세 봉건제 사회에서는 봉건영주 또는 교회가, 그리고 자본제 사회에서는 자본가가 생산 수단을 독점적으로 소유하게 된다. 반면, 생산 수단을 소유하지 못하고 오히려 다른 계층의 소유물로 전락하는 계층이 필연적으로 나타난다. 그들이 바로 노예, 농노, 노동자 계층으로 착취의 대상이 된다는 것이다.

『공산당선언』의 서두에서 마르크스는 "지금까지의 인류의 역사는 투쟁의 역사"라고 주장하였다. 그에 따르면, 과거 인류의 역사는 생산 수단을 소유한 지배층(고대의 왕이나 귀족, 중세의 교회나 봉건 영주, 근대의 자본가)과 생산 수단으로 착취당하는 피지배층(고대의 노예, 중세의 농노, 근대의 노동자)의 투쟁의 역사였다. 또한 지금까지의 인류의 역사는 소수자(왕, 귀족, 영주, 자본가)의 승리였으나 앞으로는 다수자(노동자 계급)가 승리하는 사회가 될 것이라고 주장하였다. 생산 수단의 사유로 인하여 발생하는 계급투쟁은 지배 계급과 피지배 계급 간의 싸움이며, 이러한 계급투쟁은 착취와 억압이 심한 자본주의 사회에서 가장 치열하게 전개된다는 것이다.

마르크스는 변증법의 과정을 거쳐 인류사회는 ①→②→③→④→⑤의 순서로 발전되었으며, 이러한 역사 발전의 필연성에 의하여 자본주의 사회도 그 자체의 내적 모순에 의하여 붕괴되고 결국 사회주의가 도래할 것이라고 하였다. 그러나 마르크스는 자본주의의 붕괴를 앞당기기 위하여 '폭력을 끝내기 위한 마지막 폭력'으로 프롤레타리아 혁명을 제창하였다. 마지막 역사 발전 단계인 사회주의에 이르면 생산 수단이 사적으로 소유되는 일은 사라지고, 사람들은 사회적 소유로 돌아가 '능력에 따라 일하고 필요에 따라 분배되는' 유토피아의 이상향이 실현된다고 보았다.

슈펭글러와 토인비의 문명사관

20세기 초에는 종래의 시대구분과 색다른 형태의 구분이 시도되었다. 세계 역사를 문명권에 따라 구분하려는 소위 '문화형태학적 이론'이 바로 그것이다. 슈펭글러Oswald Spengler와 토인비Toynbee가 그 대표적인 예다.

순환적 문명사관을 처음으로 제시한 사람은 독일의 역사가 슈펭글러였다. 그는 1918년 『서구의 몰락』이라는 저서에서 세계의 문명권을 8개(이집트,

바빌로니아, 인도, 중국, 그리스·로마, 아랍, 멕시코, 서구 문명)로 설정하고, 이들 문명체가 상호 간에 영향을 주지 않고 독자적으로 발전해 나간다고 보았다. 그리고 각 문화권은 살아 있는 생명체가 진화하는 것처럼 탄생→성장→쇠퇴→소멸의 과정을 거치면서 몰락한다고 생각하였다. 슈펭글러는 어떤 문명체가 다른 문명체보다 생명이 길고 강하지만 모든 문명체는 궁극적으로 멸망할 수밖에 없다는 소위 비관론적인 미래관을 제시하였다.

1930년대에 토인비는 『역사의 연구』에서 슈펭글러의 문명권을 더욱 발전시켜 지금까지 지구상에서 나타났던 문명체를 28개로 파악하였다.[14] 그는 이들 28개의 문화권을 ① 제대로 발육하고 성장하지 못한 2개의 유산된 문명체(시리아 문명·스칸디나비아 문명), ② 탄생은 했으나 중간에 성장을 하지 못한 5개의 문명체(폴리네시아·에스키모·유목민·스파르타·오스만 터키), ③ 도전에 대한 응전에 성공한 21개의 성숙한 문명체로 구분하였다. 그리고 완전히 성장한 21개 문명체 중에서 현재에는 7개만이 존재한다고 하였다. 중국, 인도, 이슬람, 비잔틴, 남동유럽, 러시아 정교, 서구 문명이 그것이다. 그리고 이들 문명체는 생명체와 마찬가지로 탄생, 성장, 쇠퇴, 소멸의 과정을 순환한다는 것이다.

토인비는 문명이 탄생하고 성장하는 요인으로 소위 '도전과 응전의 법칙'을 내세웠다. 그는 문명이 외적인 요소가 아니라 인간의 심리 저변에 있는 정신 활동에 의해 창조되고 발전된다고 보았다. 어떤 문명체든 자연적인 도전에 정신적인 응전이 계속되면 성장과 발전을 지속하나, 만일 응전에 실패하면 쇠퇴의 길로 접어든다는 것이다.

토인비에 따르면, 이집트 문명은 나일강의 자연적 도전에, 수메르 문명은 유프라테스와 티그리스강의 범람에, 인도의 인더스 문명은 열대 산림지대의 자연적 도전에 인간의 정신적인 응전의 결과였다. 중국에서는 기후나 지리적인 도전에 더 좋은 양자강이 아니라 황하강 유역에서 고대 문명이 발생하였다. 이것은 황화 유역의 소택지와 추운 기후, 그리고 범람이라는 불리한 자연적 도전에 인간의 정신적 응전이 성공한 결과라는 것이다.

도전과 응전의 법칙과 함께 토인비는 어떤 문명체가 지속적으로 활력을 유지할 수 있는 요체를 '창조적 소수자론'으로 설명하였다. '창조적 소수자'란 지식, 판단력, 지도력을 갖춘 소수의 엘리트를 말한다. 그들이 창조적인 역량을 발휘하여 국가의 어려운 당면 문제들을 해결할 때 다수의 민중은 그 소수자의 리더십을 따르며, 이것이 그 문명체를 더욱 활력 있게 성장시키는 요체가 된다는 것이다. 그러나 창조적 소수자가 창조성을 상실하고 '지배적인 소수자'로 변질될 때 일반 대중은 폭력으로 대응하여 혁명을 일으킨다. 결국 내적인 자체 분열로 인해 문명은 쇠퇴한다는 것이다.

토인비는 또한 문명의 쇠퇴기에는 약 400년간의 '고난의 시기'가 있으며, 이 위기를 잘 극복한다면 문명체의 멸망을 저지시킬 수 있다고 보았다. 이런 점에서 토인비의 관점은 모든 문명체가 필연적으로 멸망한다는 슈펭글러의 비관론보다는 더 낙관주의적인 경향을 띠고 있다고 할 수 있다.

슈펭글러와 토인비는 각 문명체의 본질을 파악하고, 그 성격을 사실적으로 규명하려 하였다. 그들은 또한 역사 발전을 시간의 연속에 따라 이어진 시기로 구분한 것이 아니라, 각각의 독립된 문명체를 거시적인 관점에서 파악하였다. 그러나 역사 진행을 생물학적인 관점으로 이해함으로써 역사 발전의 방향과 지향점에 대한 의식이 뚜렷하지 못하다는 단점을 지니고 있다.

중국의 전통적 역사관

치란사관과 감계주의

　　중국의 전통적인 역사관을 대표하는 것은 치세와 난세가 순환되어 나타난다는 소위 치란사관(治亂史觀)이다. 이것은 역사는 되풀이되어 순환한다는 관점에서 왕조의 흥망성쇠를 바라본 것이다. 맹자의 일치일난설(一治一亂說)이나 전통적인 오행설에서 그 유형을 찾을 수 있다. 특히 오행설은 좀 더 복잡한 순환사관으로서 유가사상과 결부되어 중국인의 역사관에 커다란 영향을 끼쳤다.

　　성군이 나타나 나라를 잘 다스리는 '치세'의 시대에는 많은 인재가 군왕 주변으로 몰려든다. 마치 뭇 별들이 북극성을 에워싸고 있는 형세를 이룬다. 그러나 난세에는 간신배가 들끓고, 가뭄과 홍수로 백성들은 도탄에 허덕인다. 충신은 나라와 백성을 구하기 위해 목숨을 던지거나, 절망한 나머지 낙향하여 자취를 감추곤 하였다. 중국인들은 치세가 가면 난세가 오고, 난세를 극복하면 다시 치세가 온다는 일종의 '순환적 역사관'을 교훈으로 삼고 있다. 이런 이유로 중국인들은 어릴 적부터 조상으로부터 전해 오는 전쟁과 영웅들의 고사에 얽힌 이야기를 통해 옳고 그른 것이 무엇이며, 어떻게 처신해야 하는지를 배웠다.

　　중국인들의 역사의식에는 또한 지난 잘못을 거울삼아 실수를 반복하지 않는다는 감계주의(鑑戒主義)가 자리 잡고 있다. 감계주의란 역사 속에서 전례와 규범을 찾아 그것을 거울삼아 인간의 행동을 비추어 교훈을 찾는다는 것이다. 감계주의는 중국의 가장 기본적인 경전인 『서경』과 『시경』에 잘 나타나 있다. 감계주의에는 가치 있는 옛것을 삶의 표준으로 삼는다는 소위 상고주의 사상이 자리 잡고 있다. 옛것을 오늘에 되살려 배우고 살핀다는 고사성어 '온고이지신(溫故而知新)'처럼 가치의 기준을 후대보다는 전대에 두는 것이다.

　　감계주의는 또한 옳고 그름이나 선하고 악함을 판단하여 결정한다는 소위 포폄사상

(褒貶思想)과 연결되어 있다. '포폄'의 '포'는 상을 내리는 것이고, '폄'은 벌을 주는 것으로 지극히 도덕적이고 유교적인 원리에 입각한 것이었다. 대체적으로 "임금은 임금답고, 신하는 신하다워야 하며, 아버지는 아버지답고, 자식이 자식다워여 한다."는 것을 뜻한다. 각자의 신분에 따라 본분을 다하는 것이 인간의 도리라는 것이다. 이것은 유교사상에 입각한 왕조국가를 유지하는 이념의 틀이었으며, 실존의 당위성이기도 하였다.

과거 역사 속에서 규범을 찾아 그것을 거울로 삼아 인간의 행동을 비추어 보려는 감계주의적 사고는 통치자들에게 역사서를 더없는 참고서로 생각하게 만들었다. 역사에서 그들은 도덕적이고 윤리적인 교훈은 물론, 현실적인 지식까지도 얻을 수 있었다. 백성을 다스리는 데 도움이 되는 지식이 역사서에 담겨 있을 뿐 아니라 과거의 모든 역사 사례 하나하나가 참고가 되지 않는 것이 없었다. 중국인의 고대 사고방식에서는 논리성이나 필연성보다는 옛날의 선례가 더 중요한 설득의 무기가 되었다. 이런 의미에서 중국인들은 현재의 행위를 합리화하고 당면한 문제들을 해결하기 위하여 과거의 선례들을 찾아내는 것을 역사의 중요한 기능으로 여겼다.[15]

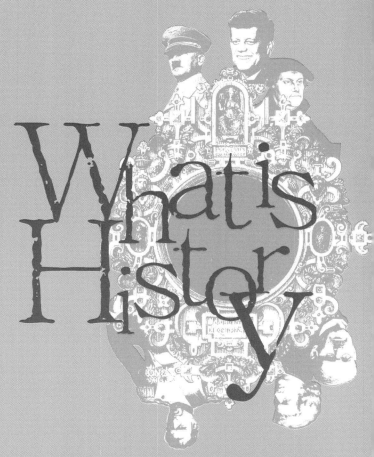

Chapter 7

사료란 무엇이며 어떻게 다루는가

역사가는 사료와 함께 활동한다.

사료란 이전 사람들의 사상과 행동이 남긴 흔적이다.

사료가 없이는 역사도 존재하지 않는다.

— 랑글루아 & 세뇨보(Langlois & Seignobos)

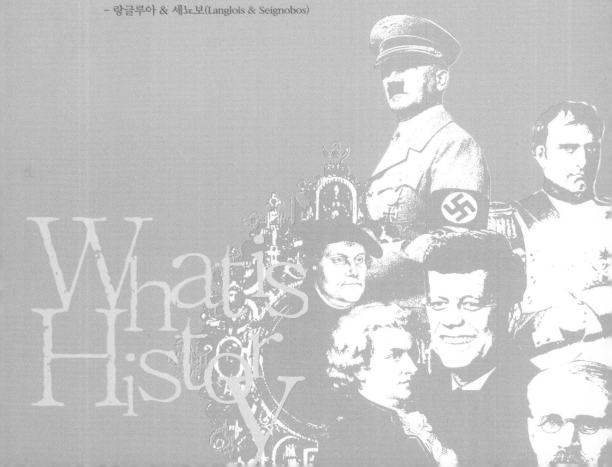

사료의 의미와 특성

역사는 과거의 흔적을 통해 인간의 행위와 사상을 연구하는 학문이다. 그러나 과거는 글자 그대로 이미 지나간 일이다. 우리는 비디오테이프를 되돌려 보듯 지난 과거를 재현할 수는 없다. 그렇다면 과거를 인식한다는 것은 불가능한 것인가? 그렇지는 않다. 과거는 완전히 사라져 없어진 것이 아니라, 흔적을 남기고 있다. 남아 있는 흔적을 통하여 과거의 역사를 재구성할 수 있다. 우리가 역사를 '흔적에 의한 인식'이며 '증거로부터의 추리'라고 하는 것은 이 때문이다.[1] 따라서 과거의 흔적인 사료 없이는 역사도 결코 존재할 수 없다.

역사가는 사료와 함께 활동한다. 사료란 과거에 살던 사람들의 사상과 행동이 남긴 흔적이다. 그러나 사람들의 사상과 행동 가운데 눈에 보이는 뚜렷한 흔적을 남기는 것은 아주 드물다……. 우연한 사고로 인하여 사료가 소멸된다면, 인간의 과거 행적은 전혀 일어나지 않은 것처럼 보인다. 따라서 사료 없이는 역

사도 존재하지 않는다.[2]

　　역사학에서만 사료를 사용하는 것은 아니다. 정치학이나 사회학 등에서도 직접 탐사나 현장 검증을 제외하고는 거의 역사학에서와 같은 사료를 이용한다. 얼마 전까지만 해도 사료는 주로 문헌이나 기록을 의미하는 것이 상례였다. 그러나 오늘날에는 사회과학의 발달로 사료라는 말과 함께 데이터나 정보, 더 나아가 증거라는 용어가 사용되고 있다.

　　역사가가 과거의 흔적을 통하여 역사를 재구성하는 것은 마치 형사가 증거를 찾아 범인을 추적하는 것과 같다. 예를 들어 보자. 어떤 사람이 호숫가에 나타나 무엇인가를 물속에 던지고 가 버렸다고 가정해 보자. 물속으로 던진 물체가 잔잔한 호숫가에 파문을 내고 가라앉으면, 호수는 이내 전과 다름없는 평온한 상태로 되돌아간다. 물건을 던진 사람이 호숫가를 떠나면 그 사람의 행방도 사라져 버린다. 그러면 돌이킬 수 없는 과거가 되는 것이다. 그러나 이것으로 과거의 흔적이 모두 사라진 것은 결코 아니다. 그 사람의 발자국이 아직 모래 위에 남아 있고, 그가 던진 물건은 물밑에 그대로 남아 있을 것이다. 그가 호숫가에 나타난 것을 본 목격자가 있을 수도 있다. 다시 말해, 행위는 끝났으나 그 흔적은 남아 있는 것이다.

　　그런데 물속에 무엇인가를 던지고 사라진 사람이 살인 용의자여서 형사가 그 사람이 들렀던 호숫가가 있는 곳으로 갔다고 하자. 그 형사는 용의자가 거기에 갔는지, 거기서 무엇을 했는지, 그리고 용의자를 목격한 사람이 있는지 주변을 탐문하며 알아볼 것이다. 만약에 흩어진 발자국을 자세히 살펴본다면 그가 주변을 서성거렸다는 것도, 그가 어떤 방향으로 이동했는지도 알아낼 수 있을 것이다. 그것으로만 끝나는 것이 아니다. 만일 그가 살인

혐의를 받고 있을 경우, 기민한 형사라면 목격자가 없더라도 응당 그가 범죄와 관련된 증거물을 물속에 버린 것이 아닌가 의심해야 할 것이다. 그리고 그의 추측이 맞아 물속에서 총이나 칼과 같은 범행도구를 찾아낸다면 그가 유력한 용의자라는 것을 입증할 수 있을 것이다.

인쇄술이 발명된 것은 서양의 경우 15세기 중엽이었다. 그 이전의 기록은 모두 필사본이었다. 이러한 필사 문헌은 양피지나 질이 좋지 않은 종이에 기록하였기 때문에 부피가 크고 오래 보관하기가 힘들었다. 현대의 박물관이나 도서관은 온도, 습도, 공기 등 사료의 보존에 필수적인 과학적 시설이나 장비가 구비되어 자료의 보존에 각별한 주의를 기울인다. 그러나 먼 옛날에는 사료를 취급하거나 보존하는 방법이 원시적이어서 유물이나 고문서의 훼손이 매우 심각하였다.

문서로 된 사료는 고대로 거슬러 올라갈수록 기록 연대가 분명치 않고 사료의 양도 희귀하다. 고대 메소포타미아 문명을 연구하는 학자들은 문서사료의 빈곤으로 인하여 부득이 그 지역에서 발굴된 설형문자로 된 법전이나 기록, 신전이나 궁궐터, 건축물 등 유물을 통하여 역사를 구성할 수밖에 없다. 초기 중앙아메리카 인디언을 연구하고자 하는 학자들 역시 부족한 사료를 보완하기 위하여 초기 스페인 탐험대의 기록을 참고로 하여야 한다. 그러나 이런 자료는 인디언의 입장에서 그들의 생활을 정확히 묘사했다고 볼 수 없는 불확실한 자료다.

현대에 가까울수록 문헌은 풍부해지고 완벽해진

우연히 발견된 역사적 유물자료

역사적 유물이나 사료가 오늘날까지 전승되어 내려오는 과정에는 우연이 크게 작용하였다. 기원전 79년 이탈리아에서 발생한 베스비우스 화산의 폭발로 폼페이 시는 화산재에 묻혀 땅속으로 사라졌다. 자연적 재해로 인하여 감추어졌던 도시가 후에 고고학자들에 의해 발굴됨으로써 당시의 모습이 극적으로 복원될 수 있었다. 또한 프랑스 봉건영주의 토지문서는 프랑스혁명으로 인하여 몰수된 덕분에 오늘날까지 보존될 수 있었다. 타키투스의 저서 『게르마니아』는 그 유일한 사본이 16세기에 한 수도원에서 우연히 발견되어 오늘날까지 전해지고 있다.

다. 컴퓨터가 대중화되고 인쇄술이 고도로 발달한 최근에는 정보의 홍수 시대를 맞게 되었다. 그러나 아무리 완벽하게 보존되었다고 하더라도 사료 자체는 단편적이고 선택적이며 편향적일 수밖에 없다. 부부가 싸우더라도 남편과 아내의 주장이 다른 법이다. 하물며 2차 세계대전과 같이 수많은 나라가 참가한 전쟁의 경우 각국의 기록은 이런저런 이유로 상당한 차이를 보일 수밖에 없다. 참전의 목적은 물론 전술과 전략, 그리고 사상자나 부상자의 수에 이르기까지 서로 다른 주장을 내세운다.

구한말 의병 활동에 대한 평가에서 동학군과 일본군의 기록에는 많은 차이가 난다. 동학 측에서는 의병이 애국심에 충천한 농민들의 자발적인 무장 항쟁으로 혁혁한 공을 세운 것으로 기록되고, 이것은 우리 민족의 자주적인 저항의식이 나타난 자랑거리로 평가된다. 반면, 일본 측 기록에서는 의병들을 오합지졸에 훈련과 규율이 없는 폭도이며 그 활약도 미약한 것으로 부정적으로 묘사하고 있다.

우리가 또한 각별히 주의를 기울여야 할 것은 '역사는 승자의 편'이라는 점이다. 오늘날까지 전해 오는 사료의 대부분은 승자 중심의 기록이었다. 승자의 말이 곧 정의요 진실로 취급되었다. 헤로도토스의 『페르시아 전쟁사』가 패전국인 페르시아의 군대를 묘사한 것이나, 2차 세계대전 당시 연합국 측이 독일군이나 일본군을 묘사한 기록을 통해서도 이를 확인할 수 있다.

승자와 패자의 관계는 비단 전쟁뿐만 아니라 정치의 경우도 마찬가지다. 정치적 승자는 패자의 기록을 의도적으로 없애 버리거나, 자신들의 정통성을 더욱 부각시키기 위하여 과거의 기록을 왜곡하고 변질시키기까지 한다. 소련에서 흐루쇼프가 정권을 잡자 스탈린 격하운동을 벌인 것이나, 중국에서 등소평의 등장으로 모택동의 업적이 평가절하된 것들이 그 예다.

우리의 왕조사에서도 역사적 사실의 왜곡이나 과장된 해석을 쉽게 발견할 수가 있다. 삼국사기에는 후백제의 견훤이 금성(현재 경주)으로 진격하여 신라의 경애왕을 몰아낸 장면이 나온다. 기록에 따르면, 견훤이 진격해 올 때 경애왕은 포석정에서 잔치를 벌였다는 기록이 나온다. 정말 경애왕이 적군이 쳐들어오는지도 모른 채 연회를 즐기고 있었을까? 그것도 12월, 추운 동절기에 말이다. 삼국사기에는 또한 후고구려를 세운 궁예가 실정을 거듭하고 우상에 빠져 결국 그의 부하인 왕건에게 쫓겨 민가에 숨어들어 날보리를 훔쳐 먹다가 몰매를 맞아 죽었다는 기록이 나온다. 한때 나라를 통솔하였던 궁예가 정말 이처럼 어처구니없는 일을 당해 죽었다는 기록을 사실대로 믿어야 할까?

　　구왕조가 몰락하고 신왕조가 등장하였을 때, 신왕조는 정치적 패자인 구왕조의 역사를 어둡게 그려 놓는 경향이 있다. 우리의 경우 고려시대에 기록한 『삼국사기』나 조선시대에 기록된 『고려사』 모두 이전 왕조의 역사를 밝고 긍정적으로 그리기보다는 어둡고 부정적으로 묘사하고 있다. 이런 관점에서

김부식이 저술한 『삼국사기』

앞서 언급한 경애왕이나 궁예에 관한 기록들은 사실이기보다는 신라 멸망의 당위성과 고려 창건의 정당성을 확보하기 위한 승자의 기록이라는 관점에서 보아야 하지 않을까? 따라서 우리가 역사를 해석하고 평가하는 데 있어 역사사료가 단편적 · 선택적 · 편향적인 특성을 지니고 있다는 사실에 각별히 주의하여 역사적 사건이나 인물을 이해하고 평가하여야 할 필요가 있다.

사료의 종류

사료는 남아 있는 형태와 내용, 그리고 성격에 따라 성문사료, 유물사료, 무형사료로 나눌 수 있다.

성문사료

성문사료는 문자로 기록된 문헌을 말한다. 고대 이집트의 역사를 기록한 파피루스, 돌에 새겨진 비문, 메소포타미아의 설형문자판 등도 있으나, 주로 종이에 기록되거나 인쇄된 문서 또는 서적이 이에 해당한다. 문자로 기록된 성문사료들은 다른 자료들에 비하여 과거 사실에 대한 정확한 정보를 제공해 준다. 과거 사건을 묘사하는 데 있어서 문자로 기록된 것보다도 더 명확한 방법은 없기 때문이다.

성문사료는 사건의 직접적인 관찰자나 당사자가 기록한 것인가, 아니면 사건이 상당히 경과된 후대에 기록된 것인가에 따라 1차, 2차, 3차 사료로 나눌 수 있다. 이것은 사료를 증거 능력의 강약에 따라 구분한 것이다. 동시대인이 기록한 1차 사료가 시간이 한참 경과된 후의 기록인 2차 사료보다 더

파피루스 성경

설형문자판에 새겨진 인류 최초의 문자

욱 신빙성을 갖는 것은 당연한 일이다.

1차 사료는 원사료(직접사료)라고도 하며, 역사가들이 가장 신뢰하는 사료다. 그것은 어떤 사건이나 인물 혹은 제도나 사상이 발생했던 당시에 살았던 사람들에 의해 기록된 것이다. 1차 사료는 문헌의 기록자가 자신이 직접 목격하거나 체험한 바를 근거로 하였기 때문에 정확하고 신빙성 있는 사료로 인정되고 있다. 통치자의 글이나 담화문, 왕의 비문, 연대기[3], 연보, 법률과 조례에 관한 정부문서, 조약이나 협정서, 편지나 일기, 회고록[4], 각종 통계자료[5] 등이 이에 속한다.

2차 사료는 1차 사료를 바탕으로 저술한 것이다. 즉, 문헌의 기록자가 특정한 사건에 관하여 과거로부터 전해 내려온 기록과 구전, 그리고 그에 관한 자신의 연구를 근거로 편찬한 사료다. 2차 사료는 1차 사료에 관한 설명, 판단, 의견 등이 담겨 있는 것으로, 일반적으로 추론적이며 해석적인 특성을 지니고 있다. 예를 들면, 나폴레옹의 일기는 1차 사료이지만 그에 대한 평가나 서술은 2차 사료에 해당한다.

2차 사료는 1차 사료에 대한 집중적인 연구를 바탕으로 만들어진 것으로 논문, 저서, 비평, 논평, 해석집 등이 포함된다. 역사가들은 원사료는 물론

2차 사료를 이용하여 저술을 하지만, 유명한 역사가의 저술의 경우 1차 사료보다 더 가치 있는 평가를 받기도 한다. 2차 사료는 사건이 완료된 이후에 후세인들이 여러 가지 관점에 따라서 보고된 사항들을 종합적으로 정리하면서 편집한 것이기에 사건의 경과를 1차 사료보다 더 사실적으로 묘사할 수도 있기 때문이다. 예를 들면, 16세기 슬라이덴Sleiden의 『종교개혁사』보다는 19세기 랑케Ranke의 『종교개혁사』가 사료적 가치가 더 큰 것으로 평가받고 있다. 고대사 연구의 경우 기번Gibbon의 『로마제국 쇠망사』가 그런 경우다.

3차 사료는 2차 사료를 기본으로 하여 작성한 참고용 지침 서적을 말한다. 백과사전, 교과서, 편람 등이 이에 속한다. 3차 사료는 이용자를 위하여 간편하게 과거의 기록을 요약하여 전달하는 데 그 목적이 있다. 3차 사료는 과거 사건이나 인물에 대해 지나치게 단순화하여 전달하기 때문에 권위나 신빙성은 약할 수밖에 없다.

이처럼 1차 사료는 당대의 직접적인 목격자가 기록하거나 증언한 사료를 말하며, 2차 사료는 후대인들이 1차 사료를 이용하여 기록한 역사서를 말한다. 그러나 1차 사료와 2차 사료를 엄격히 구분하기 어려운 경우가 있다. 예를 들면, 우리 왕조사의 대표적인 기록인 『삼국사기』를 저술한 김부식이나 『삼국유사』를 지은 일연 모두 고려시대의 인물로, 삼국시대에 살면서 사건을 직접 목격하거나 경험한 것은 아니었다. 그럼에도 이 자료들은 한국 고대사 연구에 필수적인 1차 사료로 취급되고 있다.

기번이 저술한 『로마제국 쇠망사』는 2차 사료에 속하지만, 역사가로서 기번의 개인적 사상이나 그가 살았던 소위 '이성시대'의 시대정신을 연구한다면 1차 사료가 된다. 마찬가지로 마키아벨리Machiavelli의 『군주론』은 16세기 이탈리아의 정치사를 해석한 점에서 르네상스 정치에 대한 2차 사료이지만,

마키아벨리의 정치 이론과 사상에 관한 직접적인 자료라는 점에서 1차 사료가 된다. 유득공의 『발해고』는 발해의 역사를 연구할 때는 종전의 발해의 기록을 정리한 2차 사료이지만, 유득공의 역사관을 연구할 때는 1차 사료의 성격을 가지게 된다.

일반적으로 어떤 사건의 진상을 파악하는 데는 1차 사료가 중요한 가치를 지닌다. 그렇다고 1차 사료가 2차 사료보다 반드시 더 정확하다거나 신빙성이 있다고는 말할 수 없다. 1차 사료는 사건에 참여하였던 당사자나 직접 목격자에 의해 기록됨으로써 사건의 생생한 모습을 기록할 수가 있다. 그러나 그가 예리한 안목과 높은 식견을 가진 관찰자가 아닌 한, 사건의 현장에서 무엇이 중요하며 사건의 진상이 무엇인지를 정확히 파악하기란 어려운 일이다. 오히려 사건의 일부분만을 단편적으로 기록하여 전체적인 사건의 윤곽을 파악하지 못하는 경우도 적지 않다. 따라서 2차 사료가 후대의 사람들이 다양한 관점에 따라 종합적이며 체계적으로 연구된 것이라면 오히려 1차 사료보다 더 사실적이고 정확하게 묘사할 수도 있다.

유물사료와 무형사료

유물사료는 문헌이 아닌 사료로서 과거 사람들이 사용하였던 여러 물품 가운데 오늘날까지 남아 있는 사료를 말한다. 유물이란 건축물(이집트의 피라미드나 스핑크스, 그리스의 파르테논 신전, 신대륙의 스페인 요새, 파리의 개선문 등), 생활용품(옷, 무기, 토기, 화폐, 동전 등), 각종 도구와 예술품에서부터 유적과 경관에 이르기까지 모든 물질적인 잔존물을 일컫는다. 동전의 표면이나 건축물의 벽에 문자가 새겨진 경우는 유물사료이면서 동시에 성문사료가 되는 것도 있다. 성문사료가 '말하는 사료'라면, 유물사료는 '벙어리 사료'다. 일반적

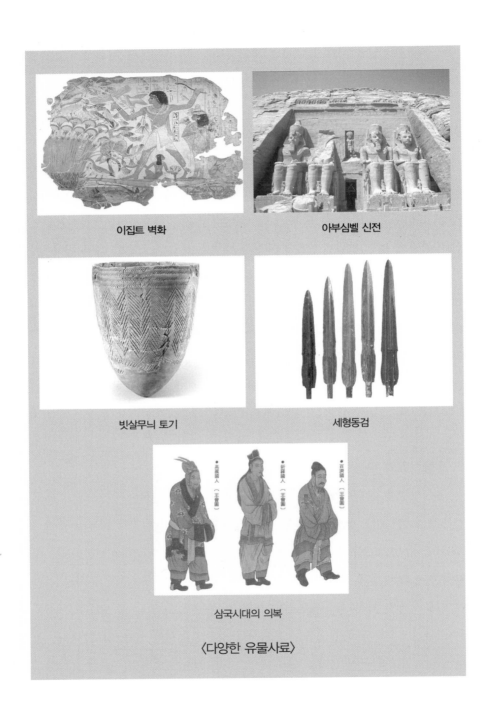

이집트 벽화

아부심벨 신전

빗살무늬 토기

세형동검

삼국시대의 의복

〈다양한 유물사료〉

으로 유물사료는 역사가들보다는 고고학자나 인류학자들이 더 많은 관심을 갖는다.

유물은 특히 기록된 역사자료가 없는 선사시대를 연구하는 고고학자들에게 무엇보다도 중요한 연구자료가 된다. 문자가 발명되기 이전의 인류의 생활상을 재현하는 유일한 방법은 유물의 발굴을 통한 연구이기 때문이다. 1879년 북스페인에서 발견된 알타미라 동굴벽화, 쿰란의 동굴에서 발견된 세계 최초의 성서인 사해문서, 1789년 나폴레옹이 이집트 원정 시 발견한 로제타석 등이 고대사 연구에 획기적인 전기를 마련한 대표적인 유물들이다.

유물사료는 말이 없고 단편적인 사실만을 전달해 주지만, 과거 기록에 대한 물증을 제시해 준다. 유물사료는 부족한 문헌에 대한 보충자료가 될 수 있으며, 문헌이 제공해 주지 못하는 사실을 밝혀낼 수도 있다. 또한 문헌을 통해 전해 내려오는 잘못된 사실이 훗날 유물이 발견됨으로써 수정되기도 한다. 대표적인 예로 인류의 기원에 대한 논쟁의 경우, 어떤 지역에서 아주 오래된 인간의 두개골이 발견된다면 최초 인류에 대한 기록은 새롭게 쓰여져야 할 것이다.

알타미라 동굴벽화(좌)와 사해문서(우)

무형사료는 과거 사건이나 언어 속에 잔존하는 화석과 같은 것을 말한다. 즉, 과거로부터 지속적으로 전승되거나 응용되어 오늘날까지 전해지는 문화적인 양식을 말한다. 무형사료로는 국가, 교회, 학교, 법률, 도량형과 같은 제도, 의식과 예절, 서약이나 고해성사와 같은 관습이나 풍속, 그리고 언어, 방언, 민속무용과 같은 것이 있다.

우리나라의 경우 옛날 두레의 풍속이나 노동요, 탈춤, 판소리 등이 이에 속한다. 이러한 사료들은 과거로부터 지속적으로 전승되어 오늘날까지 전해 내려오는 문화적 양식이다. 그것들은 어느 한 시대에 고정되지 않고 시간이 지남에 따라 항상 변화를 겪는다. 그러면서도 그 자체가 살아 있는 전통이며 과거의 문화적 형태이기 때문에 문헌사료 못지않은 귀중한 사료가 된다.

사료비판

사료는 역사가의 저술 작업에서 건축물을 지을 때 기본적으로 필요한 벽돌, 나무, 철근과 같은 재료의 역할을 한다. 그러나 그것은 규격에 맞게 다듬어져 즉시 사용 가능한 나무나 벽돌이 아니다. 방금 베어 온 통나무나 포대에 거칠게 담긴 진흙과 같은 것이다. 이렇듯 단편적이며 흩어져 있는 사료 가운데 객관적이고 신빙성 있는 사실을 가려내는 작업을 사료비판이라고 한다. 사료비판은 사료의 진위와 신빙성을 구별하는 작업이다 .

사료비판의 필요성
과거에 일어난 사건에 관한 진상을 정확히 밝혀낸다는 것은 결코 쉬운 일이 아니다. 역사를 기록하는 사람 역시 인간으로서 개인적인 이념과 편견, 그리고 그가 살던 당시의 여러 사회적 조건에 영향을 받지 않을 수 없는 존재이기 때문이다. 따라서 기록자가 아무리 공정하고 객관적으로 자신이 보고 경험한 바를 서술하더라도 결코 완전할 수는 없다.

신문은 당 시대의 사건이나 사고를 정기적으로 보도하는 언론매체로서 중요한 역사적 자료의 역할을 한다. 그러나 편협한 이해관계로 인한 허위 기사는 자칫 거짓이 거짓을 낳는 잘못을 저지르기도 한다. 반정부 시위가 연일 계속되던 1980년대 전후 시기에 대학생들 사이에서 논쟁거리로 자주 등장한 문제 중의 하나가 한국전쟁이 북침인가 혹은 남침인가 하는 것이었다.

한국전쟁은 1949년 초부터 전시체제에 돌입한 북한군이 1950년 6월 25일 새벽 4시경 서해안의 옹진반도로부터 동해안에 이르는 38선 전역에 걸친 기습공격으로 시작되었다. 3년간에 걸쳐 진행된 한국전쟁은 유사 이래 최악의 민족적 비극이었다. 이것은 누구나 부정할 수 없는 명백한 사실이다.

그런데 왜 이러한 사실이 논쟁의 대상이 되었을까? 그 해답은 동서 양 진영 강대국의 이해관계를 대변했던 유력 신문들에서 찾을 수 있다. 동서 양 진영은 한국전쟁에 대해 상반된 보도를 하였다. 일본의 〈아사히〉, 미국의 〈뉴욕타임스〉, 영국의 〈더 타임스〉 등 세계적인 유력지는 일제히 북한의 남침을 명확히 보도하고 있었다. 더욱이 6월 27일자 〈아사히〉 신문은 38선에서 북한군이 남쪽으로 진격하는 지도와 더불어 서울이 곧 침공당할 것이며 임시 수도를 대전으로 옮길 것이라고 보도했다. 당시 한국의 국내 신문들은 군 당국의 검열을 받아 전황을 왜곡 보도한 데 비해 국외 신문은 오히려 훨씬 정확한 사실을 보도하였다.

이에 반하여 중국의 〈인민일보〉나 소련의 〈프라우다〉는 북한 정부의 성명서나 〈로동신문〉 등의 기사를 근거로 한국군이 북한을 기습 공격하였다는 상반된 보도를 하였다. 이렇듯 역사 연구의 가장 중요한 1차 사료가 될 수 있는 당시의 신문보도가 이데올로기적 입장에서 왜곡되어 사실이 거짓으로 둔갑한 채 논쟁의 근거로 활용된다면 얼마나 심각한 영향을 미칠 것인지 보지 않아도 자명한 일이다. 모든 사료에는 그것을 다루는 사람의 이해관계나 편견이 개입될 가능성이 있다. 이것이 바로 사료비판이 필요한 이유다.

외적 비판

사료비판은 외적 비판과 내적 비판으로 구분된다. 외적 비판이 법정에서 제시한 증거물이 정확한지를 밝히는 작업이라면, 내적 비판은 증인이 발언한 진술의 타당성 여부를 따지는 작업이다. 그러나 실제적 절차에서 이 두 작업은 뚜렷이 구별되지 않으며 상호 중복되는 경향이 있다.

외적 비판이란 사료의 필적, 언어, 서체, 출처 등 외형적 형태를 점검하여 사료의 손상이나 진위 여부를 밝히는 것이다. 사료에 담긴 구체적인 내용이 아니라 사료 자체를 검토하는 작업을 말한다. 외적 비판은 "사료의 원형에 관한 모든 가능한 지식을 찾고, 필요하다면 원래의 모습 그대로 복원시키려는 것"이다.[6] 외적 비판은 다시 원전비판과 전거비판으로 나눌 수 있다.

원전비판　원전비판은 원사료의 조작, 표절, 위작 여부를 점검하는 작업이다. 사료의 외형으로 그 진위 여부를 가리는 방법이다. 대부분의 고대 사료의 경우 원본이 분실되어 사본만 남아 있거나, 그 사본마저도 다시 사본의 사본인 경우가 적지 않다. 중세의 경우 주로 수도사가 필사본을 작성하였고 대개는 원본의 정확한 대조 없이 사본을 베껴서 작성하였기 때문에 오류가

필사본을 작성하고 있는 수도사의 모습

상당히 많았다. 원전비판의 방법으로는 다음의 세 가지가 있다.

① 저자가 확인된 원본이 남아 있는 경우: 이를 그대로 믿을 수밖에 없는 상황이다. 그러나 원본이라 하더라도 사료 판독 전문가인 고문서 학자들에 의뢰하여 진위 여부를 확인해야 한다.

② 원본이 유실되고 사본이 하나밖에 없는 경우: 원본과의 대조가 불가능하고 다른 사본과도 비교할 수 없기 때문에 작성자가 어떤 부분을 어느 정도 고쳤는지를 판단하기는 사실상 불가능하다. 설령 수정된 부분을 발견했다고 하여도 그것을 정확히 복원시킨다는 것은 쉬운 일

이 아니다. 이 경우 결국 '추측 수정'이라는 방법을 쓸 수밖에 없다. 이것은 사료의 전승과정에서 생기는 원본의 변형과정을 추정하고, 문자의 사용상의 변화, 사용된 단어의 혼동, 스펠링의 정확성 여부를 판독하여 진위 여부를 검증하는 것이다.

③ 원본은 없지만 복사본이 여러 개 남아 있는 경우: 복수의 사본이 존재할 경우 여러 사본을 서로 비교할 수 있기 때문에 사본이 하나인 경우보다는 정확하게 원형을 찾아낼 가능성이 높다. 이 경우는 앞에서 말한 '추측 수정'이라는 불확실한 방법을 쓰지 않고 실제로 여러 사본을 대조하여 비교할 수 있다. 이를 통해 기록자가 의식적으로나 무의식적으로 저지른 사료의 훼손을 검증하고, 사료의 조작, 가필, 삭제, 표절 등의 여부를 확인하여 문서의 진위 여부를 확인할 수 있다.

전거비판   전거비판은 사료를 누가, 언제, 어디서 작성하였는지를 확인하는 작업이다. 사료의 저자, 발행일, 발행 장소가 정확히 밝혀지지 않는다면 사료로서의 가치를 지니지 못하는 것은 당연한 일이다. 우선 그 사료의 원저자가 누구인지를 확인하여야 한다. 고문서의 경우 저자가 익명을 사용하거나 저자의 이름이 바뀌는 일이 흔하기 때문이다. 저자의 이름이 분명히 기록되었다고 하더라도 저술의 형식이나 구성을 살펴서 그것이 그 저자의 것이 맞는지 확인해야 한다. 그리고 사료가 작성된 시기와 장소에 대해서도 확인하여야 한다. 오늘날의 문헌은 그것이 저술이든 공문서이든 발행자, 발행일, 발행처가 명기되어 있다. 그러나 오랜 과거로 거슬러 올라갈수록 그것들이 명시되지 않은 경우가 흔하다.

전거비판에서 가장 중시되어야 할 것은 사료의 어법이나 필체를 면밀히 살펴보는 일이다. 어법이나 문장의 형식은 대개 시대와 장소에 따라 달라지기 마련이다. 문서 위조자들이 범하는 오류 가운데 가장 흔한 경우는 그 사료가 작성된 시대에 사용되지 않은 용어나 단어를 사용하는 것이다. 즉, 중세 문서에 근대적인 어법을 사용하였는지, 근대 문서에 현대적인 어법을 사용하였는지를 세밀히 관찰해야 한다.

사료가 인쇄되지 않고 필사본으로 작성된 경우에는 그것을 그 저자가 작성한 다른 사료의 필체와 대조해 보아야 한다. 특히 사료가 공문서일 경우에는 그 작성 양식을 면밀히 조사해야 한다. 마지막으로 사료 속에 기록된 어떤 사실이 위조할 수 없는 다른 사료의 내용과 일치될 때 그 사료의 신빙성이 확인될 수 있다.

19세기만 하여도 사료의 진위 여부를 밝히는 작업은 역사가들에게 많은 시간을 소요하게 하는 번거로운 작업이었다. 그러나 그동안 여러 역사가에 의한 고증방법이 체계적으로 개발되고, 사서나 고문서 학자들의 축적된 경험으로 오늘날에는 그리 큰 문제가 되지는 않는다. 더욱이 최근 과학기술의 발전과 다른 인접 학문의 도움으로 그 효과가 한층 높아지고 있다. 고고학, 인류학, 민속학, 지리학, 서지학, 금석학 등이 사료비판에 크게 도움을 주는 분야다.

최근에는 컴퓨터, 탄소연대 측정법, X선, 전자현미경 등 다양한 기구를 통해 사료의 발행 시기나 진위 여부를 손쉽게 확인할 수 있다. 또한 고도에

크롬웰의 위조편지

크롬웰(Thomas Cromwell)은 영국 왕 헨리 8세 때 재상을 지내면서 당시의 정치와 경제에 깊숙이 관여하였다. 그는 1534년에 헨리 8세가 종교개혁을 단행하자 이를 적극 옹호하고 수도원 해산을 단행했던 인물이었다. 크롬웰은 많은 편지를 남겼는데, 그 가운데 그가 수도원장을 위협하여 재산을 갈취하는 내용의 편지 두 편이 그의 서한집에 실려 간행되었다. 이로 인해 크롬웰은 많은 비난을 받았다. 그러나 사료비판의 결과 이 편지들은 위조문서임이 판명되었다. 즉, 편지의 필체와 서명이 크롬웰의 것이 아니라 그의 지위와 이름을 사칭한 다른 사람이 재산을 갈취하기 위해 수도원장에게 편지를 보냈고, 그것을 그가 수도원장으로부터 회수하여 보관했던 것이었다.

서 찍은 항공사진을 이용하여 옛 성터나 유적지, 농지 등을 복원하는 방법이 1차 세계대전 이후로 활용되고 있다. 항공사진은 특히 16세기 이후 인클로저enclosure 운동으로 사라진 옛날 경지를 복원하는 데 유용하게 쓰이고 있다. 사료를 작성한 서류의 지질을 화학적으로 분석할 경우 지질의 무게, 색상, 종이에 내비치는 무늬 등을 통해서 사료의 발행 시기와 진위 여부를 판독할 수 있다. 또한 사용된 잉크나 활자의 형태를 분석하여 서류의 위조나 훼손 여부도 확인해 낼 수 있다.

내적 비판

내적 비판은 사료의 내용이나 진술이 신빙성이 있는지를 검증하는 작업이다. 이것은 이미 원문의 훼손 여부나 진본 여부를 확인하는 외적 비판을 거친 후에 이루어지는 작업이다.[7] 내적 비판을 행할 때에는 다음과 같은 세부적인 검증이 이루어져야 한다.[8]

① 저자가 그가 목격한 사건과 밀접한 관련이 있는 사람인가? 그가 사건의 직접적인 목격자이며 가치 있는 정보를 제공할 위치에 있는 사람인지를 확인하여야 한다. 그리고 사건의 기록 시기를 확인해야 한다. 사건이 상당히 경과된 후에 기록한 것보다는 사건 직후 기록된 것이 더 신빙성이 있는 것은 당연한 일이다.

② 저자가 그 사건을 관찰하거나 보고할 능력을 지닌 사람인가? 예를 들어, 어떤 전쟁을 진술한 경우 그가 그 전쟁에 직접 참여한 장군인지, 일반 사병인지, 혹은 군인이 아닌 민간인 신분인지를 고려해야 한다. 진술자의 사건에 대한 참여도 정도에 따라 그 진술의 객관성이나 신

빙성에 차이가 나기 때문이다.

③ 저자가 어떤 사회계급에 속하며, 다른 사회계층이나 집단의 사람들과 어떤 이해관계가 있는가? 어떤 사건을 진술하는 데 자신의 사회적 계급이나 당파에 치우쳐 편파적인 진술을 하지 않았는지를 객관적으로 판단하여야 한다.

④ 저자가 그 사건을 분명하고도 정확하게 작성할 수 있는 사회적인 능력(언어 능력이나 사회현상에 대한 이해력, 또는 법이나 군사학과 같은 특수한 지식)을 소유한 사람인가? 그의 시각이나 청각, 그리고 문장력이 사건을 충분히 전달할 정도의 수준이 되는가를 면밀히 검토하여야 한다.

⑤ 저자가 진술한 내용의 의도는 무엇인가? 누구를 위해 진술하고 또 진실만을 보고하려 하였는가? 저자가 특정인이나 특정 그룹을 옹호하거나 비판하기 위한 저의는 없는가? 여기에서는 신념, 당파, 종교, 교육 배경 등 저자의 '사고의 틀'을 고려하여 진술의 객관성 여부를 점검해야 한다. 또한 저자가 심리적 갈등이나 외부적 압력에 의해 자신의 증언을 취소하거나 변경하였는지를 밝혀야 한다.

사료들 중에는 작성자의 정치적 의도나 개인적 명예심으로 작성된 것들이 많다. 독재체제하에 발간된 신문을 사료로 이용할 경우, 당시의 사회적 배경을 고려해 봐야 한다. 과거 우리나라의 군부 통치 시기에 신문과 방송들이 정부의 대대적인 통제

광개토대왕 비문의 해독

광개토대왕 비문의 마모된 글자를 최대한 원래 글자로 복구하는 작업이 외적 비판이다. 이때는 역사학뿐만 아니라 금석학, 문장학 등 인접 학문의 도움을 받아야 한다. 광개토대왕 비문을 최대한 원문대로 복구한 다음에 그 의미를 살펴봐야 한다. 광개토대왕비에 적혀 있는 '백잔(白殘)' '동이매금(東夷寐錦)' 등이 그 당시 어떤 의미로 사용되었는지를 파악한다거나, 당시 일본이 한반도의 남쪽을 장악할 수 있는 역량이 되었는지, 고구려와 백제, 신라 간의 외교 관계가 어떠했는지를 파악하는 것 등은 내적 비판에 속한다.

를 받은 적이 있다. 당시의 신문이나 방송은 정부의 보도 지침에 따라 기사의 내용이나 편집 방향이 결정되었다는 사실을 알고 있어야 신문 기사의 밑바탕에 깔려 있는 의미를 제대로 파악할 수 있을 것이다.

고대와 중세의 문헌들, 특히 공문서의 경우 과장된 묘사들이 많이 발견된다. 때에 따라서는 명예스럽거나 유리한 것만을 부각시키고, 그 반대의 사실들은 아예 배제해 버리는 경우도 적지 않다. 이런 사료들의 정확성이나 진실성이 의심받는 것은 당연한 일이다. 그러므로 연구자들은 그러한 사료들이 제작되고 편집되었던 동기와 의도뿐만 아니라 당시의 여러 상황적인 분석을 통하여 그 사료가 신빙성이 있는지를 객관적으로 판명해야 한다.

어떤 저자의 경우 풍자, 비유, 상징적인 표현을 자주 쓰기도 한다. 이 경우 문자 그대로의 의미가 아닌 숨은 의도를 정확히 파악해야만 사료가 갖는 의미와 당시의 상황을 정확히 이해할 수 있다. 예를 들면, 서양 중세의 그림 중에는 왕관을 쓰고 자는 사람의 모습이 나온다. 이것은 실제로 왕이 왕관을 쓰고 잤다는 것이 아니라 왕의 신분을 나타내기 위한 하나의 표현이다. 베히스툰Behistun의 비문에 기록된 "다리우스 황제가 정복한 군대의 추장을 발로 짓밟았다."라는 표현 역시 전쟁에서의 승리를 은유적으로 표현한 것이다.[9]

또한 과학적으로 입증되지 않는 존재나 현상에 관한 이야기, 혹은 상식적인 경험이나 이치에 합당하지 않는 진술 등은 취사선택에 신중을 기해야 한다. 예를 들면, 구약성서 창세기에는 아담이 930세까지 살았다고 전한다. 이것은 성서의 해석에 관한 문제이기도 하여 그 타당성을 따지는 것은 논란의 소지가 있지만, 우리의 일상적인 경험에 비추어 볼 때 의문을 가지지 않을 수 없는 일이다.

또한 악마나 기적 따위의 초자연적 현상이나 그 밖에 과학적으로 일어날 수 없는 사실을 진술한 사료를 액면 그대로 받아들여서는 안 된다. 예를 들면, 어떤 중세의 사료는 우리의 상식과 지식으로는 이해하기 힘든 "마리아 동상이 눈물을 흘렸다."와 같은 내용을 서술한 경우가 있다. 이것은 당시의 보고자가 그런 소문을 직접 듣고 그 진실 여부를 확인하지 않은 채 단지 들은 사실을 전달하려는 의도로 그러한 보고를 했을 것이다. 이 경우 당시의 소문을 정확하게 전달하였다 하더라도 있는 그대로 믿을 수는 없는 일이다. 그러므로 연구자는 보고 내용의 정확성과 진실성 여부를 판명하면서, 왜 그런 이야기들이 기록되었는지를 면밀히 검토하여야 한다.

우리는 이런 비과학적인 진술을 통해 당시 사람들의 정신적 특성을 이해할 수 있을 것이다. 즉, 그것이 중세인들의 종교적 심리와 환상적 사고, 병리적 성향 등을 파악하는 데 단서가 될 수 있다는 의미다. 만일 중세인들의 특이한 신앙관이나 당시의 사회적 상황을 이해하지 못한 채 사료 비판자가 자신들의 합리적인 태도만으로 사료를 처리한다면 온전한 사료비판을 할 수 없을 것이다.

위조문서의 실례
─콘스탄티누스 대제의 기부증서

　　의도적으로 조작된 사료나 허위문서들은 동서고금을 막론하고 언제 어디서나 발견된다. 특히 중세 봉건시대에는 문서를 위조하는 일이 많았다. 인쇄술이 처음 발명된 것은 15세기 중엽으로 이전의 기록은 거의 모두 필사본이었다. 중세기에 문필을 주로 담당하였던 사람들은 수도사였다. 그들은 "잉크만 있으면 누구든지 또 무엇이든지 쓸 수 있다."라고 말할 정도로 문서 위조가 빈번히 행해졌다. 특히 중세 국왕이 교회나 수도원에게 발행한 시장개설 허가증은 거의 대부분 위조문서로 판명되고 있다. 중세 성직자들이 문서 위조에 앞장선 이유는 교황권이 확립되지 않은 시기에 세속 군주로부터 끊임없는 압력을 받는 상태에서 문서를 위조하여 그들의 특권이나 이익을 보장받으려 하였기 때문이었다.

기부장을 바치는 콘스탄티누스 대제

　　'콘스탄티누스 대제의 기부증서'는 로마 교황권의 절대성에 근거를 부여하기 위해 조작된 위서였다. 이것은 세빌라(Sevilla)의 주교인 이시도루스(Isidorus)의 이름을 악용하여 위작한 역대 교황 칙령집인 이른바 『위서─이시도루스 법령집』에 포함된 것 가운데 가장 유명한 위조문서였다. 그 내용은 로마 황제 콘스탄티누스 I세가 기독교로 개종할 때 당시 로마 교황에게 로마, 이탈리아 그리고 서유럽의 여러 지역에서 종교상의 권력뿐만 아니라 세속적 통치권을 위임하였다고 기록된 것이었다. 이런 콘스탄티누스의 기부증서는 당시의 로마 황제가 교황에게 통치권을 이양했다는 근거로 사용되었다. 그것은 중세를 통해서 진본으로 믿어졌으며, 교황권의 절대성을 뒷받침하는 문서로 이용되었다.

그러면 어떤 연유에서 교황은 황제로부터 서방의 지배력을 양도받았을까? 당시 콘스탄티누스 대제는 문둥병에 걸려 온갖 치료를 받았지만 별 효과를 얻지 못했다. 병세가 호전될 기미를 보이지 않자 황제는 신탁을 통해 갓난아이의 피로 목욕을 하게 되면 병이 낫게 된다는 얘기를 전해 듣고 많은 갓난아이를 징발하였다. 그는 갓난아이의 피를 받으려 했지만 아이를 데려온 어머니들의 비통한 절규에 차마 아이들을 죽일 수가 없었다. 그는 자신의 어리석은 행동을 뉘우치고 오히려 어머니들에게 많은 상을 내려 돌려보냈다. 그날 밤 황제의 꿈에 베드로와 바울이 나타나 황제의 행동을 칭찬하며 교황으로부터 세례를 받을 것을 권유하였다. 다음 날 황제는 교황을 찾아가 세례를 받고 나서 문둥병이 씻은 듯이 말끔히 나았다. 황제는 자신의 병을 낫게 한 고마움의 표시로 교황에게 서방의 지배권을 넘겨 주었다는 것이 기부증서의 내용이다.

그럼 왜 하필이면 콘스탄티누스 대제인가? 주지하다시피, 콘스탄티누스 대제는 스스로 기독교로 개종하고 로마에서 기독교를 공인한 황제였다. 더 나아가 그는 로마 말기의 혼란한 시기에 기독교를 이용하여 정치적인 안정을 꾀하려던 사람이었다. 따라서 기독교 교회에서 콘스탄티누스 대제는 존경의 대상이 되었다. 그리하여 이 황제의 이름을 도용하여 문서를 작성한다면 그만큼 문서의 가치가 높아질 것이라는 기대 효과를 노렸던 것이다.

기부증서가 위조된 데는 8세기 중반 로마 교황과 황제 사이의 뿌리 깊은 역사적 배경이 있었다. 당시의 로마 교황은 기독교를 공인하였던 콘스탄티누스 대제라는 로마 황제의 권력 밑에 존재하였다. 황제의 승인이 있어야만 교황이 즉위할 수 있었다. 그리고 교황이 소집하기로 되어 있던 기독교 공의회를 황제가 소집하는 경우도 있었으며, 심지어 그 회의의 주요 결정들이 황제의 승인을 얻어야만 효력이 발생할 정도였다. 로마 교황청은 완전히 황제권에 종속된 상태였던 것이다.

사정을 더욱 악화시킨 사건은 8세기 전반에 있었던 성상 숭배의 문제였다. 로마 교황과 황제는 성모 마리아나 예수의 상이나 그림과 같은 성상 숭배의 문제를 놓고 극심한 갈등을 겪고 있었다. 당시 성상 숭배는 기독교 세계에서 널리 행해지고 있었다. 그러나 동로마 황제는 주로 정치적인 이유에서 이를 금지하였고, 이를 어기는 교회나 성직자를 가혹하게 탄압하였다. 이 사건이 훗날 교회가 동서로 분열되는 주된 이유가 되었다. 이러한 사정으로 로마 교회는 곤경에 처하였고 교황의 권위는 땅에 떨어지게 되었다. 이런 역사적 배경에서 나온 것이 콘스탄티누스 대제의 기부증서였다.

기부증서가 위조된 것은 8세기였다. 그러나 이 문서의 위력은 당대가 아닌 후대에 나타나게 되었다. 몇 세기 동안 잊혀졌던 이 위조문서는 1054년 교황 레오 9세에 의해 다시 등장하게 되었다. 당시 독일에는 카를 대제의 황제권을 이양받아 신성로마제국이 성립되었으며, 이와 함께 로마 교황권도 서유럽 전체를 관할하는 교회의 권위를 확보하고 있었다. 그러나 로마 교황은 이에 만족하지 않고 서방의 황제는 물론 동방의 황제로부터도 독립적인 권위를 인정받아 중세 유럽 전체에 대한 지배권을 확립하고자 이 위조문서를 이용하였다.

카노사의 굴욕

이 위조문서는 또한 교황 그레고리우스 7세와 신성 로마제국의 황제인 하인리히 4세의 대립과정에서도 이용되었다. 소위 '카노사의 굴욕' 사건을 계기로 교황은 세속군주의 성직자 임명권을 박탈하고 교회의 경제권을 확립하여, 세속권에 대한 교황권의 지배권을 확립하는 근거로 이용하였다.

콘스탄티누스 대제의 기부증서가 위조문서라는 것을 발견한 사람은 발라(Lorenzo

Valla)였다. 발라는 1440년 이 문서에 기록된 라
틴어가 콘스탄티누스 대제의 시대인 4세기의 언
어가 아니라 8세기의 언어라는 점을 판명함으로
써 결국 위서임을 증명하였다. 이것은 최초로 언
어학적인 비판을 통하여 문서의 위조를 밝혀낸
것으로, 사료비판의 새로운 전기를 마련하였다.

　더욱 재미있는 것은 콘스탄티누스 대제의 기
부증서가 위조문서라는 사실이 발라에 의해 밝
혀지기 전까지 아무도 그 진위를 전혀 의심하지
않았다는 사실이다. 당시 로마 교황은 물론 황제

로렌조 발라

들도 그것이 허위문서라는 사실을 알지 못하였다. 역사상 어떤 위조문서, 아니 어떤 진짜
문서라고 할지라도 콘스탄티누스의 기부증서만큼 정치적으로나 사회적으로 커다란 영향
을 미친 것은 아마 없을 것이다.

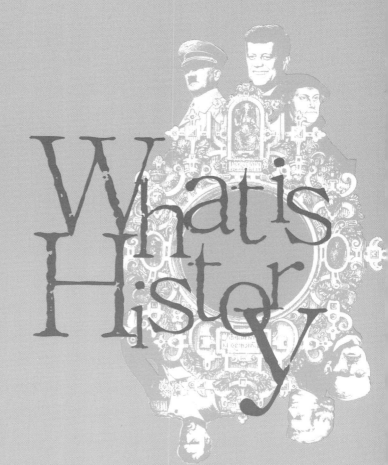

Chapter 8

역사는 왜 계속 새롭게 쓰이는가

역사는 스스로 불에 타 그 재 속에서 다시 태어난다는 불사조처럼

계속적으로 재생되는 살아 움직이는 학문이다.

– 네빈스(Allan Nevins)

역사의 현재성

역사는 과거 인류의 경험이나 사건들을 조사하고 탐구하는 학문이다. 그
리하여 흔히들 역사를 이미 지나가 버린 과거를 다루는 것으로 생각하는 경
향이 있다. 그러나 역사는 현재적 입장에 있는 역사가의 서술 작업을 필히 거
쳐야 한다. 역사가 역시 자신이 처한 시대와 사회적 환경에 영향을 받는 존재
이기 때문에, 과거의 역사는 결국 현재적 관점에서 다시 쓰일 수밖에 없다.

시대마다 시대정신이 있고, 사회적 요청과 실천 과제가 있다. 역사가 또
한 자신이 살던 시대와 사회의 소산물이 아닐 수 없다. 따라서 역사가의 해
석이 시대의 변화에 따라 새로운 시각과 판단을 요하는 것은 당연한 일이다.
아무리 위대한 역사가의 저술이라도 시대와 사회적 환경이 달라짐에 따라
비판의 대상이 될 수도 있고 새롭게 해석되기도 한다. 따라서 크로체Croce는
모든 역사 판단의 기초가 되는 것은 현재적 요구와 상황이며, 따라서 "모든
역사는 현재의 역사"라고 주장하였다.[1]

역사는 사실을 뽑아내어 그것을 가능한 한 '있는 그대로' 재생해야 한다

는 소위 랑케 사관이 상당히 오랫동안 통용되었다. 역사가들은 과거의 수많은 사실 속에서 역사적 사실만을 뽑아낼 뿐, 그것을 이해하고 해석하여 새로운 역사적 의미를 발견하려는 노력은 그다지 높이 평가되지 못하였다. 그 이유는 사실의 본질적이며 객관적인 의미가 역사가들의 주관적인 해석에 따라 훼손될 수 있기 때문이었다. 무수한 사실 중에서 역사적 사실을 뽑아내는 데 역사가의 주관성이 개입되는 것은 불가피하지만, 역사적 의미를 정확히 파악하기 위하여 역사가의 주관을 가능한 한 배제해야 한다.

그러나 과거의 사실을 객관적으로 인식하는 것은 결코 쉬운 일이 아니다. 역사가는 과거 사실을 재생하는 작업을 담당하는 사람으로, 그 자신의 현재적 관심과 이해, 신념 등 주관적인 성향 때문에 '있는 그대로' 과거를 재생하기란 거의 불가능하다. 또한 역사가가 역사 인식의 수단으로 사용하는 사료(기록이나 유물)는 극히 단편적이고 불완전하며, 인멸이나 위조 등으로 사료 자체의 객관성이 의문시될 경우도 있기 때문이다.

영국의 역사학자 카Car는 "역사가가 역사를 정확히 썼다고 칭찬하는 것은 건축가가 잘 말린 목재나 잘 혼합된 콘크리트를 사용했다고 칭찬하는 것과 같다."라고 언급하였다.[2] 역사가가 객관적인 기준으로 사료를 원형대로 재생했다고 하여 그것만으로 역사가 지닌 충분한 의미를 파악할 수는 없는 것이다. 역사가 단지 과거 사실을 재생하고 나열하는 일에만 한정된다면 역사는 단순한 사실의 수집에 불과할 것이며, 그것들을 기억하는 것만이 역사를 공부하는 것으로 인식되기 쉽다.

우리가 역사를 연구하는 목적은 사료에 대한 지식을 풍부하게 하는 데 그치는 것이 아니다. 그 의미를 파악하여 인류사 전체를 관통하고 있는 일관된 흐름을 이해하여 오늘의 문제를 해결하는 데 도움을 얻기 위해서다. 따라서 사실이 가지는 의미를 정확히 파악하기 위해서는 사실을 뽑아내는 일에 그칠 것이 아니라 그 사실을 해석하여 새로운 시각에서 역사적 의미를 찾는 작업이 필요하다. 앞에서 언급하였듯이, 역사는 현재의 시대정신을 반영하고 현재적 요구와 필요를 충족하기 위하여 다시 쓰였다.

이런 역사의 현재성 이외에도 역사가들은 다음의 몇 가지 이유로 역사적 사실에 대한 수정이나 재평가를 할 수 있다. 첫째, 역사가들은 새로운 역사적 사실이나 자료가 발굴되었을 때 역사를 다시 쓰려는 지적인 욕구와 도덕적인 의무감을 갖는다. 둘째, 이미 발굴된 자료를 이용하여 역사가가 어떤 저술을 하였다고 하더라도, 또 다른 역사가는 동일한 자료를 가지고 다른 관점에서 역사를 평가한다. 특히 기존의 연구자가 자신의 좁은 사고의 틀, 이를테면 자신이 속한 종족이나 당파 혹은 자신의 종교적인 관점에서 편협하게 역사를 서술했다면 객관적인 관점을 가지고 다시 해석하고 수정할 수 있다. 셋째, 인접 학문, 즉 고고학이나 사회학으로부터의 새로운 물적 증거나 통계자료 혹은 새로운 이론이 제기될 경우 그것을 활용하여 새로운 시각과 통찰력으로 기존의 설명이나 학설에 대한 반론을 제기할 수 있다.

미국의 상대주의 역사가 터너Tunner는 "매 시대는 그들 자신의 시대정신과 조건에 따라 과거의 역사를 새롭게 쓴다. 역사는 계속적으로 만들어져 가는 것이지, 결코 완성된 것은 아니다."라고 주장하였다.[3] 계절이 변하듯이 사회나 시대정신, 그리고 환경도 변하기 마련이다. 이러한 변화에 따라 우리의 관점과 요구도 변하게 된다. 따라서 역사는 현재적 관점에서 새로운 눈으로 과거를 보는 것이다. 과거의 역사적 사실은 거의 변함이 없지만 우리가 그것을 다시 정리하고 다른 패턴으로 조합하며 새로운 각도에서 역사를 보는 것이다. 과거 사실을 재평가하거나 수정하는 것은 결코 그 사실이 잘못되었거나 문제가 있다고 탓하는 것이 아니다. 그것은 인류의 과거에 대한 좀 더 나은 이해와 성찰을 위한 것으로, 역사가 역동적인 학문이라는 것을 보여 주는 것이다.

단순 사실과 역사적 사실

인간의 과거에는 무수히 많은 사실이 존재한다. 어떤 집단이나 민족은 말할 것도 없고, 한 인간의 생애에도 도저히 셀 수 없는 연속적인 많은 사건이 있다. 오늘 아침 집으로 배달된 조간신문만 하더라도 그 안에는 정치, 경제, 사회, 문화 등 다방면에 걸쳐 엄청난 양의 기사가 담겨 있다. 이러한 인간의 과거가 역사가들의 연구 대상이지만, 그렇다고 과거에 발생한 모든 사실事實 이 역사적 사실史實이 되는 것은 아니다. 과거에 발생한 사실 모두가 가치 있는 것은 아니며, 역사가에 의해 선택되었을 때에만 비로소 역사적 가치가 부여된다.

가령 로마공화정 말기 카이사르가 루비콘강을 건넌 것이 역사적 사실이 된 것은 역사가들이 그것을 역사적 사건으로 간주하였기 때문이다. 따라서 역사를 성립시키는 일차적 조건은 역사가의 주관적 안목에 의해 과거의 수많은 사실 중에서 역사적 가치와 의미가 있는 사실만을 뽑아내는 것이다.

그렇다면 어떤 기준과 선택에 의해 과거의 단순 사실이 역사적 사실로 변하는가? 예를 들어, 어떤 노동자가 새벽에 운전 부주의로 사망했다면, 이 것은 단순 사고에 불과할 뿐 결코 역사적 사건이 될 수 없다. 그러나 그 운전자가 회사의 무리한 요구로 며칠간 계속된 야근을 마치고 귀가하다가 사고가 났고, 그의 죽음으로 근로조건 개선을 요구하는 노동자 시위가 전국적으로 발생하였으며, 그 결과로 노동법이 개정되었다면, 이는 역사적 사실이 될 수 있다.

과거의 단순 사실이 어떻게 역사적 사실로 선택되는지를 문익점의 경우를 예로 들어 설명해 보자. 문익점은 고려 말 공민왕 때 문과에 급제한 한학자로서 원나라에 외교 사절로 파견되었다가 귀국길에 금수품이던 목화씨를 붓통에 몰래 숨겨서 국내로 가져왔다. 목화씨를 처음 들여왔을 때에는 아무도 이를 역사적으로 중요한 사실로 보지 않았다. 목화는 단지 수많은 식물의 한 종류일 뿐이고, 문익점은 단지 당시 수많은 한학자 중의 한 사람일 뿐이었다.

목화는 고려 말기에 전래되었으나 처음에는 상품적 가치를 느끼지 못하여 제한된 지역에서만 소량으로 재배되었다. 그러나 조선시대에 이르러 전국적으로 목화 재배가 확대되었다. 의복 재료가 종래의 삼베에서 무명으로 바뀌면서 백성들의 의복 생활에 커다란 변화를 가져오자, 비로소 문익점의 목화씨 전래가 중요한 역사적 사실로 다루어지게 되었다. 그러나 중요한 것은 조선시대의 의복 혁명을 일으킨 것은 목화씨였지 한학자 문익점은 아니었다는 것이다. 역사가들에게 문익점이 한학자인 것은 단지 흔히 있는 사실事實로 보였으며, 목화씨만이 역사적 사실史實로 보였다. 만약 목화씨가 백성들의 생활에 변화를 주지 못했다면, 문익점은 결코 역사적 인물로 평가될 수 없었을 것이다. 즉, 어떤 사실이 중요한 역사적 사실로 선택되기 위해서는 현재적인 시대의 요구나 사회적 상황 변화에 부합되어야 한다.[4]

과거 수많은 사실 가운데 역사적 사실을 추려 내는 것만이 역사의 현재성이 적용되는 것은 아니다. 일단 역사적 사실로 중요하게 취급되었던 것이

다시 단순한 사실로 변하거나, 선택된 사료에 대한 가치나 인식이 달라지는 것도 모두 기록 당시의 현재적 요구의 기준에 따라 이루어진다. 즉, 과거에 일어났던 사건에 대한 역사적 판단과 평가도 시대에 따라 달라진다.

고대사회로 올라갈수록 인간은 자연의 환경 변화에 민감한 반응을 보였다. 이로 인하여 동양과 서양을 막론하고 각종 연대기에는 기후나 천재지변이 인간 사회에 미치는 영향에 대해 기록하였다. 또한 과거 왕조시대에는 소위 천명사상天命思想이 중요한 위치를 차지하였다. 왕은 천자(하늘의 아들)로서 하늘로부터 그 권한을 부여받는다고 생각하였다. 왕이 백성에게 선정을 베풀 때에는 하늘이 왕권을 보호해 주지만, 폭정을 행하여 민심이 떠나면 하늘이 그를 벌하기 위한 경고 수단으로 자연적 재앙을 내린다고 보았다. 이런 관점에서 삼국시대, 고려시대, 조선시대에는 일식이나 월식, 지진, 홍수, 가뭄 등 자연 현상을 전쟁이나 민중 봉기, 통치자의 폐위나 죽음과 거의 같은 차원에서 중요한 역사적 사료로 인식하여 사서에 충실히 기록하였다.[5]

그러나 조선시대까지도 중요한 역사적 사료로 취급되었던 자연 현상이 과학의 발달로 인한 인식의 변화로 이제는 한낱 단순 사실로 다시 떨어져 버렸다. 일식이나 월식, 지진이나 홍수와 같은 자연 현상은 오늘날 더 이상 중요한 역사적 사료로 인식되지 못하고, 단지 천문학적인 기록이나 통계학적인 자료로만 그 가치를 지닐 뿐이다. 즉, 시대나 역사적 인식의 변화에 따라 역사적 사실도 단순 사실로 변하게 된다.

역사를 보는 관점 또한 시대에 따라 변화한다. 조선시대까지도 '위로부터의 역사', 즉 왕을 중심으로 하는 지배계층의 업적이나 동태가 가장 값진 사료로 여겨졌다. 따라서 역사 기록의 대부분은 지배층의 역사로 채워졌다. 조선시대의 대표적 역사서인 『조선왕조실록』을 살펴보자.

『조선왕조실록』은 태조에서부터 철종에 이르는 25대의 실록을 기록한 역사서다. '실록'이라는 명칭이 말해 주듯이, 이 저서는 왕의 재임 기간을 단위로 편찬되었다. 그 내용도 대부분 왕의 동정, 관리의 임명, 임금의 경연이나 제례 등 국가의 주요 행사, 외교 사절의 내왕이나 군사정책 등이 대부분을 차지하였다. 즉, 왕과 조정을 중심으로 일어난 정치적 사건이 주된 내용이었다. 반면, 농민, 상인, 수공업자, 노예, 백정과 같은 하층민에 관한 기록은 거의 찾아볼 수가 없다. 민중의 생활에 관한 것은 통치 목적상 필요하거나 그들이 지배질서를 위반하였을 경우에만 약간의 사료적 가치가 인정되었을 뿐이었다. 역사 기록에도 양반 관료들은 지배계층으로 비중 있게 다루어진 반면, 일반 백성들은 단지 다스림을 받는 존재로 관심의 대상이 아니었던 것이다.

그러나 민중이 나라의 주인이라는 의식이 확산되고, 국민들이 직접선거를 통해 정치에 참여하는 오늘날은 이러한 과거의 역사 해석에 많은 변화가 일어났다. 과거 '위로부터의 역사'에서 '아래로부터의 역사'가 새롭게 부각되어, 전에는 거의 중요시되지 않았던 민중의 삶과 행적을 다룬 사료들의 가치가 높아지고 있다. 소위 '신사회사New Social History'라고 하여 과거에 '소외되고 잊혀졌던' 민중의 생활이 오늘날에는 주요한 역사적 소재로 등장하였다. 과거 농민의 의식주 생활이 어떠했으며, 농기구가 어떻게 개량·발전되었는지, 시장에서의 상업적 거래가 어떻게 형성되었고, 수공업 기술의 발전이 국민생활에 어떤 영향을 주었는지 등의 주제들이 새롭게 연구되고 있다. 이런 역사 인식의 변화로 과거 경시되었던 여성사, 노예사, 풍속사 등 민중의 역사가 새로운 관심 분야로 부각되고 있다.

시대 변화에 따른 다양한 역사 해석

　앞서 말한 바와 같이 어떤 사료를 선택할 때에는 그 시대의 현재적 요구와 사회적 상황이 중요한 기준으로 작용한다. 그러나 이미 기록된 역사적 사실들도 이런 기준에 의해 다시 해석되고 평가되는 것이다. 역사적 인물이나 사건에 대한 평가가 고정되지 않고 시대에 따라 다르게 해석되는 이유는 바로 '역사의 현재성'이 작용하기 때문이다

　한글 창제는 조선시대 이후 계속하여 귀중한 사료로 선택되었다. 그러나 그것이 가지는 역사적 의미는 시대에 따라 달리 해석되었다. 세종대왕이 처음 한글을 창제한 기본적인 동기는 한문을 모르는 '어리석은 백성을 어여삐 여긴 데' 있었다. 그러나 한글은 우리의 고유한 문자임에도 국문이 되지 못하고 민간인들 사이에 통용되는 언문으로만 그 사용이 제한되었다. 이런 상황에서 세종대왕의 한글 창제 업적은 그리 높이 평가되지 못하였다.

　그러나 조선 후기 서양 문물을 수용하여 근대화 운동이 추진되던 개화기를 맞아 백성이 나라의 주인이라는 주체의식이 높아짐에 따라 한글은 언문에서 국문으로 그 지위가 격상되었다. 더욱이 국권을 상실한 일제강점기에 이르러서는 한글을 쓰고 말하는 것만으로도 애국적인 행위요 민족정신을 일깨우는 일로 간주되기도 하였다. 이런 시대적 상황 변화는 한글을 창조한 세종대왕을 '역사상 가장 위대한 영웅적 제왕'으로 높이 평가하게 만들었다.[6]

　시대에 따라 역사적 사실에 대한 평가가 달라지는 또 다른 예는 동학농민운동과 광주 민주화운동에서도 찾아볼 수 있다. 조선 말기인 1894년 헐벗고 분노한 농민들은 전봉준을 비롯한 동학교도들의 지휘 아래 부패하고 착

취적인 봉건왕조와 일본 제국주의의 타도를 부르짖으며 항쟁을 전개하였다. 해방 전까지만 해도 이 사건은 그 역사적 의미가 왜곡되어 단지 '동학란'으로 불렸다. 그러나 오늘날 당시의 농민운동이 봉건적 지배질서에 대한 저항이자 일본 제국주의에 대한 항거라는 역사적 재평가가 이루어지면서 더 이상 '난'으로 불리지 않고 '동학농민운동' 혹은 '갑오농민전쟁'으로 불리게 되었다.

1980년 5월 18일 광주에서 발생한 시민항쟁도 과거와 현재에 서로 다른 평가를 받고 있다. 이 사건은 처음에는 신군부에 의해 단순히 '5 · 18 사태' 혹은 '광주폭동'으로 불리면서 그 의미가 격하되었다. 그러나 문민정부의 등장과 함께 과거 청산과 '역사 바로 세우기' 차원에서 이 사건이 재평가되었다. 당시 쿠데타를 일으켜 민중을 무자비하게 탄압한 정치군인들은 법의 심판을 받게 되었다. 광주폭동이라는 명칭도 '광주 민주화운동'으로 바뀌어, 군부의 무단적인 권력 장악에 항거한 시민의 자발적인 민주화운동으로 평가받게 되었다.

이러한 역사적 재평가는 역사를 보는 눈, 즉 역사 인식이 변화된 결과다.

동학농민운동의 지도자 전봉준(좌)과 체포되어 서울로 압송되는 전봉준(우)

광주 민주화운동 시위 장면

동학농민운동의 경우 이 사건을 지배층의 관점에서가 아닌 농민들의 입장에서, 광주 민주화운동의 경우 신군부의 입장에서가 아닌 광주 시민들의 입장에서 그 의미를 파악하였기 때문에 새로운 역사적 평가를 내릴 수 있었다.

시대 변화에 따른 역사 해석의 차이는 조선 후기 실학 연구에서도 찾을 수 있다. 실학은 과거 지배층의 통치 이데올로기였던 성리학을 비판하고 실용적인 학문을 추구한다는 의미로 사용되었다. 정약용, 홍대용, 박제가와 같은 실학파들은 과거 전통적인 성리학이 현실 생활과 동떨어진 관념에 관한 문제를 지나치게 취급한 것을 비판하고, 현실적 문제를 직시하고 개혁하려는 실용주의적 태도를 가지고 있었다. 따라서 실학파들은 정치, 경제, 군사 체제를 연구하고, 자연과학이나 농학과 같이 현실 생활에 유용하게 응용되는 실용적 학문에 관심을 가졌다.

실학파의 학풍은 당시 조정에서 실권을 쥐고 기득권을 유지하였던 전통 유학파에 의해 그 학풍이 제대로 이해되고 평가받지 못하였다. 그러나 1930년대 정인보, 안재홍, 최남선과 같은 석학들은 실학사상을 재평가하기에 이르렀다. 조선 후기 실학파의 연구가 새롭게 부각된 것은 1930년대 당시의 시대 상황과 현재적 요구가 반영되었기 때문이었다. 이것은 경세치용經世致用과 실사구시實事求是의 실용적인 가치를 내세운 학문이나 사상적 특징이 근대 지향적이며 민족주의적인 것으로 당시의 실천적 관심이 반영된 것이었다. 이런 사실은 1930년대 우리 역사가들이 시대 변화에 대한 높은 자각과 역사의식을 지니고 있었음을 말해 준다.

시대 변화에 따른 역사 인식의 변화는 한국 현대사에서도 찾을 수 있다. 박정희 대통령의 제3공화국은 조국 근대화와 분단 상황에서의 자주국방, 충효사상을 주요 통치 이데올로기로 삼게 되었다. 이런 시대적 요구와 필요성은 이순신 장군에 대한 역사적 평가를 더욱 드높게 하였다. 박정희가 자신과 같은 무관 출신으로 부모에게 정성과 효도를 다했으며 나라에 목숨을 바쳐 봉사했던 이순신을 이상적인 인물로 삼은 것은 어찌 보면 당연한 일이었다. 이에 발맞추어 현충사가 성지로 조성되었고, 각급 학교의 교육실습장으로 활용되는 등의 노력도 기울이게 되었다.

과거 역사적 사건에 대한 이러한 역사의식의 변화는 우리 사회의 현실적 모순을 해결하고 더 나은 사회를 이끌기 위한 시대적 소명의식에서 나온 것이라 할 수 있다. 따라서 모든 역사는 현실적 필요성과 가치관에 의해 새롭게 해석되고 평가될 수밖에 없다. '모든 역사는 현재의 역사'가 되는 까닭이 여기에 있다.

그렇다면 역사의 현재성이 가지는 의미와 목적은 무엇인가? 오랜 역사를 통하여 인류는 과거의 전통적인 사회질서와 역사관에 얽매이지 않고 그때마다 새로운 가치관을 수립해 왔다. 수많은 사실 중에서 역사적 사실을 선택하고 해석하는 기준이 시대에 따라 달라진다는 것은 한마디로 그 사실이 가지고 있는 미래의 의미, 즉 객관적 진실성에 점차 접근하는 것을 의미한다. 샐먼Lucy M. Salman은 이에 대해 다음과 같이 언급하였다.

> 역사는 결코 절대적인 진리의 기준에 도달할 수 없다고 하더라도, 이에 근접하기 위하여 항상 새롭게 쓰인다. 과거의 이야기는 과거를 살아 움직이게 하고 과거를 현재와 연결시키는 원형질이 되는 것이다. 모든 지식은 객관적인 진리를 추구하여야 한다. 역사도 이를 목표로 삼아야 한다.[7]

역사적 사실이 고정된 것이 아니라 다르게 해석되고 수정될 수 있다는 점에서 역사는 생동감이 넘친다. 역사는 "스스로 불에 타 그 재 속에서 다시 태어난다는 불사조처럼 계속적으로 재생되는 살아 움직이는 학문"이다. 역사가 시대의 변화에 따라 매 세대에 새롭게 해석된다는 것은 역사를 감동적이고 매력적인 학문으로 만드는 이유가 된다.[8]

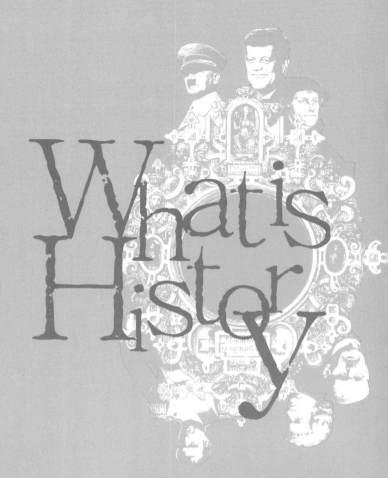

Chapter 9

역사를 움직이는 주체는 무엇인가

나폴레옹이 아무리 재능이 특출하고 거대한 야망을 지니고 있다고 하더라도,

그가 도포를 거치고 『대학』을 읽던 시절 도산서원 부근에서 태어났다면

송시열이 되었거나 혹은 홍경래가 되었을 뿐 아닌가……

개인은 사회의 풀무에서 만들어졌을 뿐이다.

- 단재 신채호

What is
History?

역사를 이끄는 것은 개인인가, 사회적인 힘인가? 다시 말해, 역사를 발전시키는 원동력은 소수의 뛰어난 개인의 의지나 활동인가, 아니면 개인의 역할과는 무관하게 이미 정해진 정치, 경제, 법률, 사상, 관습, 규범과 같은 사회적 제도인가 하는 문제다.[1] 이것은 역사를 보는 시각과 해석의 문제로서, 마치 닭이 먼저냐 달걀이 먼저냐를 따지는 것과 같이 난해한 문제다. 여기서는 역사를 움직이는 주체가 무엇인가 하는 문제에 접근하기 위하여 영웅사관, 사회결정론, 그리고 민중사관을 중심으로 살펴보고자 한다.

영웅사관

인간은 그가 제왕이든 일개의 촌부든 한 시대를 살아가는 '역사적 존재'다. 이것은 모든 인간이 어떤 형태로든 역사에 참여하고 있음을 의미한다. 그러나 각 개인의 능력과 자질, 그리고 실천적 의지에 따라 역사에 미치는 영향은 상당한 차이를 보여 준다.

컬럼비아 대학의 총장이었던 버틀러Nicholas M. Butler는 "이 세상에는 세 부류의 인간이 있다."라고 하였다. 첫째는 무엇이 일어나는지조차 모르는 사람들, 둘째는 무엇이 일어나는지는 알고 있으나 단지 지켜보는 사람들, 셋째는 무엇인가 일어나게 할 수 있는 사람들이다. 우리는 마지막 부류에 속하는 사람을 지도자라 부른다.[2] 버틀러의 말처럼 '무엇인가를 일어나게 할 수 있는 사람들'이 역사를 이끌고 만들어 간다는 생각이 바로 영웅사관이다.

영웅사관은 천재, 위대한 정치가 혹은 군사 전략가와 같은 소수의 뛰어난 개인이 역사를 만들어 간다는 전제하에 그들의 개인사를 인류 역사의 원동력으로 파악하려는 사상을 말한다. 18세기 계몽주의 사상가였던 볼테르Voltaire는 영웅의 역사적 역할을 다음과 같이 언급하였다.

전제정치보다도 무정부 상태가 인류 문명에 더 큰 해악을 끼쳤다. 수세기에 걸쳐 유럽은 총체적 무정부 상태에 놓여 있었다. 봉건시대는 공인된 강도시대요, 끊임없는 내란의 시대였다. 늑대와 여우가 겁에 질린 나약한 동물들을 잡아 죽이는 저 황야를 보라! 저것이 수세기에 걸친 유럽의 모습이었다. 그러나 역사는 영웅을 갖는다. 뉴턴과 같은 과학자, 로크와 같은 철학자, 라신과 같은 극작가······ 솔론, 아우렐리우스 등이 영웅으로 추앙을 받았다.[3]

특정한 개인을 영웅으로 떠받드는 관습은 고대시대에서부터 있었다. 고대 그리스에서는 영웅을 '히어로Hero'라고 불렀으며, 반은 신이요 반은 인간인 특별한 능력의 소유자로 보았다. 일반적으로 사회가 발달하지 못한 전근대적 시회일수록 사람들은 위대한 영웅이나 지도자에게 의존하는 경향이 강하였다. 이런 믿음은 막강한 자연에 도전하거나 사회제도를 개선함으로써 문제를 해결하기보다는 지도자를 미화하고 영웅시하여 그를 통하여 모든 문제를 해결하려는 의도를 나타낸 것이다.[4]

역사를 개인의 영웅주의적인 관점에서 보려는 것이 고대나 중세의 역사 인식이었다. 역사상 전설적인 인물의 운명이나 무용담을 노래한 영웅 서사시들은 이런 경향을 나타낸다. 그리스 시대 호메로스의 『일리아드』와 『오디세이』, 영국의 『베어울프』, 독일의 『니벨룽겐의 노래』, 프랑스의 『롤랑의 노래』에서 보듯이, 영웅 서사시에는 불멸의 위대한 인물과 그 추종자들이 등장한다. 그리고 그들은 부족이나 국가 발전의 모든 책임과 영광이 지워지는 역사 발전의 유일한 원동력으로 간주되었다.

로마의 철학자이자 '전기의 아버지'라 불리는 플루타르코스Plutarchos가 그리스와 로마 시대의 40명에 이르는 영웅들을 주제로 『플루타르코스 영웅전』을 쓴 이후, 영웅 숭배는 시대나 국가를 막론하고 지속되었다. 동양의 고전으로 널리 읽히는 『삼국지』는 유비, 조조, 관우, 장비, 제갈공명 등 영웅호걸들의 용맹과 지략을 묘사하고 있다. 우리나라의 고대사 연구의 중요한 사료인 『삼국유사』와 『삼국사기』도 역대 왕이나 장수들의 활동이나 업적에 관한 기록으로 가득 차 있다.

영웅사관을 가장 잘 대변한 사람은 영국의 낭만주의 역사가이자 수필가였던 칼라일Carlyle이었다. 그는 19세기 산업혁명으로 영국의 정치와 사회의 기강이 무너지고 많은 사회문제가 나타나자 이를 해결할 영웅의 필요성을 갈망하였다. 그는 영웅 숭배의 중요성을 인식하여 중세적 계서제도에 맞먹은 영웅정치를 주장하였다.

칼라일은 "세계사는 위인들의 역사"라고 갈파하고, 이러한 영웅이란 "무엇보다도 사상과 정신에서의 영웅"이라고 강조하였다.[5] 칼라일은 영웅의 자질로 고결한 도덕성, 숭고한 이념, 천부적인 통찰력, 창조력과 성실성, 남성다운 기질, 귀족적 품성, 특히 종교적 사명감 등을 들었다. 그는 역사상 위인들을 여러 형태로 구분하였는데, 예언자로는 마호메트, 시인으로는 단테와 셰익스피어, 성직자로는 루터와 녹스, 군주로 크롬웰과 나폴레옹 등으로 구분하였다.

사회학자 베버Max Weber는 칼라일 못지않게 영웅사관에 큰 영향을 끼쳤다. 그는 지배자와 피지배자의 관계와 관리의 양식에 따라 ① 법규에 의해 지배되는 합법적 지배, ② 권위나 전통의 신성함에서 나오는 전통적 지배, ③ 주술적 능력이나 계시 혹은 영웅적 행위에 의해 나타나는 카리스마적 지배의 세 가지 형태로 구분하였다.

이러한 세 가지 형태 중에서 베버가 가장 중요하게 여긴 것은 카리스마적 지배였다. 카리스마는 신의 은총에 의해 특정한 인간에게 부여되는 지도력을 말하며, 위기와 혼란에 빠진 백성을 구해 낼 수 있는 특별한 자질을 의미한다. 모세가 이집트의 학정 아래 고통받던 이스라엘 민족을 이끌고 홍해를 건넌 것이나, 어린 소녀인 잔 다르크가 신탁을 받아 위기에 처한 프랑스를 구한 행위 등이 카리스마적 지도력의 예다. 베버는 카리스마적 지배만이 참된 영웅적 지배라고 지적하였다.

역사적으로 볼 때 영웅의 의미와 형태는 시대에 따라 조금씩 변화되었다. 우리 시대에는 고전적 의미에서의 영웅이 점차 사라지고 있다. 영웅의 베일이 노출되기 때문이다. 그리하여 많은 사람이 현 시대를 '영웅이 없는 시대'라고 말한다. 20세기 현대사회는 평등과 기회 균등을 원칙으로 하는 민주제도가 확립되고, 권력의 독재화를 방지하는 여러 제도적 장치와 선거를 통해 지도자들이 주기적으로 바뀌고 있다.

이 같은 영웅 소멸론에도 불구하고 역사에서 개인의 역할의 중요성은 사라지지 않고 있다. 이탈리아의 사회학자 파레토Vilfredo Pareto가 민주주의와 평등주의에 반대하여 엘리트의 사회 참여와 지배를 적극 지지하고 있음은 잘 알려진 사실이다. 또 영웅과 역사 문제를 심도 있게 연구했던 후크Sidney Hook는 현대인이 영웅이나 지도자에 대해 무시하거나 무관심한 것이 아니라 오히려 절실히 요망하고 있다고 주장하였다. 후크는 영웅을 필요로 하는 심리적 요인으로 개인적인 능력이나 물질적인 한계에 대한 보상을 받거나, 또한 자신이 문제를 손쉽게 해결하거나 자신의 정치적 이익을 타인에게 물려줌으로써 자신의 책임을 회피하고 싶은 심리를 들고 있다.[6]

후크는 사회와 경제가 혼란스러운 시기일수록, 또 전통과 관습이 중시되는 시대일수록 지도자에 대한 의존도와 갈망이 더욱 커지기 때문에 지도자들은 이런 시기를 자신이 원하는 대로 민중의 가슴에 불을 지피기 쉬운 기회로 여긴다고 하였다. 그 역사적인 예가 히틀러였다. 1차 세계대전에서의 패배 후 사회적 혼란, 연이은 폭동과 음모로 인한 정치적 불안, 그리고 1930년대의 극심한 경제대공황으로 인해 독일 국민은 강력한 지도자가 나타나기를 원하였다. 이런 시대적 배경을 이용하여 히틀러는 아리안 민족의 우수성과 독일의 재건을 외치며 독일 국민의 마음을 사로잡았다.

영웅의 출현을 인간의 심리적 측면에서 고찰한 후크의 주장을 더욱 뒷받침한 사람은 프롬Erich Fromm이었다. 프롬에 의하면, 개인은 자유를 열망하여 그것을 쟁취하였으나 막상 자유가 주어졌을 때에는 오히려 무한한 자유에 대한 심리적 부담을 느끼게 된다. 그리하여 자신에게 주어진 자유를 강력한 지도자가 대신하여 수행해 주기를 바라고, 자신의 결정권을 위임하려는 소위 '자유로부터의 도피' 현상이 일어난다고 주장하였다.[7]

사회적 결정론

영웅사관의 핵심은 외부적 여건에 관계없이 탁월한 개인은 자신의 의지와 목적에 따라 역사를 이끌어 간다는 것이다. 우리는 역사에서 탁월한 인물의 능력과 역할을 전적으로 부인할 수는 없다. 그러나 영웅적 인물들의 능력과 의지, 그리고 활동은 필연적으로 시대와 사회적 환경에 의한 지배를 받지 않을 수 없다. 이런 견해를 소위 '사회적 결정론'이라고 한다.

조선의 건국을 생각해 보자. 이성계, 최영, 정도전과 같은 인물을 제쳐놓고 조선 건국의 배경을 이해할 수는 없다. 마찬가지로 마르틴 루터를 빼 놓고 종교개혁을 생각할 수는 없다. 레오나르도 다빈치나 미켈란젤로와 같은 인물을 빼놓고 어찌 르네상스를 이해할 수 있겠는가? 무릇 어떤 역사적 사건이건 중요한 인물들이 직접적으로 연관되지 않는 사건은 거의 없다. 그렇다고 하여 이런 인물이 전적으로 역사적 사건이나 흐름을 만들고 바꾸어 놓은 것만은 아니다. 정반대로 어떤 특수한 사건, 시대적 배경이나 사회적 요구가 영웅을 만들어 내기도 한다.

한 개인이 역사의 어느 시점에 결정적인 영향을 줄 수는 있다. 그러나 역사적 환경 자체를 변경시킬 수는 없는 일이다. 위인 역시 시대와 사회적 환경의 지배를 받지 않을 수 없는 존재다. 아무리 역사를 바꾸어 놓은 위인이라 할지라도, 그 역시 한 인간으로서 역사적으로 형성된 사회를 떠나서 존재할 수는 없다. 위인이 존재하고 탁월한 능력과 기량을 발휘할 수 있는 것도 모두 그가 살던 시대의 사회적 현실을 배경으로 한 것이다. 그렇다면 위인 역시 그가 살던 시대의 사회적 산물이 아니겠는가?

위인은 자신의 능력이나 재능으로 스스로 만들어지는 것이 아니라 그가 속한 사회적 힘이나 시대정신의 산물이라는 견해를 나타낸 사람은 독일의 관념철학자인 헤겔Hegel이었다. 헤겔은 "위인이 역사를 만드는 것이 아니라 시대가 위인을 만드는 것"이라고 하였다. 헤겔은 역사를 이끄는 원동력을 '시대정신'으로 파악하였으며, 세계사는 이러한 시대정신에 의해 짜인 틀 안에서 한 치의 오차도 없이 움직여 간다고 보았다.

> 위대한 사람들이 역사를 만드는 것이 아니다. 그들은 '위대한 시대'의 소명을 받고 나타난다. 위대한 시대란 자유와 사회조직이 일정한 단계에서 다음 단계로 발전해 가는 과도기적인 시대다. 그러므로 위인은 언제나 나타나는 법이지만, 그가 왕의 옷을 입고 나타나는가 또는 거지의 옷을 입고 나타나는가는 우연에 지나지 않는다.[8]

헤겔에 따르면, 위인은 자신의 개인적 자질이나 창의성에 의해 나타나는 것이 아니라 단지 '시대정신'의 필연적인 요구의 산물이다. 그리고 각 시대는 그 시대에 적합한 '위인'을 갖게 된다. 예를 들면, 카이사르나 나폴레옹 같은 위인들은 단순히 자신의 삶이나 국가 혹은 민족의 운명만을 생각하는 사람이 아니다. 그들은 아우구스티누스Augustinus의 역사관에서 하나님이 그렇듯이 세계사적 목적을 수행하는 인물들이다. 겉으로 보기에는 그들이 자신의 지위, 명예, 그리고 안전을 위해 싸운 것처럼 보이지만, 실상은 세계사의 최종적인 목표를 행하여 업적을 수행한 것이다. 19세기 초 유럽에서의 위인은 나폴레옹이었다. 나폴레옹은 '말을 탄 세계정신'의 구현자였다. 만약 그때 나폴레옹이 나타나지 않았다면 다른 누군가가 대신 나타나 이런 시대적 소명

189

영국의 사회진화론자 스펜서

을 수행했을 것이라는 견해다.[9]

생물학적인 견지에서 사회적 결정론을 주창한 사람은 영국의 사회진화론자 스펜서Herbert Spencer였다. 스펜서는 각 개인이 역사의 필연적인 법칙의 한 부산물이라고 보았다. 인간은 생물학적 진화나 적응 과정을 통하여 만들어졌으며, 한 개인의 인격은 사회적 환경이나 교육을 통하여 결정된다. 개인이란 단순히 필연적인 역사의 과정에서 보조적인 역할자에 불과할 따름이다. 따라서 위인이 어떤 결정적인 사건을 낳게 하는 것이 아니라, 위인 자신과 그가 속한 시대와 환경이 복합적으로 작용한 결과인 것이다.[10] 이런 관점으로 봤을 때 위인이 사회를 변화시키기보다는 사회가 위인을 만든다는 것이다.

남북전쟁으로 인해 두 나라로 분열될 위기에 처한 미국을 구하고 노예를 해방시킨 링컨 대통령. 그는 "인민의, 인민에 의한, 인민을 위한 정치"로 민주주의의 이념을 정의한 인물이었다. 가난한 농부의 아들로 태어난 링컨은 인간 존엄의 인도주의적 정신으로 남북전쟁을 통해 노예를 해방시킨 인물로 우리에게 인식되어 있다. 그러나 링컨은 노예해방주의자가 아니었다. 그는 노예제도가 비인간적이며 비도덕적인 제도라는 것을 인정했으나, 흑인과 백인이 사회적 · 정치적으로 평등한 존재라고 생각하지는 않았다.

남북전쟁이 발발했을 당시에도 링컨은 "만일 한 사람의 노예도 해방하지 않고 연방을 유지할 수 있다면 나는 그렇게 할 것이다."라고 하였다. 그의 관심은 오로지 미국연방의 존속뿐이었다. 당시 북부는 공업 중심 지역으로 값싼 노동력이 절실히 요구되었다. 따라서 북부의 산업자본가들은 면화

생산 등 농업 중심으로 성장해 온 남부의 노예들을 해방시켜 값싼 노동력의 유입을 기대하였다. 특히 링컨은 자본가 세력들의 지지를 통해 대통령으로 당선될 수 있었기 때문에 노예제 폐지를 강력히 촉구하고 나선 그들의 목소리에 귀를 기울이지 않을 수 없었다. 국내산업의 육성과 연방제 존속을 위한 일련의 조치가 결국 노예 해방을 이끌었던 것이다. 따라서 링컨의 노예 해방은 흑인들에게 인간다운 삶을 보장하겠다는 위대한 뜻에서가 아니라 미국 사회의 발전이라는 시대와 사회적 요청의 결과로 이루어진 것이었다.[11]

민중사관

앞서 우리는 역사를 이끄는 주체로서 영웅사관과 사회적 결정론이란 두 개의 대립된 이론에 대해 살펴보았다. 여기서 또한 우리가 생각해 보아야 할 중요한 문제가 남아 있다. 그것은 일반 대중은 역사에서 어떤 위치에 있으며, 어떤 영향을 끼치는가 하는 것이다. 영웅적 위인이나 탁월한 개인이 자의든 타의든 역사를 주도하고 창조해 나간다면, 과연 그의 지시와 사상을 추종하는 수많은 대중은 역사에서 어떤 위치에 있으며 그들의 역사적 역할은 무엇인가?

어느 지역에 집중적인 폭우로 인해 큰 홍수가 발생하여 군부대가 수해 복구를 위해 대민 지원봉사를 하게 되었다고 하자. 1개 소대가 동원되었고, 30여 명의 소대원이 무너진 뚝방에 모래 포대를 쌓고 부서진 가옥과 살림 도구들을 정리하였으며, 전염병 예방을 위하여 방역 활동을 하는 등 모두 부지런히 맡은바 소임을 다하였다. 소대장은 사병을 배치하고 작업을 지시하기만 했을 뿐 직접 봉사 활동을 거들지는 않았다. 수해 복구 사업이 끝난 후 소대장이 대표로 지역 단체장으로부터 표창장을 받게 되었다. 이때 대민 봉사를 실질적으로 한 것은 누구인가? 한 명의 소대장일까, 아니면 땀을 흘리며 열심히 일하였던 다수의 소대원일까? 물론 소대장의 지휘와 통솔력도 중요하지만, 직접 봉사 활동에 참가하였던 병사들의 수고가 그에 못지않게 중요하다는 것은 당연한 일이다.

오케스트라 합창단에서 지휘자의 능력은 무엇보다도 중요하다. 그러나 아무리 지휘자가 훌륭하더라도 성공적인 공연이 되려면 각 성부의 조화로운 음색이 하나의 화음으로 어우러져야만 가능하다. 합창단에서 소프라노, 알토, 테너 등 각 성부의 구성원 모두가 화음을 맞추듯, 역사의 성부를 구성하는 민중의 역할이 역사의 무대에서 한데 어우러져 거대한 역사 드라마를 만들어 내게 된다.

따라서 역사 발전에서 리더십을 가진 위인만이 아니라, 소리 없는 민중의 역할에 대해서도 주목해야 한다. 국민의 대다수를 차지하고 있는 민중은 대체로 감성적인 욕구에 반응하고 수동적으로 행동하는 경향이 있다. 그러나 민중들은 특정 시기와 특정 국면에서 적극적으로 역사 발전을 주도하기도 하였다. 민중은 어느 시대, 어느 사회에서나 정치의 민주화, 사회와 경제적 평등, 그리고 민족적 차별의 철폐를 앞당김으로써 인류 역사 발전의 강력한 힘이 되었다. 이런 관점에서 보면 역사는 무수한 이름 없는 보통 사람들의 역사라고도 볼 수 있다.

우리나라의 경우를 살펴보자. 일제로부터 조국의 독립을 외친 3 · 1 운동, 부패한 정부와 독재자에 대항하여 민주주의를 외쳤던 4 · 19 학생운동, 그리고 군부의 쿠데타 음모를 분쇄하고 민주 회복을 갈망하였던 5 · 18 광주 민주화운동 등 민중의 결집된 힘이 우리의 역사 발전을 이룩해 온 강력한 힘이 되었다.

　서양의 경우에도 민중의 힘이 역사를 변화시킨 두드러진 사건들이 적지 않았다. 로마공화정 수립 이후 2세기에 걸친 평민층의 평등권 투쟁과정, 19세기 영국의 선거권 쟁취를 위한 차티스트 운동, 프랑스혁명 등이 그 예다. 민중의 힘이 어떻게 역사 발전을 주도하였는지 실례를 들어 살펴보자.

성산사건

　성산사건은 로마 민중의 힘이 역사적인 변화를 주도한 대표적인 민중운동이었다. 그것은 평민계급이 로마공화정 수립 이후 2세기 동안 지속된 원로원 중심의 귀족 지배에서 벗어나려는 집단운동이었다. 당시 귀족들은 정복정책으로 획득한 토지를 독점하였을 뿐만 아니라 평민들의 토지를 불법으로 빼앗는 등 횡포가 심하였다. 병역과 납세의 의무, 부채로 인해 평민들은 경제적 어려움을 겪었다.

　당시의 시대와 사회적 변화는 평민들의 지위와 입지를 넓혀 주는 계기가 되었다. 로마 사회가 발전함에 따라 평민의 인구가 급증하였으며, 평민들 중에서 재산을 모아 귀족과 어깨를 겨룰 만큼 경쟁력이 있는 사람들이 나타나게 되었다. 당시 평민들의 발언권을 더욱 강화시켜 주는 계기가 된 것은 로마 군사 전술의 변화였다. 기존의 기병을 주축으로 하던 군사력이 보병밀집대형 전술로 바뀜에 따라 평민들의 군사적 역할과 공헌도가 증대되었다.

아그리파의 일화

원로원 의원인 아그리파는 성산에서 평민들을 불러 모아 그들에게 '인체의 위주머니와 손발'의 비유를 말했다. 손발은 위주머니만 맛있는 음식을 먹고 자기들은 일만 시킨다고 불평했다. 손발은 위주머니를 골탕 먹이려고 음식이 있는 곳에 가지 않았고 또한 음식을 나르지도 않았다. 그 때문에 위주머니는 굶어 죽게 되었다. 그러자 손발도 기운이 빠져 더 이상 움직일 수 없었다. 그 때서야 손발은 위주머니의 역할을 알았다. 아그리파는 귀족과 평민의 관계도 이와 같다고 설명하였다. 그의 이야기에 평민들도 납득하여 로마로 돌아왔다.[13]

자신들의 군사적 중요성을 자각하고 있던 평민들은 종종 로마로부터 집단적인 이탈을 위협하면서 귀족들에게 양보를 요구하였다. 당시 로마는 외적인 팽창을 거듭하고 있던 상황에서 평민들의 도움을 절실히 필요로 하였다. 그리하여 평민들의 요구를 무시할 수만은 없었다. 마침내 기원전 494년 평민들은 로마 교외에 있는 성산에 모여 평민회를 창설하였다. 그리고 그들의 요구가 받아들여지지 않을 경우 독립된 국가를 건설하겠다고 주장하며 끝까지 투쟁할 것을 결의하였다.

　귀족들은 마침내 평민들의 집단시위와 항쟁에 굴복하여 그들의 요구를 받아들이게 되었다. 이로써 평민들만의 의회인 평민회가 창설되고, 귀족 출신 관리들의 부당 행위로부터 평민들의 권익을 옹호하는 호민관이 설치되었다. 원로원 결의에 대한 거부권도 인정받았다. 평민들은 또한 사법권을 독점하고 있던 귀족들이 관습법을 악용하는 것을 방지하기 위하여 성문법의 제정을 요구하였고, 이에 기원전 449년 로마 최초의 성문법인 12표법이 제정되었다. 이후 후속 조치들이 취해져 귀족과 평민 간의 혼인이 인정되고, 집정관 중 한 명을 반드시 평민계급에서 선출하도록 하였다. 다른 관직들도 평민에게 개방되었다. 이로써 평민들은 법적으로 귀족들과 대등한 권리를 획득하게 되었다.

프랑스혁명

　성산사건보다도 민중의 역할이 역사의 물줄기를 바꾸어 놓은 더 극적인 사건은 프랑스혁명이었다. 프랑스혁명은 소시민, 노동자, 소농민 및 빈농들과 같은 도시와 농촌의 하층민들까지 능동적으로 참가한 민중혁명이었다. 따라서 그 변혁의 내용이 크고 철저하였으며 폭력과 유혈을 수반하였다. 알

절대왕정의 상징인 바스티유 감옥을 습격하는 성난 파리 군중

다시피, 프랑스혁명은 1789년 7월 14일 파리 군중이 당시 전제정권 통치의 상징으로 여겨졌던 바스티유 감옥을 습격함으로써 시작되었다. 이 사건을 계기로 파리 시민들은 새로운 시정부와 민병대를 조직하여 파리의 시정을 장악하였다.

도시에서의 혁명은 곧 농촌 지역으로 파급되었다. 전국 각지에서 농민들이 봉기하여 자신들을 착취하였던 봉건영주의 성을 공격하고 봉건문서를 불태웠다. 봉건제를 타도하려는 민중들의 요구는 마침내 8월 4일 봉건제 폐지 선언을 이끌어 냈다. 이 선언으로 봉건적인 모든 특권은 완전히 폐지되어 구체제가 붕괴되었다.

도시와 농촌에서의 민중봉기의 결과로 국민회의는 8월 26일 '인간과 시민의 권리선언'을 채택하기에 이르렀다. 이 문서는 언론, 출판, 신앙의 자유,

법적인 평등과 공평한 과세, 재산권의 확립, 주권재민의 원리, 압제에 대한 저항권 등을 명시하여 새로운 시민사회의 기본 이념과 원리를 천명하였다. 이러한 인권선언은 사실상 전제통치의 '사망진단서'인 셈이었다.

　루이 16세가 인권선언의 수락을 거부하자 이번에는 파리의 부녀자들이 들고 일어났다. 물가고와 식량 부족에 시달리던 부녀자들은 국왕에게 인권선언을 승인할 것을 요구하고, 식량 확보를 위하여 베르사유 궁전으로 행진하였던 소위 '10월 사건'을 주도하였다. 이에 굴복하여 루이 16세는 마침내 인권선언을 승인하였고, 결국 베르사유 궁전으로부터 혁명 세력의 중심지인 파리로 압송되었다. 이제 국왕은 파리 시민의 감시를 받게 되었다. 이로써 1단계 혁명이 마무리되었다.

　그러나 반혁명 폭동과 반란이 도처에서 일어나고 정치와 경제적 혼란이

베르사유 궁전으로 행진하는 파리 부녀자들의 시위

지속되자, 파리 시민들은 혁명의 최종적인 결실을 위하여 다시 전면에 나섰다. 1792년 8월 10일 과격한 파리 시민과 의용군들은 반국왕 무장봉기를 일으켰다. 혁명의 위기 속에서 그들은 국왕이 거주하였던 튈레리 궁을 습격하였고, 입법의회는 그들의 요구에 따라 왕권을 정지시켰다. 이어 보통선거에 의한 새로운 의회의 소집을 결의하고 국왕 일가를 감옥에 유폐시켰다. 이를 계기로 프랑스 왕정은 폐지되고 결국 공화정이 수립되었다.

만약 프랑스혁명에서 민중의 역할이나 활동이 없었다면 그 결과는 판이하게 달라졌을 것이다. 이것은 민중의 힘이 역사를 변화시키는 데 얼마나 큰 역할을 하였는지를 단적으로 보여 준 사건이었다. 프랑스혁명에서의 민중의 역할에 대하여 역사가들의 견해가 모두 일치하지는 않는다. 그러나 민중의 조직과 선동, 대중적 집회와 시위 등이 없었다면 프랑스혁명의 결과는 상당히 달라졌을 것이다.

프랑스혁명에서 여성의 역할

지금까지의 역사는 사회 발전과 민주화를 위한 여성의 역할에 대하여 많은 관심을 보여 주지 않았다. 그러나 역사의 중요 국면마다 여성은 남성과 더불어 사회 발전에 크게 기여했다. 1789년과 1795년 사이에 발생한 폭동과 시위의 주된 요인은 빵에 대한 요구였다. 그리고 여성은 프랑스혁명 기간 동안 이른바 식량폭동을 이끈 주역이었다. 또한 여성들은 베르사유의 진군 시 시위대에 참여하여 시청 위병들의 무기와 탄약을 빼앗아 뒤따라 온 남성들에게 건네주며 그들을 격려하기도 하였다. 여성들은 프랑스에서 전제군주제를 복원하려는 반혁명분자들에 대항하여 혁명을 수호하기 위해 여성의 가장 중요한 재산인 고급 옷감을 헌납하고 결혼반지를 기증했으며 밤을 새워 군인들에게 보낼 양말을 짰다. 프랑스혁명 당시 여성은 이렇게 처음부터 끝까지 헌신적인 자세로 혁명과 함께했다.[14]

미국 노동운동

노동자들은 근로조건과 생활환경의 개선을 위해 어떻게 투쟁해 왔는가? 1886년 미국 시카고에서 발생한 '헤이마켓 광장' 사건은 그 대표적인 본보기다. 이때의 노동운동을 기념하여 매년 5월 1일을 '메이데이May Day'라 하여 노동절이 만들어졌으며, 세계의 노동자들이 노동운동에 대한 탄압과 음모에

미국 시카고 헤이마켓 광장에서 벌어진 노동자 집단의 시위

맞서 굳게 단결하는 계기가 되었다.

　　헤이마켓 사건은 8시간 노동제를 요구하며 시위를 벌였던 노동자들에게 경찰이 총을 발사함으로써 유혈참극과 폭동으로 변하였다. 당시 미국 노동자들은 하루 12~13시간씩 중노동에 시달려야 했다. 그들은 노동 시간을 줄이는 것이 임금을 올리는 길이며, 나아가 인간다운 삶을 사는 것이라고 생각하였다. 그래서 노동자들은 임금을 줄이지 않고 이루어지는 노동 시간의 단축을 요구하였던 것이다.

　　헤이마켓 사건은 경찰과 기업주의 탄압으로 결국 성공을 거두지는 못하였다. 그러나 후에 연이은 노동운동의 결과로 마침내 1차 세계대전 이후 미국과 유럽에서는 1일 8시간의 표준 노동 시간이 제정되었다. 노동 시간의 단축은 임금을 실질적으로 인상시키는 효과를 가져왔으며, 국민 대다수를 차지하는 노동자들의 체력과 건강을 증진시키는 결과를 가져왔다. 또한 기업가들에게도 합리적인 경영과 기술 개발을 촉진시키는 계기가 되었다. 이와 같이 노동운동은 단순히 노동자들의 노동 조건의 개선이나 생활 수준의 향상을 가져왔을 뿐만 아니라 인류의 지속적인 발전을 촉진시키는 동력이 되었던 것이다.

요약하면, 역사에서 개인과 영웅은 서로 대립적인 것이 아니라, 상호 보완적이라는 것을 부인할 수는 없다. 어느 시대에는 위인이나 영웅의 역할이 두드러진 경우도 있지만, 어떤 사건에서는 민중운동이 결정적인 힘으로 작용하는 경우도 있었다. 그러나 영웅사관이든 민중사관이든 영도적인 힘을 발휘하는 리더십을 부인하기는 어려울 것이다. 역사적 전환을 가져온 민중운동에는 그것을 주도하고 조직하며 선동하는 지도자들이 반드시 존재하였다.

1789년 프랑스혁명의 도화선이 된 바스티유 습격 사건의 경우를 살펴보자. 분개하여 바스티유 감옥으로 달려간 파리 시민들에게는 팔레루아얄 광장에서 열변을 토하며 연설하는 전직 신문기자 데물랭Camille Desmoulins의 리더십이 있었다. 그가 없었다면 바스티유 습격 사건은 있을 수 없었다. 모든 부대에는 선두에 선 사람이 있고, 또 구령을 내린 지휘관이 있기 마련이다. 이런 리더십은 역사적으로 14세기 영국의 대중운동인 롤라즈파와 그 지도자 존 위클리프John Wycliff, 15세기 전반 보헤미아의 사회운동과 그 지도자 요한 후스John Hus, 1793년 프랑스혁명 중의 앙라제파와 그 지도자 자크 루Jacques Roux 등에서 찾을 수 있을 것이다.[14]

나폴레옹과 프랑스혁명

―위인이 역사를 만드는가, 시대가 위인을 만드는가

칼라일(Thomas Carlyle)은 나폴레옹을 인류가 만난 마지막 영웅으로 보았고, 모든 영웅숭배자들도 그를 위대한 영웅으로 떠받들고 있다. 지중해의 작은 섬 코르시카에 태어난 나폴레옹은 한낱 말단 포병장교에서 프랑스뿐만 아니라 세계적인 영웅으로 추앙을 받고 있다. 그렇다면 어떻게 나폴레옹이 정권을 장악할 수 있었는가? 그것은 1789년의 프랑스 혁명 발발 후 혼란스러운 프랑스 사회의 시대적 요청 때문이었다.

프랑스혁명 이후 구체제를 붕괴시킨 시민계급과 민중들은 서로의 이해를 달리했다.

시대가 만든 영웅, 나폴레옹

시민계급은 절대왕권과 봉건제를 타도하고 그들의 권익을 보호해 줄 수 있는 자본주의 질서를 확립하는 데 최대의 목표를 두었다. 반면, 가난한 민중들은 자본가들 역시 어떠한 특권도 소유해서는 안 된다는 점을 분명히 하였으며, 모든 형태의 착취와 억압을 근본적으로 제거하려고 하였다. 따라서 시민계급은 혁명이 더 이상 급진적으로 확대되는 것을 두려워한 반면, 민중들은 혁명을 사회개혁 차원에서 계속적으로 진행할 것을 요구하였다. 이러한 시대적 상황에서 시민계급은 그들이 이룩한 혁명의 성과를 지켜

나폴레옹 최후의 전쟁, 워털루 전투

줄 유능한 군인 지도자가 필요하게 되었다.

이때 오스트리아와의 전쟁에서 탁월한 군사적 능력을 인정받은 나폴레옹은 이집트에서 귀국하여 시민계급과 결탁하여 무기 상인과 금융 자본가들의 지원을 받아 권력을 장악할 수 있었다. 대신 나폴레옹은 자신을 지원해 준 기득권 세력의 충실한 근위병 역할을 수행하였다. 따라서 프랑스혁명이 없었더라면 나폴레옹은 하급장교의 지위에서 크게 벗어나지 못했을 것이다. 결국 우리는 나폴레옹을 통해 '개인의 위대한 능력이 시대를 변화시키는 것이 아니라 시대가 영웅을 만든다.'는 사실을 확인할 수 있을 것이다. 이런 의미에서 영웅은 영웅의 존재를 필요로 하는 역사에 의해 창조될 따름이다.[15]

역사의 주체로서 인간은 주어진 기회와 상황적인 변화에 창조적으로 대응하여 훌륭한 지도자나 위인이 될 수 있다. 그러나 이러한 위인들조차도 시대정신과 사회적 환경에 지배를 받지 않을 수 없는 존재다. 따라서 위인은 위인이 가진 특정한 능력과 성격, 시대와 사회적인 요청이 있을 경우에만 역사의 전면에 나설 수 있는 것이다.

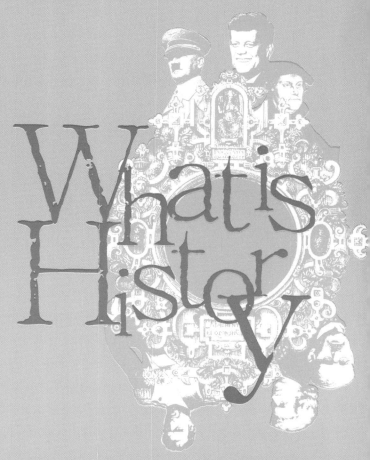

What is
History

지리·자연적 요인은
역사에 어떤 영향을 미치는가

지리는 역사의 자궁이요,

역사를 첫 먹이는 어머니이자 가정이다.

– 듀런트(Will Durant)

지리 · 자연적 요인은
역사에 어떤 영향을 미치는가

　인간이 지역과 집단에 따라 고유의 문화를 창조하고 역사 발전을 이룩하였던 원동력은 무엇인가? 이 문제는 '인간이란 무엇인가?'라는 스핑크스의 질문만큼이나 간단하지가 않다. 왜냐하면 이 문제에 답하기 위해서는 인간이 지구상에 나타난 이래 지금까지 살아온 모든 삶의 분야에 복잡하게 얽힌 요인들의 상호 연관관계를 모두 규명해야 하기 때문이다.

　헤겔Hegel은 인류의 역사와 문화 발전의 원동력을 자유를 추구하기 위한 인간의 정신(세계정신)이라고 보았으며, 마르크스Marx는 물질(경제적 생산력과 생산 수단)이라고 주장하였다. 그런가 하면 기후, 지형, 토양, 자원, 음식 등 지리 · 자연적 요인들의 중요성을 강조하는 학자들도 있다. 또 어떤 학자들은 발명과 기술혁신, 또는 민족적 · 인종적 요인을 역사 발전의 중요한 요인으로 지적하기도 한다.

　지구상에 존재하는 모든 생물체나 사물은 특정한 공간을 배경으로 자리 잡게 된다. 모든 인간의 삶도 이러한 환경적 공간 속에서 이루어지며, 역사 또한 지리적인 위치와 환경에 따라 발전 양상이 달라진다. 따라서 대륙에는 대륙 문화, 해양에는 해양 문화, 사막에는 오아시스 문화가 형성된 것이다.

205

현재 세계에서 주요 에너지로 사용되고 있는 석유가 대체 에너지의 개발 없이 고갈된다면 인류의 문명은 순식간에 퇴영해 갈지 모른다. 또한 급작스러운 기후 변화나 거대한 지진, 화산 폭발로 인해 한 도시는 물론 한 국가 전체가 위협을 받을 수도 있다.

인류의 역사는 지리와 자연적 환경에 커다란 영향을 받아 발전하여 왔다. 온화한 기후와 수원지를 중심으로 4대 문명이 탄생한 것이 바로 그 예다. 매년 강이 범람하는 지역에서는 토지를 효과적으로 이용하기 위하여 치수사업을 벌이고 수자원을 골고루 분배할 수 있는 기구가 필요하였다. 이로 인하여 나일강 유역과 메소포타미아 지역에서는 강력한 중앙집권적 국가가 탄생하였다. 반면, 가축을 키워 생활하는 건조한 지역의 사람들은 가축의 먹이가 될 풀을 찾아 끝없이 떠돌아다녔다. 아랍 지역이나 중앙아시아의 유목민들이 그런 경우다. 자원이 풍부한 나라는 그 자원을 이용하려는 노력을 하였고, 자원이 부족한 나라는 외국과의 교역을 통해 국가를 부강하게 하려는 노력을 하였다.

지리 · 자연적 요인은 적게는 인간의 생활양식에서부터, 크게는 한 국가의 발전에 이르기까지 커다란 영향을 끼친다. 한 국가나 민족이 거주하는 위치에 따라 기후적 조건이 다르며, 그리하여 역사 발전의 과정도 차이를 보인다. 자연적 조건은 물질적 조건과 연계되는 식물, 토양, 광물 등의 자원에 따라 인간의 삶에 큰 차이를 가져오며, 산업 발전에도 영향을 미친다. 이런 의미에서 "지리는 역사의 자궁이요, 역사를 젖 먹이는 어머니이자 가정"이란 듀런트Will Durant의 말은 상당한 설득력을 가진다.

기 후

인류는 지구상에 발을 딛고 살아온 이래 좋은 기후 조건을 찾아 삶의 터전을 가꾸어 왔다. 우랄-알타이어족으로 중앙아시아에서 유래되었던 우리 민족도 더 나은 기후를 찾아 동으로 이동하여 한반도에 정착하였다. 4세기 말 유럽 전역을 휩쓸었던 게르만족의 대이동은 중앙아시아의 유목민인 흉노족의 침입이 직접적인 원인이 되었다. 게다가 추운 북유럽 기후와 하천의 범람으로 인한 농경지의 유실로 인하여 게르만족은 좀 더 살기 좋은 지역으로 이동하였다.

그리스의 철학자 아리스토텔레스에서부터 근대의 몽테스키외에 이르기까지 여러 사상가는 인간 생활에서 지리적 환경, 특히 기후의 영향을 지적하였다. 그들은 열대, 온대, 한대 지역의 기후적 조건을 민족성이나 정치와 연관지어 설명하였다. 추운 지역의 사람들은 육체적으로 활력 있고 용맹스러우나, 더운 지역의 사람들은 무기력하고 약한 민족성을 지니고 있다고 주장하였다.

상식적으로 보더라도 열대 지역의 사람들은 무더운 기후와 풍족한 식량으로 게으르고 나태한 성향을 띠고 있다. 그러나 온대나 한대 지역에 사는 사람들은 진취적이며 도전적인 특성을 지니고 있다. 따라서 민족의 성격이나 기질상 열대 지역의 사람들은 온대나 한대 지역의 사람들보다 한정되고 열등한 문화를 가질 수밖에 없었다.[1] 온대 지역의 사람들은 지적으로 우수하며, 온화한 기후는 합리적인 사고를 조장하여 민주정치가 발달하였다. 반면, 열대성 기후는 사람의 감정을 자극하기 때문에 폭군정치를 유발할 가능성이 높다는 것이다.

중세 아라비아를 대표하는 역사가 이븐 할둔Ibun Khaldūn 또한 기후가 문명의 특성을 결정한다고 주장하였다. 그는 사막이나 스텝 지역의 유목민 사회와 오아시스의 농경민 사회를 대비시켜 이를 설명하였다. 할둔에 따르면, 스텝 지역의 주민들은 혹서나 혹한의 기후로 인한 결핍으로 인내심과 단결력이 강한 반면, 오아시스 지역의 주민들은 풍요로움으로 인하여 안일과 나태한 성격을 갖게 되었다.

기후론을 체계적으로 연구한 대표적인 학자는 헌팅턴Ellsworth Huntington 이었다. 헌팅턴은 그의 저서『문명과 기후』에서 "한 문화의 성격을 결정하는 요인들 가운데 기후가 가장 중요하며, 기후야말로 다른 모든 인자를 유발하는 주된 원인"이라고 주장하였다. 기후는 '독립변수'이며, 다른 모든 요인은 '종속변수'로 보았다.

헌팅턴은 기후가 인간의 생존과 능률을 지배하고 이에 따라 문명의 질적인 수준이 결정된다고 주장하면서 그 이유를 다음과 같이 지적하였다. ① 역사 발전의 주체는 인간이며, 바로 이러한 인간의 건강과 활동이 기후의 변화에 영향을 받는다. ② 기후는 자연은 물론 인간의 진화과정, 즉 '자연도태'와 '적자생존'을 결정하는 가장 중요한 요인이다. ③ 기후는 또한 한 민족을 근면 혹은 나태하게 하는 요인으로 작용한다.[2]

북극이나 알래스카 지역의 에스키모인들에게 가혹한 추위는 활동을 억제시켜 생존을 유지하기조차 힘들게 하였으며, 그 결과로 사회는 정체될 수밖에 없었다. 열대 지방의 미개인들이 문명을 발전시키지 못한 원인 또한 근본적으로 기후에 있다. 폭우나 계절풍 등은 열대지방의 토양을 황폐하게 하고, 여러 풍토병을 유발시켜 문화 창조의 능력을 약화시키기 때문이다.

오늘날 선진국들이 공통적으로 좋은 기후조건을 가진 지역에 자리 잡고 있다는 사실은 결코 우연한 일이 아니다. 온화하며 사계절의 변화가 뚜렷한 지역에 사는 사람들은 체력이 강인할 뿐만 아니라 계절의 변화에 적응하기 위해서 근면한 생활과 창의적인 사고를 갖게 되었다. 고대 성현들의 출생지를 분석한 한 연구는 성현들의 출생 지역이 기후 조건과 밀접한 관계가 있음을 밝히고 있다. 즉, 조로아스터, 모세, 석가모니, 모하마드와 같은 종교 창시자들은 모두 북위 29~33도의 비교적 따뜻한 기후 지역의 출신이었다.

미국의 고고학자 브라이언 페이건Brian M. Fagan은 『기후는 역사를 어떻게 만들었는가』라는 저서에서 기후가 인류의 삶과 역사에 끼친 영향을 이야기하고 있다.[3] 우리가 살고 있는 현대는 마지막 빙하기가 끝나고 다음 빙하기가 시작되기 전의 간빙기에 해당한다. 가끔 날씨가 몹시 추워지거나 불규칙해지는 시기를 소빙하기라 부르는데, 마지막 소빙하기는 1300~1859년 사이의 약 550년간 지속되었다. 이 시기는 중세 후반부터 근대에 이르는 시기에 해당한다.

소빙하기가 오기 전 중세 유럽은 온화한 기후를 맞이하였다. 노르웨이인 바이킹들의 전성기는 800~1200년으로, 이 기간은 지구가 8000년 만에 처음 맞는 가장 따스한 기간이었다. 바이킹들의 활약과 업적은 단지 기술 발전, 인구 과잉, 모험주의 등의 사회적인 결과만은 아니었다. 그들의 정복과 탐험은 당시 북유럽에 찾아온 보기 드문 온화하고 안정적인 기후 덕분이었다. 따뜻한 날씨 덕에 바이킹들은 아이슬란드와 그린란드로 항해를 떠나 새로운 정착지를 열었고, 더 나아가 북미 대륙에까지 상륙할 수 있었다. 바이킹이 대서양을 건너 북미 대륙까지 진출할 수 있었던 것은 따뜻한 기후로 인해 배가 빙산에 부딪힐 위험이 상대적으로 적은 것 등 항해 여건이 어느 때보다 유리하였기 때문이었다.

이 시기 중세 유럽의 온도는 지구 온난화가 문제가 되고 있는 오늘날의 평균 기온보다도 1~2도 정도 높았다. 더욱이 기상 이변도 거의 없어 농업 생산량은 크게 증가하여 풍족한 생활을 누릴 수 있었다. 좋은 기후 덕에 영국에서도 포도주가 생산되었다. 그리하여 프랑스는 자국 산업을 보호하기 위해 영국산 포도주의 수입을 금지하는 조치를 취하기도 하였다.

그러나 온난화가 끝나고 소빙하기가 시작되면서 기상 이변이 속출하였다. 여름에 내린 폭우로 곡식이 제대로 익지 못하자 1315년부터 3년간 대기근이 이어졌다. 사람들은 굶주림에 허덕였고, 때마침 번진 흑사병은 유럽 인구의 1/3 이상을 죽음으로 몰고 갔다. 재앙은 희생양을 요구했고, 결과는 억울한 마녀사냥이었다.

동양에서는 임진왜란 이후 1630년대에 시작된 가뭄이 명·청 왕조의 교체로 이어졌다. 1788년 프랑스를 덮친 대형 기근은 앙시앵레짐(구제도)의 모순을 더욱 드러내 사회적인 갈등과 불안을 더욱 증폭시켰다. 그 결과는 이듬해인 1789년 프랑스혁명으로 이어졌다. 소빙하기의 마지막 10년 동안 아일랜드는 감자기근으로 200만 명이 굶어 죽었다. 아일랜드인들이 조국을 버리고 신대륙 미국으로 대량 이민을 떠난 것이 바로 이때였다.

페이건의 저서를 통해 우리는 기후가 인류의 삶과 역사에 미치는 영향이 얼마나 큰가를 이해할 수 있다. 또한 지구 온난화로 기상 이변이 속출하는 이 시대에서 거대한 자연의 위력 앞에 인간의 무력감을 새삼 느끼게 한다.

기후가 인간의 역사와 문화 발전에 커다란 영향을 끼친 점은 부정할 수 없다. 그러나 헌팅턴이 주장한 바와 같이 기후가 결정적 요인이 된다고 보기는 힘들다. 기후론이 지닌 결점은 쉽게 발견된다. 고대에 찬란한 문화를 꽃피웠던 이집트와 메소포타미아 문명은 기후의 급격한 변화로 인한 가뭄과 홍수라는 악조건하에서 발생하였다. 인도 문명과 마야 문명은 열대성 삼림이 우거진 지역, 안데스 문명은 해안 지대의 건조한 고원지대에서 발생하였다. 오늘날 싱가포르는 적도 근처에 위치했음에도 선진국가의 일원으로 풍요로운 삶을 누리고 있다. 과거 우리 민족의 경우 가난과 빈곤에 시달렸던 시기가 있었는데, 이것이 우리나라 기후의 악조건 때문만은 아니었다. 결국 기후는 역사 발전에 영향을 미치는 하나의 요소는 될지언정, 결코 단일적이며 결정적인 요인은 되지 못한다.

지 형

기후론 못지않게 인류의 역사 발전에 커다란 영향을 끼친 것은 지형론이다. 지형은 자연환경의 중요한 구성 요소로서, 인간이 땅을 딛고 그 위에서 삶을 전개하는 활동 공간이 되기 때문이다. 이것은 한 나라의 지정학적 위치나 주거지 및 묘지가 국가는 물론 개인의 운명에도 커다란 영향을 미친다는 풍수지리설과도 맥을 같이하고 있다.

로마의 장군 키케로는 로마가 위대한 문화를 창조할 수 있었던 것은 지정학적 배경 때문이라고 지적하였다. 로마는 산악지대와 해안선의 중간지대에 위치하여 외적의 침입에 대한 방어가 손쉬웠고, 다른 문화권과의 교류가 용이하였기 때문에 찬란한 문화를 발전시킬 수 있었다는 것이다. '역사의 아버지'라고 불리는 그리스의 헤로도토스가 일

풍수지리설

산수의 형세와 방위, 기운 등의 환경적 요인이 인간의 길흉화복에 영향을 미치기 때문에 도읍이나 사찰, 주택이나 묘지 등을 정할 때 이를 지켜야 한다는 인문지리적 학설이다. 풍수지리설은 삼국시대에 중국으로부터 도입되어, 신라 말기 도선 국사에 의해 발전되어 고려시대 민간신앙으로 정착되었다.

찍이 이집트는 '나일강의 선물'이라고 한 말은 이런 지형의 중요성을 잘 나타낸 것이다.

지형이 역사 발전에 끼친 영향을 본격적으로 연구한 사람은 19세기 독일의 지리학자 리터Karl Ritter였다. 그는 입지 조건에서 가장 중요한 것으로 한 나라의 위치와 개방성을 들었다. 리터에 따르면, 중앙아시아 지역의 문화가 정체된 가장 큰 이유는 해양으로부터 격리되어 개방성이 없었기 때문이었다. 그러나 유럽은 지중해와 대서양에 접하여 진취적인 개방성을 가졌을 뿐만 아니라 정복이 가능한 알프스산, 항해가 가능한 라인강과 세느강 등이 있어 찬란한 문화 발전을 이룰 수 있었다는 것이다.[4]

누구보다도 지형론을 가장 체계적으로 설명한 사람은 버클Henry Buckle이었다. 버클은 실증주의를 역사학에 도입하여 역사의 '과학화'를 주창한 사람이었다. 버클은 그의 저서 『영국문화사』에서 역사 발전의 동인으로서 지형과 지세의 중요성을 강조하였다. 버클은 각 지역과 나라에 따라 각기 다른 역사와 문화를 창조한 것은 인종적 특성이나 민족정신에 의한 것이 아니라 바로 이러한 자연적 조건 때문이라고 보았다. 즉, 자연의 형세가 한 국가의 문화와 종교, 국민적 특성을 결정한다는 것이다.[5]

버클은 인간의 상상력을 촉진하는 지형과 인간의 지력을 촉진하는 지형으로 나누어 이를 설명하였다. 인간의 상상력을 촉진하는 지형은 높은 산, 깊은 계곡, 큰 호수와 사막을 가진 지형을 말한다. 자연의 모습이 웅장하고 험준한 이런 지형에서 인간은 자연에 대한 경외감을 느끼고 인간이 왜소한 존재라는 것을 체득하게 된다. 따라서 이런 지형에서 사는 사람들은 미신에 쉽게 빠져들며 숙명론이나 염세적인 생활관을 갖게 된다. 버클은 그 대표적인 예가 인도라고 지적하였다. 히말라야 산맥과 같이 험준한 지형을 배경으

역사란 무엇인가

로 살아가는 사람들은 자연의 위세에 압도되어 자연을 숭배의 대상으로 삼는 경향이 강하다. 인도에서 힌두교나 불교와 같은 종교나 철학 사상이 발달하고 사람들이 현세 부정적인 미래관을 갖는 것은 이러한 자연 지세에 기인한다.

반면, 인간의 지력을 촉진하는 지형은 자연의 지세나 형세가 험하지 않은 평야, 잔잔한 호수와 강, 완만한 구릉이 이어지는 곳을 말한다. 이런 지형은 인간에게 친밀감을 주며 인간이 자연을 두려워하기보다는 자연을 정복하고 지배하려는 의지를 강하게 만든다. 이런 지형에서 사는 사람들은 현세 긍정적이며 낙천적인 생활 태도를 갖게 된다. 그 대표적인 예가 그리스, 이탈리아 반도, 유럽 등이다. 이런 지형에서는 자연 조건이 인간을 위협하지 않고 오히려 인간의 이해력을 증진시키기 때문에 과학과 기술 문명이 촉진되었다. 유럽인들이 일찍이 물리, 화학, 의학, 수학 등과 같이 실생활에 유용한 학문과 기술을 발전시키고, 일찍이 산업혁명이나 근대화를 이룩한 것도 이러한 지형적 영향 때문이었다.

그러나 지형론에 대한 반론도 만만치 않다. 지형론을 필요 이상으로 신봉하여 히틀러는 독일이 세계를 제패하려면 '지구의 중심'을 지배해야 한다고 주장하였다. 이런 제국주의적 지정학을 추종한 히틀러는 독일 민족의 생존터전을 확장시키기 위해 2차 세계대전을 일으켰다. 한 나라의 번영이 그 국가의 지리적인 위치와 개방성에 달려 있다고 한다면, 역사적으로 우리 삶의 터전인 한반도나 유럽의 화약고라고 불리는 발칸반도에서 국제적 분쟁이 계속되고 식민지의 아픈 역사를 가진 것을 어떻게 설명하겠는가? 이런 지역에서의 지정학적인 호조건은 오히려 강대국의 침략을 불러일으키는 요인으로 작용했던 것이다.

토양과 천연자원

　앞서 언급한 기후나 지형 못지않게 토양과 천연자원 역시 문명의 발전에 중요한 요인으로 작용하고 있다. 고대 문명들은 기름진 옥토를 바탕으로 탄생하고 성장하였다. 이집트는 나일강 주변의 비옥한 땅에서, 메소포타미아는 티그리스와 유프라테스 강 사이의 기름진 '초생달 지역'에서 문명을 꽃피웠다. 메마른 토양에 살던 몽고인이나 아랍인들이 무력으로 타 민족들의 기름진 땅을 정복한 후에야 강성한 국가로 발전했다는 사실은 토양의 중요성을 인식시켜 준다.

　세계의 인구가 기하급수적으로 증가하고, 지구 도처에서 수백만 명이 기아와 영양실조로 죽어 가는 오늘의 현실은 비옥한 토양의 중요성을 새삼 일깨워 준다. 미국이나 캐나다가 식량을 무기화하여 국제적인 영향력을 행사하게 된 것도 이들 국가가 기름진 토양을 가졌기 때문이었다. 포사이드 Frederick Forsyth와 같은 작가는 『악마의 선택』이라는 소설에서 식량 문제가 앞으로 있을지도 모를 3차 세계대전의 중요한 요인이 될 것이라고 지적하기도 하였다.

　그러나 비옥한 토양이 국가와 문화 발전에 긍정적으로만 작용하는 것만은 아니다. 그리스의 히포크라테스는 기름진 토양이 오히려 사람들을 게으르고 무기력하게 만들 수 있다고 경고하였다. 18세기 계몽사상가인 몽테스키외도 비옥한 땅에서 풍족하게 사는 사람들은 물욕에 사로잡혀서 문화 창달에 무관심하기 때문에 전제적인 정치제도를 가져오는 결과를 초래한다고 지적하였다.

각 지역이나 국가가 보유한 천연자원의 양과 질 역시 문화 발전과 상관성이 있다. 산업화로 인하여 국가 간에 자원전쟁이 격심해짐에 따라 양질의 자연자원을 보유한 나라가 훨씬 유리한 위치에 있는 것은 당연한 일이다. 고대 문명 발생지의 유적을 살펴보면 거의 예외 없이 금, 은, 동, 철과 같은 광물이 많이 산출되고 있다. 세계 최초로 산업혁명을 일으켰던 영국도 풍부한 철과 석탄을 바탕으로 한때 '해가 지지 않는 나라'를 건설하였다.

천연자원이 한 국가의 발전에 커다란 영향을 준다는 사실은 어느 누구도 부인할 수 없다. 미국, 캐나다, 소련 등의 발전은 풍부한 자연자원에 힘입은 바 크다. 만약 이런 나라들이 자원이 부족하였다면 과연 강대국으로 발전할 수 있었겠는가? 특히 미국이 20세기 세계 최강국으로 발전하게 된 요인 중의 하나가 석유와 철광 같은 풍부한 천연자원 덕택이었음은 주지의 사실이다. 그러나 자원과 국가 발전의 관계는 절대적인 것이 되지 못한다. 대부분의 석유 생산국들이 아직도 사회적·문화적 정체성을 면하지 못하고 있는 데 반해, 네덜란드, 벨기에, 덴마크, 일본 등은 빈약한 자원에도 불구하고 부강한 나라가 된 것은 이를 잘 말해 준다.

음 식

인간이 건강한 삶을 누리기 위하여 무엇보다도 필수적인 것은 식량이다. 식량은 국가의 안정적인 발전은 물론 국민의 체력에도 커다란 영향을 미친다. 한 국가의 발전은 국민의 체력과 깊은 관계가 있다. '체력이 국력'이라는 말이 이를 잘 나타내 준다. 국민의 체력과 국가 발전의 상관성을 주시한 학자들은 역사 발전에서 음식의 중요성을 지적하고 있다.

모든 역사적 동기의 근저에는 먹고 사는 문제가 자리 잡고 있다. 인류가 농작물을 재배하고 가축을 사육한 것은 이 때문이다. 기원전 10000년경까지 인류는 주로 사냥에 의존하였다. 그 후 기원전 3000년경 메소포타미아와 중국에서 농업혁명이 일어나 인류는 정착생활을 하였다. 이후 식량을 저장하는 지혜도 터득하였다. 식량 비축으로 확보된 잉여생산물은 수렵인들보다도 농경민의 인구를 10~100배 빠르게 성장시켰다. 잉여생산물은 또한 농업에 종사하지 않는 새로운 사회계층을 낳게 하였다. 서기관, 군인, 농기구 제작자, 금속 공예가 등과 같은 전문직종은 이렇게 하여 생겨나게 되었다.

음식은 또한 인류의 진화과정은 물론 인류의 수명에도 큰 영향을 미친다. 구석기시대 원시인들은 불을 사용하여 음식을 익혀 먹음으로써 턱의 근육을 덜 쓰게 되어 돌출된 턱이 제자리를 잡게 되었다. 화식으로 인해 단백질 공급이 원활해져 뇌의 용량은 점차 증대되었다. 결국 커진 뇌가 몸의 척추를 바로잡아 주어 직립할 수 있는 신체 구조를 갖게 되었다.

화식으로 음식물의 보존이 용이해졌을 뿐만 아니라 질병을 예방하고 더욱 풍부한 영양분을 섭취할 수 있었다. 화식은 결국 인간의 생명을 연장시키고 지적 능력을 향상시키는 역할을 하였다. 인간의 수명이 구석기시대에는 18~20세에 불과하였으나, 로마 시대에는 30세, 중세시대에는 40세로 증가하게 된 데는 무엇보다도 음식이 큰 역할을 하였다. 사람은 그가 먹는 음식에 따라 체력, 지구력, 지력이 좌우되기 때문이다.

중세 아랍의 사상가 이븐 할둔은 아랍인이 사막에서 적은 양의 음식을 섭취하면서도 육체적 활동을 많이 하기 때문에 강한 체질을 가질 수 있었다고 지적하였다. 아랍인들이 진취적이며 전투적인 기질을 갖게 된 것은 이 때문이었다. 열대지방의 사람들은 기온 때문에 식욕이 감퇴되어 활력이 없는 반면, 온대지방의 사람들은 계절의 변화에 따라 다채롭게 식단을 바꾸어 영양분을 섭취하기 때문에 더욱 활동적이었다.

역사 발전에서 음식의 중요성을 주장한 또 다른 학자는 오펜하이머Franz Oppenheimer였다. 그는 역사상 위대한 업적을 이룬 문명들은 농경민에 의해서가 아니라 유목민에 의해 이루어졌는데 그 원인이 음식에 있다고 하였다. 유목민은 고기, 우유, 치즈, 버터를 주식으로 하기 때문에 강한 체력을 유지할 수 있었다. 특히 이러한 음식은 여자들로 하여금 자녀를 많이 출산시킨다. 그 이유는 모유 대신 우유를 아기에게 주면 여성의 임신 기간이 단축되기 때문이다. 따라서 체력적으로 우수한 유목민은 농경민을 침략하고 지배함으로써 높은 문화를 성취할 수 있었다는 주장이다.[6]

또한 〈뉴욕타임스〉는 음식과 문명의 상관성에 관한 흥미로운 기사를 보도하였다.[7] 기원전 79년 이탈리아 남부 베스비오스산의 화산 폭발로 사망한 로마 귀족들의 유골을 면밀히 검사한 결과 그들의 뼈에는 음식과 술에 함유된 수은의 양이 치명적으로 높았음이 발견되었다. 로마에서는 납으로 만든 수도관을 사용하였기 때문에 이로 인한 수은 중독이 심각하였던 것이다. 네로나 클라우디우스, 칼리굴라와 같은 로마의 황제들이 왜 정신착란증을 자주 일으키고 젊어서 요절하였는지를 수은으로 중독된 음식과 연결시켜 생각해 볼 수 있다.

앞서 살펴보았듯이, 자연·지리적 환경은 역사나 문화 변동에 중요한 영향을 끼치기는 하지만 결정적인 요소는 될 수 없다. 미시시피, 아마존, 양자강은 고대문명을 꽃피웠던 4대 강 못지않은 길이와 수량을 가지고 있다. 그러나 이곳에서는 문화라고 할 만한 것이 존재하지 않았다. 고대의 경우 해안

선과 대륙이 연결된 이상적인 지리적인 위치를 가진 곳에서도 그리스, 로마, 페니키아 등 극소수 지역에서만 해양 문화가 발생하였고, 그 밖의 지역에서는 문화적 발달이 거의 이루어지지 못하였다.

오늘날 과학기술의 발전은 지리·자연적 영향력을 크게 감소시키고 있다. 아무리 자연적 조건이 장애가 되더라도 지도자의 리더십, 이를 따르는 대중의 단결력, 우수한 사회제도와 민족성 등이 역사 발전에 더 큰 영향을 끼치는 요인으로 지적되고 있다. 요컨대, 문명을 공간적 차원에서 확정시키는 것이 지리·자연적 요인이지만, 더욱 중요한 것은 자연의 불리한 환경을 극복하고 그것을 개선하려는 인간의 다양한 활동과 업적인 것이다.

총, 균, 쇠

─서양판 풍수지리설

미국의 생물학자이자 인류학자인 다이아몬드(Jared Diamond) 교수가 『총, 균, 쇠 (Guns, Germs, and Steel)』라는 저서에서 인간 사회의 운명은 지정학적 위치에 따라 결정된다는 소위 '서양판 풍수지리설'을 주장하였다. 이 저서는 인류의 역사와 문명이 왜 지역에 따라 차별적으로 나타났는가, 왜 어떤 민족은 다른 민족에 의해 정복과 지배의 대상이 되었는가를 묻고 있다. 다이아몬드 교수는 문명의 발달이 인종·민족적 차이에서가 아니라 생태지리학적 차이에서 온다는 환경결정론을 주장하였다.

스페인의 피사로 부대가 잉카제국을 정복할 수 있었던 것은 유럽인들이 말이나 칼, 선박과 같은 장비를 가지고 있었고, 전체 인디언의 90% 이상을 죽음으로 몰고 간 천연두와 같은 세균을 보유하였기 때문이었다. 유럽인들이 이런 세균을 보유하게 된 원인은 지구상의 동식물이 어떻게 분포되어 있느냐 하는 생태지리학적인 차이 때문이었다. 천연두와 홍역은 소의 우두와 우역에서, 독감은 돼지와 오리에서 각각 옮겨 받았는데, 콜럼버스 이전의 잉카 인디언들은 가축을 사육하지 않았기 때문에 이런 질병에 노출된 적이 없었다. 따라서 면역이 형성되지 않아 정벌군을 통해 천연두가 퍼지자 급속히 몰락하게 되었다는 것이다.

남미와 아프리카에서 농업이나 가축 사육을 하지 못한 주요 이유는 동식물의 분포가 극히 제한되었기 때문이었다. 유럽과 아시아에는 쌀, 보리, 밀 등 오늘날 인류가 주식으로 삼고 있는 농작물 56종 중에서 32종이 토종으로 자라고 있었다. 그뿐 아니라 소, 돼지, 말, 양, 염소와 같은 사육용 동물들이 골고루 분포해 있었다. 그러나 남미나 아프리카에는 농산물의 종류가 제한되어 있었고, 동물도 남미에는 라마, 아프리카에는 기아나 지역에

잉카 인디언 부족을 살육하는 스페인 피사로 부대

살고 있는 닭만을 보유하였기 때문에 문명 발전에 커다란 장애가 되었던 것이다.

또한 아시아, 중동, 유럽은 위도상의 큰 차이가 없이 비슷한 기후 조건이 동서로 길게 놓여 있어 농작물과 가축들의 교역이 용이하였다. 반면, 남미와 아프리카는 기후와 지형 조건이 남북으로 갈라진 형태여서 상호 물물교역이 어려웠다. 이러한 생태지리학적 요인 때문에 남미나 아프리카는 결과적으로 유럽의 선진문명에 뒤지게 되었던 것이다. 다이아몬드 교수가 내린 결론은 지리·자연적 환경이 인간의 문명을 결정한다는 것이다.[8]

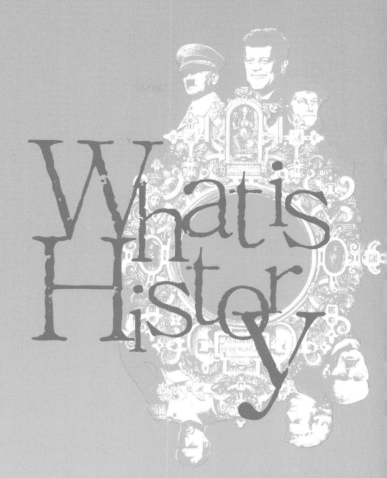

Chapter 11

발명과 기술혁신, 민족과 인종은
역사에 어떤 영향을 미치는가

사회적 필요에 의해 나타나는 발명을 통한 기술 개발이

역사 발전을 초래하는 근원적인 힘이다.

– 오그번(William Ogburn)

인종의 불평등에서 문명상의 우열이 생기는 사실만 알면

세계사의 전 과정을 훤히 내다볼 수 있다.

– 고비노(Joseph A. Gobineau)

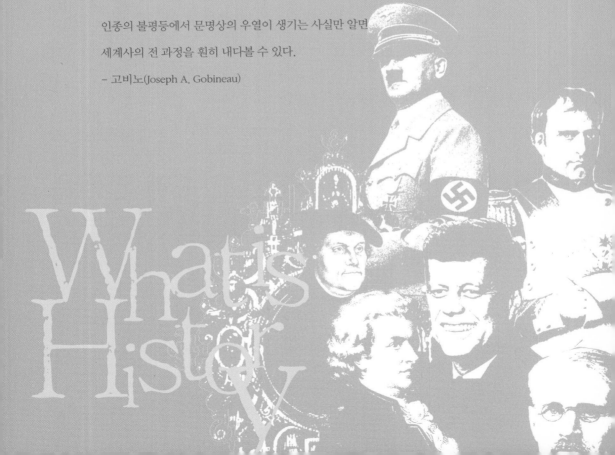

발명과 기술혁신, 민족과 인종은
역사에 어떤 영향을 미치는가

발명과 기술혁신

역사를 움직이는 또 다른 요인으로는 발명과 기술혁신을 들 수 있다. 인간은 사회에 적응하고 자연을 정복하는 과정에서 상당한 기술적 발전을 이루어 왔다. 우리가 역사를 긴 안목으로 볼 때 발명과 기술혁신이 역사 발전을 선도하는 근원적인 힘이 되어 왔음을 알 수 있다.

미국의 사회학자 오그번William Ogburn은 그의 저서 『문화와 사회변동』에서 "사회적 필요에 의해 나타나는 발명을 통한 기술 개발이 역사 발전을 초래하는 근원적인 힘"이라고 지적하였다. 오그번은 세계사에서 '문명의 횃불'이 한 민족에서 다른 민족으로 이어지는 과정을 발명이나 기술혁신과 연결시켜 설명하였다. 그리스와 로마가 고대 세계를 지배할 수 있었던 것은 철과 동의 사용, 항해 기술, 그리고 우수한 문자를 가졌기 때문이었다. 문명의 횃불이 영국으로 옮겨진 이유는 영국이 다른 나라들에 앞서 산업혁명을 이루었기 때문이었다.

역사적으로 볼 때 인류가 정착하여 농경 문화를 꽃피웠던 것도 다름 아

223

닌 기술 발전의 산물이었다. 구석기 시대 말기 인류는 올무, 석기 등을 사용하는 기술을 개발하였으며, 활촉, 투망, 농기구, 바퀴와 같은 발명품을 소유함으로써 노동의 분화가 생겨나고, 이를 기초로 농경 문화가 출현했던 것이다. 이후 사람들이 집단적으로 모여 사는 도시가 생겨났고, 도시문명의 출현은 인류사를 근본적으로 변화시켰다.

10~11세기에 이루어진 중세의 농업혁명은 농업 생산성은 물론 인류 문화에 커다란 변혁을 초래하였다. 중쟁기의 도입, 삼포제의 새로운 영농법, 수력과 풍력을 이용한 방아의 사용, 그리고 농경 가축으로서 말의 사용으로 농업 생산성은 과거보다 3~4배나 증가되었다. 이로써 인류는 역사상 처음으로 식량을 자급자족할 수 있게 되었다. 또한 중세 말 대포와 총기의 발명은 칼과 창에 의존하는 중세 전쟁의 양상을 바꾸어 놓았을 뿐만 아니라 국민적 군주국가를 탄생시키는 데 기여하였다.

동양의 4대 발명품

서양을 선진화시킨 4대 발병품인 종이, 인쇄술, 나침반, 화약은 원래 중국인들이 발명한 것이었다. 그런데 이들 발명품이 어찌하여 유럽 국가들에

| 종이 | 인쇄술 | 나침반 | 화약 |

〈동양의 4대 발명품〉

의해 세계적으로 알려지게 되었을까? 중세 유럽은 그리스도 신앙과 신학이라는 교리에 갇힌 폐쇄적 체제를 유지하였다. 따라서 과학에 대하여 부정적이었으며, 과학기술이라고 할 만한 마땅한 기술적 진보를 이루지 못했다.

기원후 1000년이 다가오자 중세 유럽에는 새로운 신비주의적 사고가 나타났다. 이른바 천 년마다 반복되는 밀레니엄이라는 일종의 멸망설 같은 것이었다. 2000년 밀레니엄이라는 말도 바로 여기에서 유래된 것이다. 유럽인들은 불확실한 미래에 대한 두려움에서 벗어나고 자신들의 구원을 위하여 성지순례에 큰 관심을 가졌다. 그러나 당시 성지 예루살렘은 이슬람 세력이 장악하고 있었다. 이슬람은 성지 순례를 오는 유럽인들을 핍박하거나 살해하였고, 그 때문에 유럽인들의 분노를 사게 되었다. 그리하여 성지 탈환과 순례를 가는 사람들을 보호한다는 명목으로 일어난 것이 십자군전쟁이었다. 십자군전쟁은 기독교와 이슬람의 두 문명권 간 교류를 촉진시킨 계기가 되었다. 오늘날 유럽이 가진 문명적 원천들은 십자군 원정을 통해 확보된 것들이었다.

십자군전쟁 이후 또 다른 사건이 일어났는데, 그것은 몽고제국의 침략이었다. 몽고제국은 지금의 독일과 폴란드 그리고 오스트리아까지 진격하여 전 유럽을 공포의 도가니로 밀어 넣었다. 그러나 전 유럽의 정복을 눈앞에 두고 몽고군은 칭기즈칸의 죽음으로 철수하고 만다. 만일 칭기즈칸이 조금만 더 살았어도 전 유럽은 몽고군의 발 앞에 무릎을 꿇었을 것이다. 새로운 역사가 시작되는 바로 문 앞에서 몽고의 세계 제패는 좌절되었다.

십자군 원정과 몽고의 침략은 유럽 사회에 커다란 영향을 미쳤다. 유럽인들은 자신들이 신봉하던 기독교의 신이 더 이상 자신들을 지켜 주는 신이 아니라는 회의를 가지게 되었다. 십자군전쟁과 몽고군의 침략을 통하여 그들

성지 탈환과 순례자를 보호한다는 명분으로 일어난 십자군전쟁

이 절대적으로 신봉하였던 야훼신에 대한 의심과 불신이 일어난 것이다. 그래서 가톨릭 교회는 마녀사냥과 이단 논쟁을 통하여 이러한 경향들을 불식시키려고 하였다. 이 두 역사적 사건은 유럽인들에게 새로운 변화를 불러일으키는 계기가 되었다. 그것은 르네상스와 종교개혁, 그리고 과학혁명으로 나타났다. 폐쇄적인 유럽이 스스로의 동력보다는 외부 세력에 의하여 변화를 일으키게 된 것이었다.

여기에서 우리가 특히 주목해야 할 것은 유럽이 오늘날까지 세계 문명을

15세기 중엽 유럽의 인쇄소 광경

장악할 수 있었던 가장 위력적인 수단은 과학기술의 발전이었다는 것이다. 그리고 이런 기술적인 업적이 바로 다름 아닌 인류의 4대 발명품이라고 부르는 것들이었다. 그런데 이들 발명품은 유럽인에 의하여 만들어진 것이 아니고 중국인에 의하여 만들어진 것이다. 이런 중국의 발명품들이 유럽에 전해지는 데 중개 역할을 한 것이 바로 이슬람 문명권이었다.

　유럽인들은 어떻게 중국의 발명품들을 기술적으로 진보시켜 실용화할 수 있었을까? 종이를 예로 들어 보자. 르네상스와 종교개혁이 가능하게 된 결정적인 계기는 지식의 보급이었다. 여기에서 종이와 인쇄술의 영향은 가히 혁명적이었다. 중국인들이 목판인쇄를 주요 수단으로 하였던 것과 달리, 유럽인들은 활자라고 하는 새로운 인쇄술을 발명하였다. 활자와 목판인쇄는

구텐베르크의 금속활자 인쇄술

〈타임〉 〈월스트리트 저널〉 〈워싱턴 포스트〉 등 세계의 유명 언론 매체들은 인류의 역사 발전에 가장 큰 영향을 준 발명품으로 구텐베르크의 금속활자 인쇄술을 선정하였다. 금속활자 인쇄술로 인해 과거 권력자들에게 정보가 일방적으로 수용되던 방식에서 벗어나 일반 대중도 정보를 주체적으로 생성하고 확산하는 주인공의 자리를 차지하게 되었기 때문이다. 즉, 오늘날의 인터넷처럼 정보의 보급력과 파급력을 급격하게 늘린 발명품인 것이다. 그 결과, 르네상스, 종교개혁, 산업혁명, 시민혁명 등과 같은 서양사에서 큰 획을 그은 여러 역사적 사건들이 발생하였다.

같은 인쇄술이지만 결과는 전혀 다른 양상으로 나타난다. 목판인쇄는 하나의 판으로 여러 장을 찍을 수 있지만 속도에서는 금속활자에 미치지 못하였다. 그리고 판본으로 본을 떠서 찍는 것과 개별 글자를 조합한 활자의 기술력은 비교할 수 없을 정도로 생산성의 차이가 컸다.

활자를 이용하여 찍는 방법은 판 전체를 수정하지 않고 글자 하나만 수정하면 된다. 그리고 그 활자는 재사용이 가능하였다. 중국의 문자인 한자와는 달리 서양의 알파벳은 이러한 차이를 가능케 한 요인이 되었다. 즉, 서양의 간단한 문자인 알파벳은 금속활자라는 신기술을 탄생시켰고, 엄청난 양의 서적을 인쇄하는 기술을 가능하게 하였다. 또한 목판과 금속판은 찍는 횟수와 강도가 판이하게 달라 그 차이는 더욱 컸다.

이러한 활자술과 인쇄술의 발달로 서유럽은 비약적인 지식의 보급을 통해 계몽주의 사상이 전파되어, 가톨릭 교회와 봉건체제는 심각한 위협을 받게 되었다. 또한 나침반은 서유럽인들에게 항로 개척의 문호를 열어 주었다. 나침반을 통하여 방위를 쫓을 수 있다는 단순한 사실 하나가 그들로 하여금 대양으로 진출하게 했던 것이다. 결과는 1492년 신대륙 발견으로 이어졌다.

유럽의 기존 질서를 가장 심각하게 위협한 것은 화약의 보급이었다. 화약의 대량 생산과 보급은 신대륙 개척뿐만 아니라 중세의 봉건질서를 붕괴시키는 데에 가장 큰 역할을 하였다. 봉건영주들의 성곽은 화약을 사용한 대포로 손쉽게 무너졌다. 그리고 화약을 사용한 총과 대포는 제국주의 질서를 전 세계에 유포시켜 각처에 식민지를 개척하는 길을 열어 주었다.

종이, 인쇄술, 나침반, 화약 등은 모두 중국에서 비롯된 것이다. 그러나 세계를 지배하는 데 그것을 쓴 것은 중국인이 아닌 유럽인이었다. 따라서 발명보다도 더 중요한 것은 그것들이 누구에 의하여 어떻게 쓰이는가 하는 것이다. 아편전쟁 당시 중국 남경에는 25만 명의 군대가 있었으나, 영국은 군함 몇 척과 4천 명의 병력에 불과하였다. 비교도 안 되는 규모로 영국은 중국을 대파해 버렸다. 중국은 바로 그들 스스로가 발명해 놓은 것들에 의하여 역으로 당한 것이었다. 아이러니한 역사의 한 장면이었다.

미국의 산업혁명

미국이 오늘날 세계 최강국으로 등장하게 된 데는 19세기 후반의 급속한 산업화에 힘입은 바 크다. 그리고 이러한 산업혁명을 근본적으로 가능하게 한 것이 바로 과학기술의 진보였다. 전차와 지하철, 강철 레일, 엘리베이터, 전등, 전화 등이 그것이다. 이러한 과학적 진보는 산업 발전을 더욱 가속화했을 뿐만 아니라 인간의 삶의 모습도 변화시켰다. 전차와 지하철은 주요 도시들의 외양을 바꾸어 놓았으며, 사람들은 새로운 운송 수단을 이용하여 그전에 가 보기 힘들었던 먼 지역으로 여행을 할 수 있게 되었다. 강철 대들보와 엘리베이터가 건축물을 더 높고 더 강하게 지을 수 있게 하였기에 도시는 거대한 빌딩으로 가득 찼다.

그레이엄 벨이 발명한 전화 덕분에 수천 마일 떨어진 곳까지 통화가 가능해져, 물리적인 거리는 그 의미를 상실하는 시대가 열리게 되었다. 기업가들은 전국적인 통신망을 가설하여 전국 각지에 사업을 확장시켜 상업이나 무역의 획기적인 발전을 가져왔다. 에디슨이 발명한 전구는 일상생활은 물

전화를 발명한 벨(좌)과 무선전신의 아버지 마르코니(우)

론 야간 작업도 가능하게 하여 높은 생산성을 올릴 수 있게 되었다.

전기를 이용한 다리미, 냉장고, 진공청소기 등 각종 가전제품들은 우리의 일상생활뿐만 아니라 역사를 변화시킨 요인으로도 작용하였다. 여성들을 고된 가사 일에서 해방시킴으로써 점차 여성들의 사회 진출과 활동이 두드러지게 나타났다. 20세기 초반 여성 투표권이 점차 확대된 것은 다름 아닌 여성의 사회 진출과 경제적 독립이 가져온 결과라고 해도 과언이 아니다.

우리는 또한 에너지의 발달이 인류 역사의 발전 단계를 규정하였음을 알 수 있다. 증기 에너지가 없이는 산업혁명도, 19세기의 자본주의 사회도 생각할 수 없을 것이다. 제임스 와트가 발명한 증기기관은 인류사회의 '제2의 불'로서 산업화를 가능케 함으로써 서구 사회의 모든 제도와 문물을 근본적으로 변혁시켰다. 20세기에 접어들면서 전기, 내연기관, 자동장치, 정밀기기, 합성수지, 유기화학 분야의 기술적 발전은 소위 제2차 산업혁명을 낳게 하였다.

증기기관차(좌)와 증기선(우)

　　원자재 확보를 위하여 서구 열강들은 이제까지 지형의 위험이나 악천우
로 인하여 진출을 꺼려 왔던 오지에도 진출하였다. 석유와 천연고무는 내연
기관과 유기화학 산업에 필수적이었다. 열강들은 석유 확보를 위하여 중동
유전지대에 대한 격렬한 외교전을 전개하였다. 또한 고무를 얻기 위하여 콩
고나 아마존 지역의 원주민의 노동을 착취하였다. 새로운 전기산업과 원동
기의 제조에 필요한 구리를 확보하기 위하여 칠레, 페루, 자이르와 같은 지
역, 또 금이나 다이아몬드와 같은 귀금속을 위하여 남아프리카 지역이 치열
한 국제적 쟁탈의 무대가 되었다. 원자재 확보를 위하여 서구 열강들은 식민
지 쟁탈전에 뛰어들었으며, 결국 1, 2차 세계대전을 불러일으켰다. 여기에서
그치지 않고 2차 세계대전이 끝나 갈 무렵 원자 에너지가 탄생됨으로써 과
거에는 상상조차 할 수 없었던 에너지의 시대가 열리게 되었다.

　　근대사회의 특징인 대량생산, 교통과 통신 혁명 등은 모두 발명과 기술
혁신의 결과였다. 기계와 연관된 단순한 발명뿐만 아니라, 조직, 관리, 운영,

광고 등 사회적 발명을 통하여 인류사회의 새로운 변혁이 이루어졌다. 사회가 발전할수록 사람들은 여러 가지 새로운 형태의 '사회적 발명', 즉, '삶의 방법'을 창안하며, 그런 혁신적인 '사회적 기술'에 의해 문화가 발전한다. 현대의 자본주의 사회가 더욱 활기차게 발전할 수 있었던 것은 이런 조직화되고 체계화된 사회제도에 힘입은 바가 크다.[1]

미국의 석학 토플러Toffler는 그의 저서 『제3의 물결』에서 21세기를 주도할 나라는 전자, 통신, 유전공학, 항공 등 최첨단 과학기술을 발전시킨 국가가 될 것이라고 하였다.[2] 최근 첨단기술의 획기적인 발전은 소위 '누에가 나방이 되는 대변혁'으로 불린다. 컴퓨터 기술의 발전, 인터넷의 대중화, 포유동물의 복제 기술, 인간 로봇의 출현 등 가히 혁명적인 변화가 일어나고 있다. 영화 〈쥬라기 공원〉이 가상의 세계가 아닌 현실이 될 수 있는 상황인 것이다.

기적의 인터넷

인터넷은 우리 시대에 가장 위대한 발명 중의 하나로 꼽힌다. 인터넷은 현대인의 삶을 변화시켰으며, 인류에 미친 영향력 면에서도 가장 혁신적인 발명이다. 인터넷의 탄생으로 인해 인류의 삶은 즉각적이고도 방대하게 진화하였다. 이제 전 세계 인구의 1/3에 해당하는 20억 인구가 인터넷을 사용하고 있으며, 온라인상에서 보내는 시간은 점점 늘어나고 있다. 인터넷이 인간관계와 의사소통의 방식을 바꾸었으며, 인간의 뇌를 변화시키고 있다고 주장하는 이도 있을 정도다.

현재 일상화된 인터넷의 사용이 중지된다면 어떤 일이 벌어질까? 이메일과 메신저로 주고받던 서류나 자료는 과거처럼 우편으로 주고받아야 하며,

각종 SNS를 통해 친목을 다졌던 이들과는 직접 만나 안부를 물어야 할 것이다. 게시판, SNS 등의 사적인 활동에서부터 업무, 문화, 교통에 이르는 거의 모든 영역을 연결하는 인터넷은 모든 일상의 과정과 절차를 신속하고 편리하게 처리하는 최고의 매체이며, 각종 사회 참여의 장을 마련해 주는 스마트한 도구임에 틀림없다.

민족과 인종

아무리 지리·자연적 환경이 문화 창조와 역사 발전의 중요한 요인으로 작용한다고 하더라도, 결국 창조적인 능력을 통해 역사를 발전시키고 문화를 창조하는 것은 인간일 것이다. 자연을 지배하고 정치체제, 경제제도, 전쟁과 혁명, 예술과 사상 등 모든 형태의 역사적 발전을 주도하고 창조하는 것이 다름 아닌 인간이기 때문이다. 따라서 역사 발전의 근본적인 동인을 인간적 요인에서 찾아야 한다는 견해가 설득력 있게 논의되고 있다. 왜냐하면 역사와 문화는 바로 인간의 주체적 의지와 활동의 결과이기 때문이다.

사람들은 각기 다른 개성과 취향을 가지고 있다. 똑같은 시간과 재료를 주고 어떤 공간을 꾸미게 한다면 결과는 사람마다 다를 수밖에 없다. 백이면 백 모두 각기 자기의 개성과 취향에 맞는 모양이나 분위기를 살려 공간을 장식할 것이다. 또한 인간은 유전적으로나 후천적으로 각기 다른 능력과 성격을 가지기 마련이다. 개인의 집합체인 민족도 그 나름의 독특한 특징을 지니며, 민족들의 집합체인 인종도 그러하다. 백인, 황색인, 흑인은 그들의 피부색이나 생김새만큼이나 각기 다른 민족성이나 인종적 특성을 지닌다. 따라서 각각의 인종이나 그 인종이 창조하는 역사와 문화의 형태 역시 다른 모습을 지닐 수밖에 없는 것이다.

이러한 민족적 자질과 능력의 차이는 과거 인류의 역사를 살펴보더라도 확실한 차이가 나타난다. 그리스 철학자 아리스토텔레스는 그의 저서『정치학』에서 인간의 자연적 불평등을 인정하였다. 그의 사상은 후대로 이어져 콩트Comte와 같은 철학자는『인간불평등 기원론』에서 인종의 선천적인 차이를 주장하였다. 콩트는 길고 좁은 두개골을 가진 백인들의 인종적 우수성을 인정하고, 모든 문명은 백인으로부터 유래되었다고까지 주장하였다.

민족적 또는 인종적 차이를 생물학적 또는 유전적인 것으로 파악하고, 이를 문명사적인 관점에서 연구한 사람은 스코틀랜드의 사상가 홈Henry Home이었다. 그는 에티오피아인과 흑인을 비교·연구하는 과정에서 에티오피아인 역시 아프리카에 살고 있지만, 피부색, 신장, 얼굴 등이 흑인과 판이하게 다른 점을 주목하였다. 또 홈은 무갈인이 인도에서 수백 년을 살아왔음에도 피부색이 변하지 않은 것을 예로 들면서, 인종 간의 유전적 차이는 기후, 지형, 토양, 음식 등 지리나 환경적인 요인보다 훨씬 강하고 영속적임을 지적하였다.

고비노주의

인종론을 신봉한 대표적인 사람은 프랑스의 문필가이자 외교관이었던 고비노Joseph A. Gobineau였다. 그는 세계 각지를 다니면서 각국의 인종과 문화를 연구하였다. 고비노는 1854년 그의 저서『인종 불평등론The Inequality of Human Races』의 서두에서 "인종적 요인은 역사를 창조하는 다른 모든 요인을 압도하는 인류 역사를 주도하는 관건"이라고 주장하면서, "인종의 불평등에서 문명상의 우열이 생기는 사실만 알면 세계사의 전 과정을 훤히 내다볼 수 있다."라고 하였다. 고비노는 인종의 신체적 특징과 정신 기능은 근본적으로 바뀔 수 없다는 입장에서 민족의 역사나 운명을 논하였다. 그는 "고급 문명은 특정 인종이 아니면 가질 수 없다. 야만인은 언제까지나 야만 인종일 뿐이다."라고 지적하였다. 그의 주장을 소위 '고비노주의'라고 하는데, 이것은 모든 인종이 혈통적으로 우수한 아리안족에 예속되어 지배를 받는 것이 자연스럽고 필연적인 것이라는 주장이었다.

고비노는 세계사를 바다에 비유하여 산발적으로 흩어져 있는 문화 창달의 '밝은 점들'이 있음을 발견하였다. 예컨대, 그리스의 페리클레스 시대, 로마의 성 아우구스티누스 시대, 이탈리아의 르네상스 시대 등이 그것이다. 그는 이 '밝은 점들'이 예외 없이 키가 크고 활력이 넘치는 아리안족의 업적이었다고 지적하였다. 고비노에 따르면, 아리안족은 '인종의 엘리트'로서 지능, 용기, 인내, 창조력, 질서의식, 자유에 대한 열망, 명예심 등이 다른 인종에 비해 월등하며, 단지 스포츠에 필요한 순발력에서만 흑인들에게 뒤진다고 지적하였다. 그러나 스포츠에서 순발력이 떨어지는 것은 결코 단점이 아니며, 오히려 아리안족들이 육욕에 덜 민감하고 더욱 강한 도덕성을 갖추고 있

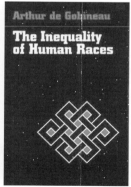

인종론을 신봉한 고비노와
그의 저서 『인종 불평등론』

음을 의미한다고 하였다.[3]

고비노에 의하면, 황인종은 "모발과 수염이 적으며 몸에 비해 큰 피라미드형의 얼굴, 작은 키, 짧은 사지, 작은 눈"을 가지고 있다. 흑인종은 "검은 피부, 심하게 꼬인 머리털, 낮고 넓은 코, 맵시 없이 뻗은 사지"를 특징으로 하며, "원숭이를 연상케 하는 열등한 인종"이다. 열등한 인종은 아무리 백인 문명과 접촉해서 문화를 차용한다고 하더라도 후진성을 면할 수 없다. 따라서 그는 인류사에서 "가장 귀한 과학, 예술 등의 문화 창조는 모두 아리아인의 피가 만든 것이며, 아리아인의 도움이 없이 발전된 문화는 없다."라고 주장하였다.[4]

그러면 우수한 아리안의 혈통을 갖고 한때 강성했던 나라들이 쇠퇴한 이유는 무엇인가? 이에 대한 고비노의 대답은 간단하다. 한 문명이나 국가가 붕괴되는 원인은 경제적 침체나 사회 혼란 혹은 도덕적 퇴폐에서 오는 것이 아니라, 우수한 인종의 피가 열등한 인종의 피와 섞여 혈통의 순수성이 사라지기 때문이다.

영국인으로서 독일에 귀화한 챔벌린Houston S. Chamberlain도 『19세기의 기초』라는 저서에서 인종론을 주장하였다. 챔벌린이 고비노와 다른 점은 아리안 인종의 피를 순수하게 지켜 온 민족은 튜톤족이라고 주장한 데 있다. 즉, 다른 인종과 혼혈이 되지 않고 아리안 혈통을 그대로 지켜 온 사람들은 앵글로색슨인, 독일인, 네덜란드인, 스칸디나비아인이라는 것이다.[5]

고비노와 챔벌린과 같은 인종학자들은 아리안족이나 앵글로색슨족과 같이 혈통적으로 우수한 인종이 아시아나 아프리카의 열등한 민족을 지배하는 것을 당연시하였다. 이런 관점에서 서술된 역사가 소위 '식민주의 사관'이다. 식민주의 사관은 우수한 혈통을 가진 민족이 미개한 지역이나 열등한 민족을

236

역사란 무엇인가

지배하고, 또 문화적으로도 과학기술이 우수한 문명이 보다 뒤떨어진 문명을 지배해야 한다는 것이다. 이것은 민족적 차별과 인종적 불평등을 강조하는 역사 인식으로, 과거 제국주의의 침략전쟁을 정당화하는 근거가 되었다.

인종차별의 역사적 교훈

인종차별은 한때 세계적인 현상으로까지 확산되었다. 우리는 인종차별이 인류 역사에 얼마나 심각한 병폐와 과오를 낳았는지를 잘 알고 있다. 백인이 다른 약소 민족이나 인종을 지배하고 교화시켜야 하며, 이것이 백인에게 지워진 '명백한 운명'이라며 인종차별을 정당화하였다. 백인 우월주의는 흑인 노예제를 비롯하여 아메리카와 아시아 지역의 원주민들을 착취하거나 학살하는 비극을 초래하였다. 이것은 또한 2차 세계대전 당시 나치의 유태인 대학살을 불러일으켰으며, 심지어 특정 인종 그룹이나 집단을 생물학적 부적응자라고 하여 단종법을 제정하기까지 하였다.

역사적으로 인간의 평등과 자유를 가장 귀중한 가치관으로 여겨 왔던 미국에서조차 인종차별이 정당화되기도 하였다. KKK단의 등장이 바로 그것이

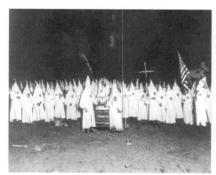 

흰 두건을 쓴 KKK단(좌)과 백인들의 린치로 처형당한 흑인(우)

다. KKK단은 원래 남북전쟁 직후 나타난 비밀결사 단체로, 처음에는 반항적인 흑인을 협박하는 일을 주로 하였다. 그러나 1차 세계대전 후 흑인에 대한 인종차별은 점차 가톨릭교도, 유태인, 외국인들에게 확대되었다. 테러, 방화, 린치, 지역사회로부터의 추방 등 폭력 행위를 동원하여 소위 비미국적인 가치관을 가진 사람들에게 많은 고통을 안겨 주었다.

인종차별이 가장 극명하게 나타난 곳은 히틀러 치하의 독일이었다. 독일은 다른 국가들이 '인종 간의 동화'를 부분적으로 인정하고 있던 것과는 달리 오로지 독일 민족의 배타적 우월성만을 내세웠다. 금발과 두개골의 모양이 말해 주듯 게르만족의 육체적 우수성은 보존되어야 하며, 독일은 새로운 이상을 가진 민족 공동체로 재창조되어야 한다는 것이다. 이를 위해 독일은 '생활공간'을 확보하기 위하여 러시아를 비롯한 동유럽 지역으로 영토 확장을 꾀하였다. 이것이 이른바 히틀러의 '게르만 민족주의'의 요체였다.

히틀러는 이를 위해 2차 세계대전을 일으켰으며, 광신적으로 유태인 말살정책을 추진하였다. 히틀러 치하에 600만 명에 이르는 유태인이 대량 학살되었다. 히틀러는 또한 아리안족의 순수혈통을 보존하기 위하여 수천 명의 독일 장교와 순수 아리안족 혈통의 독일 여성들에게 결혼을 강요하였다. 임신된 여성은 국가 시설에 의하여 수용·보호되었고, 태어난 아이들은 최우량 인종의 전위부대로 국가에 의해 관리되기도 하였다. 인종차별이 낳은 인류 최대의 비극적인 사건이었다.

히틀러의 유태인 학살 못지않게 잔혹성이 극명하게 나타난 사건이 난징 대학살이었다. 그동안 단편적으로만 알려졌었던 일본의 만행이 아이리스 장 Iris Chang이라는 중국 여성 작가의 『난징 대학살』이라는 저서가 발간됨으로써 세상에 드러났다. 1937년 일본은 난징을 점령한 후 7주 동안 무려 20만 명의

나치에 의한 유태인 대량 학살

중국인들을 잔인하게 살해하였다.

　칼로 무를 자르듯 죄 없는 양민들의 목을 자르고, 그것도 모자라 목이 잘린 남자의 입에다 담배를 물려 나무에 걸어 놓은 장면, 일본 장교들이 재미 삼아 벌인 중국인 목 베기 시합 장면, 사람의 하체를 구덩이에 묻은 후 군견으로 하여금 물어 죽이는 장면, 10대 여성을 성폭행한 후 음부에 꼬챙이를 박아 놓은 장면, 갓난아이를 토막 내어 죽이는 장면. 그 넓은 양쯔강을 핏빛으로 물들였던 끔찍

난징 대학살 당시 중국인의 목을 자르는 일본군 병사

Chapter 11 | 발명과 기술혁신, 민족과 인종은 역사에 어떤 영향을 미치는가

한 행위들은 실로 인간이 한 짓이라고는 도저히 믿겨지지 않는다. 난징에서 벌어진 일본군의 잔혹성은 히틀러 치하의 나치들조차도 '야수의 행위'로 눈을 돌릴 지경이었다.[6]

물론 문화 양식에는 특정한 민족이나 인종의 특성이 나타나게 마련이다. 같은 벌이라도 꿀벌이 집을 짓는 방법과 말벌이 집을 짓는 방법이 각각 다르며, 생활 습성에서도 차이가 난다. 인간 집단에서도 이런 차이는 존재하며, 이로 인하여 문화적 질과 양상에서 차이가 나타난다. 그 결과 어떤 문화는 선진적이고 어떤 문화는 후진적인 문화적 특질을 띠게 되는 것이다. 그리하여 우월한 민족이 열등한 민족을 정복하고, 열등한 민족은 그들을 정복한 민족에 대항하는 항쟁의 역사가 끊임없이 이어졌다.

앞서 언급하였듯이, 인류의 역사에서 어떤 문화는 선구적 역할을 한 데 반하여, 어떤 문화는 후발적인 특성을 지닌 것을 발견할 수 있다. 그렇다고 이런 차이가 민족이나 인종 간 능력의 차이를 나타내는 것은 아니다. 각각의 민족이나 인종 집단은 그 고유의 특성을 지니기 때문에 절대적인 기준으로 그 우열을 가릴 수는 없다. 메소포타미아의 설형문자가 고대 중국의 상형문자보다도 우수하다 말할 수 없으며, 그리스의 항해술과 스키타이인의 기마술의 질적 차이를 비교하여 평가할 수는 없을 것이다. 이집트의 피라미드나 스핑크스를 우리의 불국사나 석굴암과 어떻게 비교하여 그 우월을 가릴 수 있겠는가? 개별 문화는 비록 규모와 모양이 다르더라도 그 독특한 문화적 특성과 양식으로 인하여 고유의 귀중한 가치를 지니는 것이다.

어떤 한 국가가 약소국가를 점령하고 지배한 것은 무력적인 힘에 의한 패배이지, 결코 정신적이며 문화적인 패배는 아닌 것이다. 유럽인들이 신대륙 발견 이후 아메리카를 정벌하여 그곳에 식민지를 개척할 당시 아메리카에 바퀴나 철제무기는 없었다. 그러나 아즈텍이나 잉카 문명의 유적지에서 보듯이 당시 아메리카 원주민들의 사회 구조, 도시나 성곽의 건축 양식은 유럽에 비해 결코 뒤지지 않았다. 아즈텍인은 독자적인 문자를 발명하였고, 매우 정확한 달력을 사용하였으며, 특히 복잡한 관개농업을 개발하여 다양한 곡물을 재배하였다. 잉카인들은 수천 마일에 걸친 제국의 모든 도시를 연결하는 도로망을 건설한 위대한 건축가였다. 금세기 초에 서구 제국주의 세력이 동양을 침략하였을 때 중국이 무릎을 꿇은 것은 단지 총이나 대포 등 최신 무기가 없었기 때문이었다. 중국인은 종이, 화약, 나침반, 인쇄술을 세계 최초로 발명한 민족이었으며, 철학, 종교, 예술, 사회제도도 유럽에 비해 결코 손색이 없었다.

사람들마다 체력, 지능, 자질에서 차이가 있듯이, 인종이나 민족적 차이 역시 존재한다. 그러나 이러한 차이는 혈통이나 환경에 의한 것이라기보다는 그들 자신의 의지나 의식 수준의 차이에 따른 것이다. 인류 문화의 보편적인 발전을 위하여 민족주의니 인종주의니 선민사상이니 하는 지극히 주관적이고 배타적인 개념을 내세워서는 안 될 것이다. 왜냐하면 인류 문화는 특정한 인종이나 민족의 특성에 의존하기보다는 인류의 보편적인 성격과 미래 지향적인 창의성, 그리고 개방성에 의해 진보해 나가기 때문이다.

물론 오늘날 고비노식 백인우월주의를 공공연히 말하는 사람은 거의 없다. 황인종이나 흑인종 등의 유색인종들이 각기 독특한 문화 양식을 가지고 세계 정치 무대에서 강력한 발언권을 행사하고 있다. 인종차별주의는 긴 역사의 눈으로 바라봤을 때 반드시 청산되어야 할 유산이다. 인종주의가 사라지지 않는 한 인류의 역사에서 학살이나 편견, 불평등은 결코 사라지지 않을 것이다.

인류 2000년 역사상 최대의 발명품

　세계적인 석학 100명에게 인터넷을 통해 "지난 2000년간 인류문명사에 가장 심대한 영향을 끼친 발명품은 무엇인가"라는 질문을 하였다. 이 질문에 대한 대답은 학자들의 관심사에 따라 차이를 보였으나, 각각 독특한 논리로 인류 역사를 변화시킨 발명품을 선정하고 그 이유를 설명하였다.

시계: 인간 인지 능력의 한계 극복, '과학적 사고'의 기반 형성

인쇄술: 서적의 대중화, 정보와 지식의 확산으로 사회 개혁과 민주화 촉진

상하수도: 공중 위생과 보건의 향상, 도시문명의 태동

건초: 말의 사료로서 인적 노동력의 절감, 중세 유럽 문명의 형성

피임약: 전통적인 가족구조의 해체, 여성의 지위 향상, 페미니즘

원자폭탄: '재앙의 씨'로 인류의 공멸 가능성, 평화와 공존의 새로운 모색

고전음악: 논리적 사고력의 촉
진, 인간의 정서 함양

컴퓨터: 인터넷을 통한 정보화
의 확산, 미래 환경의 재앙 방지

지우개: 인간 실수의 교정, 재도
전의 의욕 고취

　이 외에도 학자들은 건전지(동력의 지리적 제약 극복, 인간의 기동성 부여), 현미경(병
원체의 발견과 이로 인한 의학의 발달), 증기기관차나 전구(실생활의 편리함과 산업발전
의 촉진), 전화나 휴대폰과 같은 통신수단(정보의 신속한 교환으로 인한 지리적 한계 극
복, 소수 특권층의 정보 독점으로 인한 전체주의의 가능성 방지) 등을 주요 발명품으로 들
고 있다.

(조선일보 1999. 2. 13.)

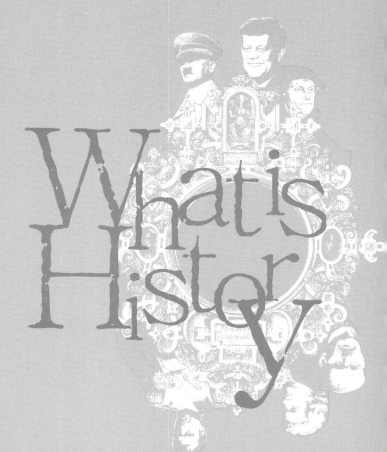

Chapter 12

역사는 우연의 산물인가, 필연의 결과인가

클레오파트라의 코가 한 치만 낮았더라면 세계사가 바뀌었을 것이다.

– 파스칼(Blaise Pascal)

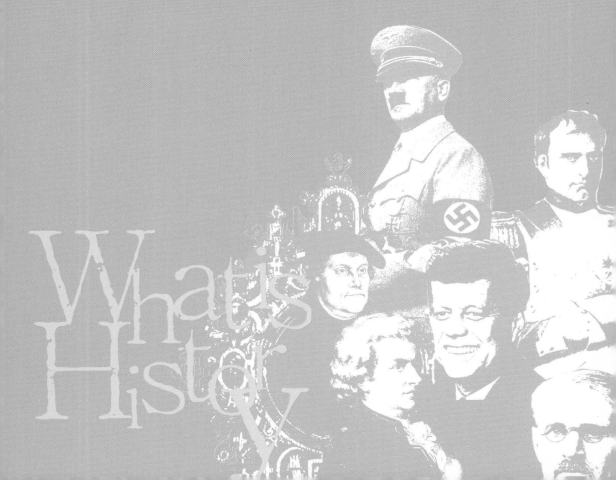

역사에서 가정법을 적용한다면

역사에서 '만약 ~라면'이라는 가능성을 생각하는 것은 부질없는 일이다. 지나간 사건은 경위야 어떻든 이미 완료된 것이기 때문에 뒷궁리는 단지 몽상에 불과하다. 그러나 우리는 '그때 그 돌발적인 사건이 발생하지 않았다면' 혹은 '만약 그 인물이 암살되지 않았다면' 하는 가정을 하며 이후 역사는 어떻게 변화되었을까 하는 생각을 갖게 된다. 역사를 흥미나 교훈으로 읽는 많은 사람에게 '만약'이라는 가정법을 통해 들여다본 세상은 역시 재미있다. 우연한 일이 인류 역사에 끼친 엄청난 결과를 몇 가지 예를 들어 살펴보자.

엘리자베스 1세 여왕

매독은 1492년 콜럼버스가 신대륙 탐험을 위하여 항해를 하였던 선원에 의해서 유럽으로 옮겨지게 되었다. 성관계를 통해서만 전염되는 이 질병은 20세기에 들어와서 폴 엘리히Paul Ehrlich가 치료약을 개발하기 전까지 수많은 사람의 목숨을 앗아간 불치의 병이었다. 베토벤이 귀가 먼 것도 매독에 걸

247

영국 여왕 엘리자베스 1세

렸기 때문이었다. 바람둥이 시인 바이런과 여성을 열등한 동물이라고 비난하였던 염세주의 철학자 쇼펜하우어도 이 병에 걸려 결국 사망하였다.

매독은 중세 말 도덕적 타락으로 방탕한 생활을 하였던 수많은 성직자의 목숨을 앗아 갈 정도로 사회적 영향이 컸다. 르네상스 시대의 유명한 교황이었던 알렉산더 6세, 율리우스 2세, 레오 10세는 끝없는 방탕과 음란한 생활로 인해 매독에 걸린 것으로 유명하다. 율리우스 2세는 이 질병으로 발이 뭉그러져 그리스도 수난일에 관례에 따라 발에 하는 키스를 아무에게도 허락할 수 없을 지경이었다.[1]

어찌 보면 영국의 위대한 처녀왕 엘리자베스 1세가 나타난 것도 매독이라는 우연의 결과였다. 엘리자베스의 아버지 헨리 8세는 매독에 걸려 죽었고, 그 아들 에드워드 6세도 부왕에 의해 감염되었다. 만약 매독이라는 질병이 없었다면 헨리 8세의 딸인 엘리자베스 1세는 결코 왕위를 계승할 수 없었을 것이다. 그렇다면 대영제국의 번영과 르네상스의 역동적인 성취는 없었을지도 모른다.

마르틴 루터

독일의 종교개혁가 마르틴 루터는 원래 부친
의 뜻대로 법률가가 되기 위하여 에르푸르트 대
학에 입학하여 법학을 연구하였다. 루터가 23세
되던 해인 1505년, 그는 에르푸르트로 가는 산길
에서 우연히 몰아치는 천둥과 벼락을 만나 쓰러
졌다. 이때 루터는 공포에 휩싸여 성 안나(성모 마
리아의 모친)에게 "저를 도와주소서. 저는 수도사
가 되겠습니다."라고 간절히 기도한 후 제정신을
차릴 수 있었다.

마르틴 루터

이 사건으로 심경의 변화를 겪은 루터는 부친의 간절한 권유를 뿌리치고
마침내 수도사가 되기로 결심하였다. 이것은 루터의 생애를 완전히 바꾸어

보름스 회의에 참석하여 자신의 입장을 설파하는 루터

루터가 95개조의 개혁안을 내걸었던
비텐베르크 교회의 출입문

놓은 극적인 계기가 되었다. 당시 로마 가톨릭 교회가 면죄부를 판매할 정도로 부패한 것을 목격한 루터가 종교개혁의 횃불을 들 수밖에 없었던 것을 역사의 필연성이라고 한다면, 그의 생애의 가치관을 법학에서 신학으로 바꾸어 성직자가 되게 한 천둥 벼락 사건은 우연의 일이었다. 만일 루터에게 이런 우연한 사건이 없었더라면, 과연 루터가 종교개혁을 이끈 주역이 될 수 있었을까?

슈타우펜베르크 사건

다음으로 히틀러 암살미수 사건인 소위 슈타우펜베르크Stauffenberg 사건을 살펴보자. 1944년 7월 20일, 2차 세계대전 중 독일의 슈타우펜베르크 대령은 시한폭탄을 든 가방을 들고 '여우의 굴집'이라 불리는 히틀러의 임시 참모본부로 들어갔다. 연합군의 공습을 피해 마련된 이 비밀 본부는 울창한 숲 속에 자리 잡은 오두막집으로, 이중, 삼중의 엄중한 경계망으로 둘러싸여 있었다. 20일 후면 새 국방장관으로 내정될 예정인 슈타우펜베르크는 막료회의에서 히틀러에게 보고할 안건이 있었는데, 이를 기회로 히틀러 암살 계획을 세웠던 것이다.

임시 참모본부의 회의실에는 긴 탁자가 있었는데, 중앙에는 히틀러가 앉고 주위에는 최고위층 참모들이 배석하였다. 계획대로 보고를 끝낸 뒤, 슈타우펜베르크는 탁자 밑 한 구석에 시한폭탄이 장착된 가방을 남겨 둔 채 회의장을 빠져나왔다. 그는 잽싸게 차를 타고 두 개의 검문소를 통과하여 여우의 굴집을 벗어났다. 시한폭탄은 제시간에 맹렬한 폭음을 내며 터졌고, 임시 참모본부의 내부는 산산조각이 나고 말았다. 폭탄은 방에 있는 모든 사람을 죽이기에 충분하였다. 그런데 어찌된 일인지 별로 중요치 않은 참모 몇 명만 죽고 히틀러는 경상만 입었을 뿐이었다.

도대체 회의실 안에서 무슨 일이 일어난 것일까? 슈타우펜베르크가 시한폭탄이 담긴 가방을 놓아 둔 곳은 분명히 탁자 밑 두꺼운 판자다리 밖이었다. 그런데 누군가가 그 옆에 앉아서 발로 가방을 탁자 밑으로 밀어 넣었던 것이다. 그리하여 히틀러와 폭탄 사이에는 두꺼운 탁자가 끼게 되어 직접적인 폭발의 피해를 막아 주었던 것이다. 만일 이 가방이 제자리에서 그대로 터졌다면 히틀러는 필시 사망했을 것이다. 그렇다면 전쟁은 훨씬 빨리 끝났을 것이며, 그 결과도 달라졌을 것이다.

역사에서의 우연을 예로 들면 끝이 없을 것이다. 프랑스혁명으로 루이 16세는 단두대에서 처형당하였다. 처형 직전 루이 16세는 망명을 시도하였다. 그는 1791년 왕비 앙투아네트와 함께 변장을 하고 망명귀족과 합류하기 위하여 남몰래 파리를 떠나 오스트리아로 탈출하려 하였다. 그런데 탈출한 국왕 일가를 태운 마차가 바렌 근처를 지날 때 이곳에 마차를 끌고 지나가던 한 시

루이 16세

루이 16세의 야반도주 장면

민에 의해 발각되고 말았다. 만일 그 마차를 우연히 만나지 않았더라면 루이 16세는 탈출에 성공할 수 있었을지도 모른다. 그랬다면 프랑스혁명의 과정과 결과는 어떻게 달라졌을까?

588년 스페인 필립 왕의 무적함대가 영국을 침공할 때 별안간 폭풍우가 불어 그 함대를 침몰시키지 않았다면 지금 영국은 아마도 스페인어를 사용하는 국가가 되어 있지 않았을까? 만약 히틀러가 청년 시절 두 번이나 지원했던 예술학교에 낙방하지 않고 입학하여 미술가의 길을 걸었다면 독일의 운명은 어떻게 변하였을까? 우리나라의 경우 박정희 대통령이 중앙정보부장이었던 김재규에 의해 암살되지 않았다면 한국 사회는 지금 어떤 모습으로 변화되었을까?

역사란 무엇인가

우연처럼 보이는 사건도
반드시 필연은 존재한다

"인생살이 새옹지마"라는 말이 있다. 자신의 의지나 노력에 의해서가 아니라 돌발적인 사건이나 우연한 계기가 우리의 행복과 불행을 결정한다는 의미다. '우연'이라는 말은 운명이란 말과 같이 미리 예측하지 못했던 일이 돌발적으로 발생할 때 흔히 쓰인다. 이것은 자신의 행위를 합리화하거나 어떤 사건의 책임을 다른 데로 돌리려는 의도로 쓰일 때가 종종 있다.

역사의 우연성을 강조하는 사람들은 역사가 결코 반복되지 않는다는 사실을 그 주장의 근거로 삼고 있다. 그리하여 특정한 개인이나 개별적인 사건에 초점을 두어 역사를 해석하려고 한다. 역사란 두 번 다시 나타나지 않는 특정한 개인이나 특정 사건이 만들어 가는 것이다. 따라서 역사는 항상 새로울 수밖에 없고 전혀 예측할 수 없는 우연의 산물이라는 것이다.

역사의 필연적 인과관계를 전혀 무시한 채 우연성을 지나치게 강조한다면 역사 발전을 위하여 노력할 필요조차 없다는 결론에 이르게 된다. 왜냐하면 모든 사건이 인간의 노력이나 의지에 의해 결정되는 것이 아니라 단순히 우연의 결과에 지나지 않기 때문이다. 역사를 순전히 우연의 연속으로 본다면, 역사에 인간의 의지가 끼어들 여지가 없다. 역사는 신의 섭리에 의해 움직이는 신비로운 것이 될 것이다. 그렇다면 역사에서 사건과 사건, 과거와 현재를 연결하는 인과관계를 다루는 것은 무의미하며, 역사는 단지 문학이나 철학과 같이 인간의 상상력이나 감정에 의존하는 학문이 될 뿐이다.

겉으로는 우연한 사건처럼 보일지라도 여기에는 반드시 필연이 존재한다

253

는 사실을 다음의 유명한 역사적 사건들을 예로 들어 살펴보기로 하자.

카이사르의 암살

"이미 엎질러진 물이다. 이 강을 건너면 인간 세계가 비참해지고, 건너지 않으면 내가 파멸한다. 나아가자, 신들이 기다리는 곳으로. 주사위는 던져졌다." 로마의 속주 갈리아의 총독이자 총사령관 카이사르는 기원전 49년 루비콘강을 건넜다. 그것은 보수파가 장악하고 있던 원로원이 카이사르에게 무장해제와 로마 복귀를 명령하자 이에 대항하기 위한 군사적 행동이었다. 카이사르는 로마로 진격해 들어갔다. 반란이었다. 그리고 4년 뒤 내전을 승리로 이끈 카이사르는 모든 권력을 장악하여 1인 독재시대를 열었다.

카이사르

카이사르는 관용의 정치를 폈다. 그는 측근들이 작성한 정적의 살생부를 물리쳤다. 적장 폼페이우스의 재산을 가족들에게 돌려주었으며, 정적이었던 키케로에게 사면령을 내렸다. 그는 속주민들에게도 로마인과 동등하게 시민권을 부여하였다. 해방된 노예들에게도 관료가 될 수 있는 길을 열어 주었다. 세계의 표준이 되는 달력과 화폐를 만들었다. 또한 그는 다민족, 다종교, 다언어의 로마 세계에 '문명의 기준'을 제시하여 로마 패권주의의 기틀을 다졌다. 철학자 헤겔은 카이사르를 "고대 세계가 낳은 최후의 독창적인 천재"라고 칭송하고, 그의 독재가 세계정신에 의해 정당화될 수 있다고 주장하였다.

카이사르의 등장으로 전통적인 로마의 공화제는 커다란 위기를 맞게 되었다. 카이사르의 군주적인 권력 장악은 공화제를 수호하려는 원로원과 첨예한 대립관계에 놓이게 되었다. 그러자 카시우스와 브루투스는 공화제를 지키기 위해 카이사르를 제거할 음모를 꾸미게 되었다. 이것을 눈치챈 카이사르의 한 측근은 카이사르에게 부르투스의 암살 음모를 경고했으나, 카이사르는 이를 귀담아 들으려 하지 않았다. 카시우스와 부르투스는 원로원이 소집되는 날에 제각기 단도를 숨겨 가지고 출석한 뒤 예정된 신호에 따라 일제히 카이사르를 공격한다는 계획을 세웠다.

거사 당일 예정된 시간이 지나도 카이사르가 나

타나지 않자 그들은 자신들의 암살 계획이 발각된 것이 아닌가 불안해하였다. 그리하여 암살단은 측근을 카이사르의 집으로 보내 동정을 살펴보기로 하였다. 카이사르의 아내 칼푸르니아는 전날 밤에 남편이 살해되는 불길한 꿈을 꾸고 남편에게 몸이 아프다는 이유를 대고 원로원에 참석하지 말 것을 간청하였다. 때마침 카이사르는 마음이 흔들려 원로원 회의의 참석을 망설이던 참이었다. 카이사르로부터 꿈 이야기를 전해들은 카시우스의 측근은 "당신과 같은 위대한 영웅이 한낱 아녀자의 꿈 이야기로 마음이 흔들리다니 로마 시민이 알까 두렵다."라며 카이사르의 자존심을 건드리며 그를 회유하였다. 이렇게 해서 카이사르는 암살자들이 기다리는 원로원으로 출발하게 되었다.

그런데 우연한 기회에 암살 음모를 알게 된 아르테미도로스라는 청년이 암살자들의 이름이 적힌 편지를 들고 원로원 앞에서 카이사르를 기다리고 있었다. 그 청년은 카이사르가 나타나자 편지를 건네주며 반드시 읽고 회의장으로 들어갈 것을 간곡히 부탁하였다. 그러나 회의 시간에 쫓겨 카이사르는 편지를 읽지 못한 채 건물 안으로 들어서고 말았다. 기다리고 있던 암살자들은 일시에 그를 향해 단도를 휘둘렀다. 결국 카이사르는 그의 절친한 친구들에게 암살당하고 말았다. 그는 죽으면서 "부르투스 너마저……."라는 마지막 말을 남기고 숨을 거두었다.

이 얼마나 우연한 일인가? 실로 인간은 자신의 운명을 막아 낼 수 없는 나약한 존재일 뿐인가? 카이사르가 부인의 말만 들었어도, 암살 음모가 있다는 청년의 편지를 보기만 했어도 암살을 면했을 것이다. 그렇다면 로마의 역사도 크게 바뀌었을 것 아닌가? 그러나 역사의 도도한 물결은 인간의 계획을 초월한 것이었다.[2]

카이사르의 암살 장면. 카이사르는 "부르투스 너마저……."라는 마지막 말을 남기고 숨을 거두었다.

　　카이사르의 암살로 로마공화제의 전통은 유지된 듯하였다. 그러나 이미 포에니 전쟁 이후 만연된 로마 사회의 부패는 점점 심해졌고 공화제의 변질은 불가피하였다. 기원전 1세기 로마는 대외적으로 영토 팽창이 정지되었으며, 대내적으로는 공화제가 붕괴되어 제정帝政으로 전환되는 시기를 맞이하게 되었다. 로마 원로원은 카이사르를 암살함으로써 공화정을 회복시키려 하였지만 오히려 공화정의 몰락을 촉진하는 결과를 초래하였던 것이다.

독일과 프랑스 국왕의 수명

　　중세 독일의 국왕들이 모두 단명한 것과는 달리, 프랑스의 국왕들은 대체로 장수를 누렸다. 따라서 프랑스의 왕권은 처음에는 형편없는 약체로 출발했지만, 시간이 지나면서 점차 안정을 되찾고 마침내 강력한 왕권을 확립할 수 있었다. 반면, 독일의 왕권은 초기엔 강력했지만 19세기 통일을 이루기까지 계속하여 분열에 분열을 거듭하였다. 다시 말해, 인간의 단명이라는 우연이 독일의 분열을 초래하였고, 반대로 인간의 장수라는 우연이 프랑스의 정치적 안정과 번영을 가져다주었다고 설명할 수 있다.

이러한 차이는 결국 인간의 수명이라는 예측할 수 없는 우연적 요소에 의해 역사의 발전이 좌우됨을 보여 주는 적절한 실례가 될지 모른다. 그러나 인간의 수명이 중세사의 본질적인 발전을 좌우한 것으로 볼 수는 없다. 사실 독일 황제들의 단명은 당시 독일이 처했던 정치적 상황으로 볼 때 필연적인 결과였다.

독일은 부족공국의 연합체적 형태로 국가를 형성하고 있었다. 다른 국가와는 달리 독일 황제는 불편한 교통 사정으로 인해 알프스의 남북에 걸쳐 있는 광대한 영토를 통치하기 위해서는 엄청난 육체적 고통이 따랐다. 당시 독일에는 수도가 따로 없었다. 독일의 황제들은 전국을 순회하면서 정치를 하였다. 그리하여 독일 황제들은 정력의 소모뿐만 아니라 각 지역의 기후와 풍토병으로 인해 수명을 단축시키는 화를 자처했던 것이었다. 이처럼 독일의 정치적 상황과 연관시켜 볼 때 독일 황제의 단명 역시 원인이 존재하고 있음을 알 수 있다. 따라서 인간의 단명이라는 우연적 요인으로 인해 한 국가의 정치적 안정이나 분열이 일어나는 것이 아니라, 일반적인 역사상의 정치적 조건 속에서 그 원인을 발견할 수 있을 것이다.[3]

사라예보의 총성

역사에서 우연처럼 보이는 사건도 필연이 지배한다는 또 다른 예를 '사라예보의 총성' 사건에서 찾아볼 수 있다. 19세기 중엽 이후 유럽 열강들은 서로 협상을 하면서도 대립과 갈등을 겪고 있었다. 1912년에는 발칸반도를 중심으로 발칸전쟁이 일어나 게르만 민족과 슬라브 민족의 적대감이 더욱 깊어졌다. 2년 후인 1914년 6월 28일, 오스트리아 황태자 부부가 당시 오스트리아 영토였던 보스니아의 육군 대연습을 참관하기 위하여 사라예보를 방문 중이었다.

날씨도 화창한 일요일, 그날은 황태자 부부의 결혼기념일이기도 하였다. 이때 별안간 한 청년이 뛰어들어 황태자 부부가 탄 자동차에 폭탄을 던졌다. 폭탄은 빗나가 땅에 떨어져 따르던 수행원과 행인들이 부상을 입었다. 흥분한 황태자는 모든 행사를 취소하고 오스트리아로 돌아가려 하였다. 그러나 보스니아 지사가 사과하며 다시는 이런 불상사가 재발하지 않을 것을 약속하여 행사는 계속되었다.

그런데 이번에는 황태자 부부를 태운 차량이 길을 잘못 들어섰다. 운전수가 잘못 들어선 길을 빠져나와 방향을 바꾸어 서행하는 순간, 두 발의 총이 발사되어 각각 황태자의 목과 부인의 배를 명중하였다. 이 사건에는 풀리지 않는 몇 가지 의문이 있었다. ① 왜 운전수가 길을 잘못 들었나? ② 암살단은 어떻게 황태자의 2차 스케줄을 알았을까? ③ 1차 암살 미수가 있은 후 관계

'사라예보의 총성' 직후 경찰에 체포되는 암살자 프린시프

당국의 철저한 경호에도 불구하고 어떻게 총기를 휴대한 사람이 있었나? 상식적으로 납득이 되지 않는 우연의 수수께끼였다.

1차 세계대전이 발발한 직접적인 원인은 한 청년의 우연적인 총성이었다. 그러나 '사라예보의 총성'이 있기 수년 전부터 언제 전쟁이 터질지 모르는 잠재적인 요인들은 이미 필연적으로 나타나고 있었다. 삼국동맹과 삼국협상으로 대표되는 비밀 군사동맹, 군국주의의 대두, 슬라브 민족과 게르만 민족 간의 악화된 감정, 선정적인 언론 매체, 식민지 쟁탈 등 장기간에 걸친 대립과 갈등이 형성되어 전쟁은 불가피한 상황이었다. 다만 우연한 총성이 전쟁을 앞당겼을 뿐이었다.

케네디의 암살

미국의 35대 대통령 케네디. 그는 미국 역사상 최연소이자 최초로 로마 가톨릭 교도로서 대통령이 된 사람이었다. 그는 젊고 멋진 용모, 열정적이며 능숙한 언변으로 미국인들의 인기를 한몸에 받았으나, 결국 비극적인 죽음이 그를 기다리고 있었다.

1963년 11월 22일 오후 12시 30분경, 케네디 대통령은 부인 재클린 케네디와 함께 텍사스 댈러스 시를 무지개차로 퍼레이드 중이었다. 이 행사는 다음 해 대통령 선거에 대비하여 남부의 여러 주를 유세하기 위한 것이었다. 관중들의 환호를 받으며 대통

대통령 후보로 출마한 케네디 대통령의 선거 벽보

암살 직전에 댈러스 시에서 카 페레이드를 하는 케네디 대통령 부부

령 내외를 태운 차가 댈러스 중심가를 지나 커브 길을 서행하고 있었다. 바로 그때 근처 텍사스 교과서 창고 건물에서 세발의 총성이 발사되었다. 그 중 두 발이 대통령의 머리를 관통하였고, 다른 한 발은 텍사스 주지사를 향하였다.

몇 시간 후 소련을 방문한 적이 있는 24세 된 공산주의자 오스왈드가 범인으로 체포되었다. 그런데 사건 이틀 후 오스왈드를 구치소로 이감하기 위하여 시경의 지하도로 연행하는 도중에 잭 루비라는 사람이 나타나 오스왈드를 사살하는 사건이 발생하였다. 카바레를 경영하였던 잭 루비는 전혀 알려지지 않은 생소한 인물이었다. 아무도 예측하지 못한 충격적인 돌발 사건으로 미국인들은 경악을 금치 못했다.

요인 암살 사건은 언제 어디서라도 일어날 수 있다. 그리하여 대통령이나 수상과 같은 정치적 요인들은 만약의 사태에 대비하여 철저한 경호를 받게 된다. 그러나 아무리 전문적인 훈련을 받은 대통령 경호원이나 연방수사국 요원들도 오스왈드라는 이상 성격의 저격수가 케네디 암살 계획을 품고 있다는 사실을 전혀 예상치 못하였다. 더구나 암살범 오스왈드가 후송 도중 또다시 암살되리라고는 누구도 상상하지 못한 일이었다. 그것은 우연과 우연의 연속이었다.

저격 사건이 발생하였을 때 많은 사람은 케네디의 암살을 극우파나 공산주의자의 소행으로 추정하였다. 여기에는 그럴 만한 이유가 있었다. 당시 케네디는 흑인 민권운동이나 가난 퇴치와 같은 진보적인 정책을 추진하였고, 이것이 보수적인 남부 백인들의 반발을 사고 있었다. 특히 댈러스는 케네디의 진보적인 정책을 반대한 중심지였던 것이다. 또한 케네디 대통령은 아시아, 특히 월남에서 공산주의 세력을 저지하려 하였다. 또한 쿠바 미사일 사건으로 소련과 대립하는 등 철저한 반공정책을 폈다. 이 때문에 공산주의자들이 암살 사건에 연루되었을 것이라고 의심하는 것은 어쩌면 당연한 일이었다.

그러나 이러한 추측은 빗나갔다. 워렌 위원회(1963년 12월 1일 존슨 대통령은 암살 진상 규명을 위해 워렌 연방대법원장을 위원장으로 하는 7인 위원회를 구성함)가 대통령에게 보고한 최종 결론은 오스왈드의 단독범행이었다. 케네디 암살은 오스왈드라는 한 정신이상자의 단독범행으로 어떤 음모나 배후를 찾을 수 없으며, 오스왈드를 사살한 루비의 경우도 마찬가지라는 것이었다. 케네디의 암살은 계획적인 음모와 목적으로 이루어진 것이 아니라 한 정신이상자가 돌발적인 상황에서 우연히 저지른 범죄라는 결론이었다.

만약 케네디가 그날 댈러스를 방문하지 않았다면, 또 오스왈드가 기다리고 있던 그 빌딩 앞을 지나지 않았다면 암살은 면하지 않았을까? 그리고 이런 우연적이며 돌발적인 사태가 없었다면 미국의 역사는 지금과는 그 진행 방향이 달라지지 않았을까? 그러나 케네디 암살 사건을 냉철히 되돌아본다면, 결코 우연히 아니라는 몇 가지 사실을 발견하게 된다.

① 저격범 오스왈드가 취재를 받던 도중 전혀 예기치 않게 잭 루비라는

또 다른 이상 성격자에 의해 살해당했다는 점이다. 이것은 케네디 암살 사건이 오스왈드의 단독범행이 아니며, 음모의 배후가 드러날 것을 두려워한 조직적인 배후가 있다는 것을 의심하게 하는 대목이다. 다시 말해, 케네디 암살 사건이 단지 우연이 아니라 계획된 음모가 있다는 것을 반증하는 것이다. 따라서 이런 정황들은 케네디의 암살 가능성이 예상보다도 훨씬 더 높았다는 것을 암시해 주고 있다.[4]

② 겉으로는 우연처럼 보이는 케네디 암살 사건도 원인이 결코 없는 것은 아니라는 점이다. 케네디가 댈러스의 암살 장소를 지나게 된 이유를 조사해 본다면, 거기에는 일련의 여러 원인이 연쇄적으로 연결되어 있을 것이다. 또한 오스왈드의 편에서 보면, 그의 유전적 내력, 가정이나 사회에서의 경험, 한때 미국 시민권을 포기하고 공산주의를 신봉하던 전력 등 일련의 과정을 통하여 암살이라는 사건과 연결고리를 찾아낼 수 있을 것이다. 다시 말해, 아무리 우연이라고 치부할 수 있는 사건이라도 그 안에는 필연과 연결되는 많은 상황이 존재한다는 것이다.

③ 역사에서 나타나는 우연적인 사건은 단기적으로 그 여파가 클지라도 장기적으로는 단지 제한된 영향만을 미친다는 것이다. 케네디의 암살의 경우, 젊은 대통령의 죽음이 결코 중요한 역사적 흐름을 막지는 못했다는 것이다. 즉, 미국 사회 전체가 우려했던 것처럼 커다란 변화를 겪지는 않았다. 케네디의 정책적 목표들은 정도의 차이는 있을지언정 후임자인 존슨 대통령에 의해 지속적으로 시행되었다. 역사 내면에 도도히 흐르는 물줄기는 우연이나 돌발적인 사건으로 결코 변경되지 않는다는 것이다.[5] 이것은 아무리 우연적인 사건이라도 필연적인 역사

의 진행과정을 방해하지 않는다는 것을 의미하는 것이다.

주변에 교통사고로 인해 목숨을 잃거나 불구자로 불행한 삶을 사는 사람은 흔히 있다. '왜 하필이면 나일까?'라고 원망하면서 그것을 운명의 탓으로 돌릴 수도 있다. 그러나 우연인 것처럼 보이는 교통사고도 분명 그 원인이 존재한다. 따라서 우리가 사고의 원인을 철저히 분석하고 그것을 미연에 방지하기 위한 조치를 취한다면 교통사고는 충분히 줄일 수 있을 것이다. 즉, 운전자나 보행자가 스스로 교통법규를 준수하고 도로환경을 개선하거나, 담당 공무원의 철저한 단속과 규제가 있다면 말이다. 음주운전 단속과 안전벨트 착용을 의무화하는 것만으로도 교통사고가 상당히 줄어들었다는 것이 통계에서도 확인되고 있다.

우연적인 사실이란 대개 우리 주위에 항상 존재하기 마련이다. 어째서 뉴턴은 사과가 떨어지는 것을 보고 만유인력의 법칙을 생각해 냈을까? 왜 하필 플레밍에게 푸른곰팡이가 보여 그가 페니실린을 만들었을까? 그렇다면 오직 뉴턴의 눈에만 사과가 떨어지는 것이 보였고, 단지 플레밍의 눈에만 푸른곰팡이가 관찰되었을까? 이러한 우연은 단지 우연으로만 여겨야 할까? 그렇지 않다. 이러한 사실들은 우연의 결과라고 하기보다는 일상적으로 평범하게 일어나는 일이다. 그러나 이러한 일들은 의식하지 못한 사람에게는 그저 스쳐 지나치는 우연처럼 여겨질 뿐인 것이다.

흔히 우연처럼 보이는 일도 어떤 사람들에게는 특별한 의미를 갖게 한다. 파스퇴르가 "기회는 준비하고 있는 사람에게만 주어진다."라고 말한 것처럼, 항상 의식하고 준비하고 있는 사람에게 기회란 단지 우연이 아닌 필연적인 결과인 것이다. 과거는 이미 결정된 필연이며 어찌 보면 미래만이 우연적

Chapter 12 | 역사는 우연의 산물인가, 필연의 결과인가

일 수 있다. 엄밀히 말하면, 과거 사건에 우연이란 있을 수 없다.[6] 역사에서의 우연이란 역사상의 개별적인 사실이나 각각의 현상에 대해 그 나름의 개성적인 성질을 부여해 준다는 의미를 가질 뿐이다.[7]

우리 속담에 "콩 심은 데 콩 나고 팥 심은 데 팥 난다."는 말이 있다. 종자와 열매 사이에는 필연적인 관계가 있다는 이야기다. 우리가 무심코 하는 하품이나 딸꾹질도 우연히 이루어지는 것이 아니라 필연적인 생리 현상이라고 할 수 있다. 또한 산 언덕에서 돌멩이 하나가 굴러 떨어지는 것도, 빙하가 수없이 생성되었다가 소멸되는 것도 결코 우연한 일이 아니다. 이러한 것들은 물리적·지리적 원인에 의한 필연적인 현상이다. 모두가 당연히 그렇게 되어야만 하는 필연적인 과정이며 결과다.

그렇다고 역사나 사회 발전이 마치 실험실에서의 화학적 반응처럼 일정한 조건이 주어진다면 동일한 결과와 법칙에 의해 지배되는 것은 결코 아니다. 자연을 지배하고 역사를 창조해 가는 것이 바로 의식과 의지를 가진 인간이기 때문이다. 우리가 세상 모든 것이 필연적으로 발생한다는 기계적인 결정론을 지나치게 신봉한다면, 세계 전체가 고정 불변의 인과관계라는 사슬에 묶여서 우연이란 도무지 있을 수 없는 일이 되고 만다. 역사의 필연성만을 고집하는 것은 과학의 허울을 쓴 숙명론에 지나지 않는다. 따라서 지나친 기계적 결정론의 오류에 빠지지 않도록 조심해야 한다. 역사 속에서 일어나는 모든 발전은 우연과 필연의 요소가 동시에 존재하는 것이다. 물론 앞서 지적하였듯이 우연적 사건이 필연적인 역사과정을 결정적으로 방해하지는 못하지만 말이다.

클레오파트라의 코

−역사의 우연과 필연

"클레오파트라의 코가 한 치만 낮았더라면 세계사가 바뀌었을 것이다." 파스칼의 이 말은 한 여성의 미모가 역사의 중요한 변화 요인으로 작용할 수 있다는 것을 강조한 말이다.

클레오파트라는 17세의 나이에 9세인 동생 프톨레마이오스와 결혼하여 이집트의 여왕이 되었다. 그녀가 왕위에 오른 지 5년 후 로마의 실력자인 폼페이우스가 카이사르에게 쫓겨 이집트로 피신하자 이집트는 정쟁에 휘말리게 되었다. 로마에 반감을 품은 이집트인들은 폼페이우스를 살해하였고, 뒤쫓아 온 카이사르도 폭도로 변한 민중의 습격을 피해 간신히 왕궁으로 피신하였다.

이때 클레오파트라는 자신의 젊음과 미모를 무기 삼아 로마의 최고 실력자인 카이사르에게 접근하였다. 클레오파트라는 스스로 나체가 된 자신을 선물로 포장하여 밤에 카이사르의 방으로 배달하도록 하였다. 50세가 넘은 카이사르가 22세인 클레오파트라의 젊음과 세련된 매너에 포로가 된 것은 두말할 나위가 없었다. 클레오파트라는 카이사르의 아이를 출산하였다. 카이사르는 로마로 개선한 후 그녀와 아이를 로마로 불러들여 함께 살도록 배려하였다.

든든한 후견인이었던 카이사르가 기원전 44년 부르투스와 카시우스 등 원로원 일파에 의해 암살되자, 클레오파트라는 이집트로 돌아갈 수밖에 없었다. 한편, 카이사르의 부하였던 안토니우스는 카이사르의 암살자들을 모두 소탕하고 로마의 실력자로 등장하여 동방의 속주를 관장하였다. 야심으로 가득한 클레오파트라는 다시 새로운 변화를 시도하였다. 그 상대는 로마의 새로운 강자로 등장한 안토니우스였다.

　안토니우스 역시 아름다운 미모뿐만 아니라 재치와 매력이 넘치는 클레오파트라에게 매혹되었다. 안토니우스는 페니키아, 시리아, 키프로스 등 동방 속주의 절반을 클레오파트라에게 선물로 주는 일종의 매국 행위를 저질렀다. 결국 안토니우스는 옥타비아누스의 동생인 아내 옥타비아와 이혼하고 클레오파트라와 결혼하였다. 클레오파트라는 안토니우스의 아들 둘을 낳았다.

　이런 상황에서 안토니우스의 유언장이 로마에서 공개되었다. 그 내용은 "내가 죽거든 내 유해를 클레오파트라 옆에 묻어 달라."는 것이었다. 상황이 이쯤 되자 로마 시민들은 더 이상 참을 수가 없었다. 로마 시민들은 "안토니우스를 당장 로마로 끌고 와서 법정에 세우고, 마녀 클레오파트라를 우리의 손으로 쳐 죽이자."라며 흥분하였다. 이런 분위기를 타고 로마의 최고 실력자로 성장한 옥타비아누스는 시민들의 전폭적인 지지를 받으며 원로원을 움직여 안토니우스의 모든 권한을 박탈하고 이집트에 대한 선전포고를 하였다.

　운명은 기원전 31년 악티움 해전에서 결정되었다. 이 해전에서 안토니우스와 클레오파트라 연합군은 옥타비아누스에게 참패하였다. 안토니우스는 자살하고 클레오파트라의

악티움 해전

야망은 물거품이 되고 말았다. 포로가 된 클레오파트라는 새로운 강자로 등장한 옥타비아누스의 환심과 사랑을 얻으려고 시도하였다. 그러나 이번에는 그녀의 뜻대로 되지 않았다. 실의에 빠진 클레오파트라는 독사로 하여금 자신의 가슴을 물게 하여 스스로 목숨을 끊었다. 당시 클레오파트라의 나이는 39세였다. 결국 그녀의 자살과 함께 이집트도 영원히 역사에서 사라지고 말았다.

말 그대로 클레오파트라의 코가 한 치만 낮았더라면 안토니우스가 오똑한 코를 가진 클레오파트라의 미모에 매료되어 아내를 버리는 일은 일어나지 않았을 것이다. 또한 안토니우스는 악티움 해전에서 처남인 옥타비아누스와 전쟁을 벌이지도 않았을 것이며, 전쟁에서 패배하여 자살하지도 않았으리라는 것은 그럴듯한 이야기다. 더 나아가 클레오파트라가 아름답지 못했다면 로마는 전 지중해를 완전히 통합하지 못했을 것이고, 옥타비아누스는 로마제국을 창건하지 못했을지도 모른다. 그래서 클레오파트라의 코가 조금만 낮았다면 로마의 역사는 물론이고 세계의 역사가 달라졌을 것이라고 말하는 것이다.

클레오파트라의 미모 때문에 로마의 역사가 크게 바뀌었다는 식의 사고방식을 확대하면 역사에서 필연적인 법칙을 발견하려는 노력은 모두 헛수고에 불과할 것이다. '여성의 미모', 즉 인간의 신체적 생김새는 자연적인 것이며 우연적인 것이기 때문이다. 그러나 우리는 이러한 설명에 한두 가지 의문을 품지 않을 수가 없다. 먼저 안토니우스가 클레오파트라와 사랑에 빠져든 것을 우연이라고 할 수 있을까? 우리는 주변에서 아름다운 여성에게 매혹되는 남성을 얼마든지 볼 수 있다. 이것은 일상생활에서 흔히 나타나는 아주 정상적인 현상이다. 그리고 악티움 해전 이후 로마공화정이 몰락한 것은 사실이지만, 그것이 클레오파트라의 코 때문이라는 것은 지나친 해석이다.

앞서 카이사르의 암살 사건에서 보았듯이, 부르투스를 비롯한 원로원은 카이사르를 잔인하게 암살함으로써 공화정을 회복시키려 하였지만, 오히려 공화제의 몰락을 촉진시키는 결과를 초래하였다. 군사독재 체제인 제정으로의 이행은 거스를 수 없는 시대의 대세였다. 로마는 포에니 전쟁을 치르면서 계급투쟁과 권력 다툼, 암살과 전쟁, 반란이 계속되었으며, 로마 사회는 점차 사치와 방탕의 생활로 접어들면서 공화정이 이미 무너져 가고 있었다.

더욱이 스파르타쿠스 난 이후부터 노예반란이 계속되자 로마의 귀족들은 기득권을 유지하기 위해 강력한 독재정권을 필요로 하였다. 이러한 상황에서 군벌을 중심으로 한 권력 쟁탈전이 벌어졌고, 마침내 옥타비아누스가 독재자로 등장했던 것이다. 이와 같은 역사적 사실을 고려한다면 악티움 해전은 단순히 안토니우스가 클레오파트라의 아름다움에 빠져 일으킨 전쟁이 아니며, 당시 로마의 시대적 · 사회적 흐름으로 볼 때 옥타비아누스가 안토니우스를 제거하고 독재자로 등장한 것은 피할 수 없는 역사적 필연이었다.

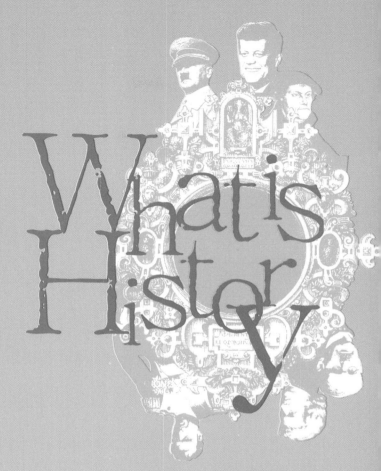

Chapter 13

역사에서 원인과 결과는
어떻게 설명되는가

꽃을 알아야 씨앗을 바로 이해할 수 있다.

즉, 처음 생긴 것은 항상 나중에 생긴 것에 따라 해석된다.

– 프롬(Erich Fromm)

역사에서 원인 규명이 어려운 이유

"콩 심은 데 콩 나고 팥 심은 데 팥 난다."는 말처럼 자연현상은 물론 인간의 행위나 사건에는 반드시 원인이 존재하기 마련이다. 역사 연구의 가장 핵심적인 부분은 무엇보다도 사건의 인과관계를 규명하는 일이다. 과거에 일어난 수많은 사건이나 사회적 현상이 발생하게 된 원인과 결과를 설명하지 않고서는 역사의 의미와 가치는 상실될 것이며, 아마도 역사의 기능은 골동품 수집 정도에 지나지 않을 것이다. 그리하여 역사가들은 그 사건의 원인이 무엇이며, 어떤 결과를 초래하였는지에 대해 관심을 가진다. 꽃을 알아야 그 씨앗을 알듯이, 원인을 모르고는 그 사건의 전모를 파악할 수 없기 때문이다.[1]

우리 주변에서 일어나는 하찮은 일도 보는 사람의 관점에 따라 다르게 해석된다. 놀이터에서 아이들이 다투는 것을 보더라도 각각 그 이유가 다르다. 부부싸움을 하더라도 아내와 남편의 입장이 각기 다른 법이다. 어느 농촌 마을에 전염병이 돌아 많은 사람이 사망했다고 가정해 보자. 여기에 빈곤, 세균

271

의 번식, 비위생 등의 요인들이 주어졌다면, 의사는 전염병의 원인을 세균의 번식으로 보고 빈곤과 이로 인한 비위생을 조건으로 간주할 것이다. 반면, 사회학자들은 전염병의 원인을 빈곤으로 보고 세균의 번식이나 비위생 등 생물학적 요인을 조건으로 간주할 것이다. 이와 같이 간단한 사건도 보는 사람의 입장에 따라 원인에 대한 분석이 다양하다. 하물며 다양한 인간의 심리와 행위, 복잡한 시대적·사회적 배경이 얽히고설킨 역사적 사건의 경우는 어떻겠는가?

원인과 결과의 규명이 역사학 연구의 핵심적인 문제이긴 하지만, 객관적이고 타당한 인과관계를 밝히는 것은 결코 쉬운 일이 아니다. 역사가들은 원인 문제에 대해서 각기 다른 입장과 견해를 보이고 있다. 역사가들은 동일한 사건을 가지고도 다양한 각도에서 원인들을 규명하고, 그 원인들조차도 중요도의 차이에 따라 순위를 매겨 평가하기도 한다.[2]

역사에서의 인과관계는 자연과학에서의 그것과는 상당히 다르다. 자연과학의 경우 실험을 통하여 일정한 조건과 자극이 주어지면 동일한 결과가 나타난다. 온도를 높이면 물이 끓어 수증기가 되며, 온도를 낮추면 물이 얼어 얼음으로 변한다. 물은 높은 곳에서 낮은 곳으로 흐르며, 리트머스 실험지에 산성 물질이 닿으면 붉은색으로 변한다. 이렇듯 자연과학에서는 동일한 조건이나 원인에 대한 동일한 결과를 항상 기대할 수 있다.

그렇다면, 역사적 사건들도 자연과학에서와 같이 필연적인 인과론에 의해 지배되는가? 우선 역사는 자연과학과 그 연구 대상이 다르다. 자연과학은 구체적인 물질이나 생명체, 그리고 자연 현상을 다룬다. 그러나 역사는 만져질 수 없는 무형의 것들, 제도나 사상, 사회운동과 같은 주제를 취급한다. 따라서 자연과학과는 달리 역사에서의 원인은 추상적인 개념을 띨 수밖에 없다.

필연적인 법칙에 의해 움직이는 자연 현상과는 달리, 역사는 자유 의지와 의식을 가진 인간이 창조해 낸 사회 현상을 연구하는 학문이다. 따라서 역사에는 자연에서와 같이 일정한 패턴이나 법칙이 적용되지 않는다. 더욱이 역사는 자연과학에서와 같이 실험이나 관찰의 대상이 될 수도 없다. 과거에 발생한 사건, 상황, 조건들은 다시 그대로 반복되지 않고 다시 재현할 수도 없다.

어떤 역사가가 마르틴 루터의 종교개혁을 연구한다고 할 때, 그는 500년 전의 과거로 돌아가 사건의 전 과정을 탐구할 수는 없다. 또한 동일한 원인을 발생 당시의 상황에서 정확히 재현할 수도 없을 것이다. 과거는 이미 지나갔고, 역사가 자신이 당시 사건의 직접적인 목격자가 아니기 때문이다. 따라서 역사에서 절대적이며 보편적인 인과관계를 규명한다는 것은 불가능하며, 역사가가 밝힌 원인이란 것도 어찌 보면 자신의 개인적 견해에 불과한 것이다.

역사적 원인에 대한 회의적 태도는 주로 관념론자들에게서 나타난다. 콜링우드Collingwood는 역사가들이 이야기하는 원인이란 여러 가능한 조건 가운데 단지 하나에 불과하며, 이조차도 상대적인 가치만 지닐 뿐이라고 하였다. 물론 콜링우드는 원인이라는 말을 부정하지는 않았지만, 그것은 단지 동기라든가 이유라든가 하는 특별한 의미가 부여될 뿐이라고 지적하였다.[3]

역사적 사건에 대해 원인을 규명한다는 것이 무의미함을 단적으로 표명한 사람은 18세기 영국 철학자 흄David Hume이었다. 흄은 "역사적인 사건과 사건 사이에는 실질적으로 아무런 연관관계도 없다. 그것은 모두 갈가리 찢어진 조각이다. 따라서 원인과 결과란 사람의 마음속에 있는 환상일 뿐이

273

다."라고 주장하였다.[4] 흄은 인과관계가 사실에 근거한 것이 아니라 단지 하나의 사고 습관일 뿐이라고 지적하였다.

역사의 인과론적 설명

역사의 인과론적인 설명에 대한 회의적인 시각에도 불구하고, 역사학이 과거의 사료를 근거로 서술하는 학문이라면 어떤 형태든지 설명이라는 수단은 피할 수 없는 일이다. 이런 의미에서 카Carr는 "역사란 과거 사건들을 원인과 결과로 일목요연하게 연결시킴으로써 성립되는 것"이며, "역사 연구는 원인들의 연구"라고 언급하였다.[5] 가디너Patrick Gardiner 역시 역사 서술이 창의적인 것이라면 실증을 거친 사실들 간에 인과적인 관계가 밝혀져야 하며, 이를 통해 역사적 사건에 대해 합리적인 이해를 할 수 있을 것이라고 주장하였다.[6] 그러면 로마제국의 멸망과 1차 세계대전을 예로 들어 역사의 원인과 결과가 어떻게 규명되며, 이 과정에서 유의할 점이 무엇인지를 살펴보자.

로마제국의 멸망

로마제국의 멸망만큼이나 역사가들의 관심과 논쟁을 일으킨 사건은 드물 것이다. 로마가 하루아침에 강대국으로 등장하지 않은 것처럼 로마가 하루아침에 무너진 것도 아니었다. 오늘날에 이르기까지 수많은 역사학자가 로마의 멸망에 대해 다양한 원인을 제시하고 있다.

많은 학자는 476년 게르만 용병대장 오도아케르의 로마 침입으로 1200년간 유지되어 온 로마제국이 몰락했다고 보고 있다. 그러나 학자들 간에도 로마 멸망의 시기를 476년 서로마제국의 멸망, 395년 동서로마의 분할, 또는 1453년 비잔티움 제국의 멸망으로 관점에 따라 달리 보기도 한다. 물론 게르만족의 침입이 로마를 멸망으로 이끈 직접적인 요인이 되었다는 것은 부정할 수 없는 사실이다. 그러나 로마의 멸망이라는 커다란 역사적 사건을 단일 요소로 설명한다는 것은 결코 적절한 설정이 되지 못할 것이다. 이미 썩을 대로 썩은 로마는 오도아

〈로마제국의 멸망〉 영화 포스터

케르가 아닌 그 누구에 의해서도 멸망될 수밖에 없는 상황이었다. 로마가 멸망한 주요 원인은 다음과 같다.

① 지나친 영토 팽창: 로마의 인구와 경제력으로 볼 때 로마는 무리하게 영토가 넓었으며, 이로 인하여 국방비가 과도하게 지출되어 다른 분야의 균형 있는 발전을 이룰 수 없었다.

② 기독교의 전파: 로마 말기에 급속도로 전파된 기독교는 로마에 대한 애국심과 충성보다는 신에 대한 믿음과 복종을 강조하였고, 평화를 찬양하여 로마의 군인정신을 약화시켰다.[7]

③ 왕위 계승에 대한 명백한 절차 결여: 후계자에 대한 법의 절차와 규정이 없어서 황제가 갑자기 죽었을 경우 유력한 군벌을 중심으로 무력으로 왕위를 찬탈하려는 음모가 지속되어 로마는 혼란과 무질서를 겪

게 되었다.

④ 노예제도의 붕괴: 노예는 로마의 생산노동을 대부분 담당하였다. 그러나 노예는 강요된 노동으로 생산성과 효율성이 떨어졌으며, 노예의 결혼이 법적으로 금지되어 노예의 수가 갈수록 줄어들었다. 로마의 경제를 지탱하던 노예제도가 붕괴되면서 로마는 급속히 몰락하게 되었다.

⑤ 로마를 강건하게 만든 용기와 상무정신, 건전하고 소박한 생활 태도, 권위와 전통의 존중과 같은 공화주의 정신은 점차 쇠퇴하여, 개인주의, 물질주의, 그리고 향락적인 헬레니즘 문화의 유입으로 로마는 점차 몰락을 길을 걷게 되었다.

이 외에도 로마 멸망의 원인으로 관리들의 부정과 부패, 부의 불균형, 불평등 과세, 인구 감소, 말라리아, 심지어는 납으로 만든 수도관으로 인한 수은 중독 등 실로 수많은 요인이 지적되고 있다.

이러한 요인들은 로마가 게르만족의 침입이라는 직접적이고 돌발적인 원인이 발생하기 이전에 이미 오래전부터 진행되었고, 점차 그 심각성이 드러나고 있었다. 이러한 다양한 요인들은 외형상 서로 동떨어진 개별적 요인들처럼 보인다. 그러나 이런 요인은 역사적으로 오랜 기간 서로 연결고리를 가지고 진행되어 왔으며, 서로 복합적으로 작용하여 로마제국의 멸망을 이끌었다는 것을 이해해야 할 것이다. 따라서 로마제국의 멸망 원인을 밝히기 위해서는 하나의 단일 요인을 내세우기보다 로마 사회에 뿌리박혀 있었던 다양한 요인이 어떻게 서로 복합적으로 작용하여 로마를 멸망으로 이끌었는지를 규명하려는 노력이 필요할 것이다.

1차 세계대전

1차 세계대전의 발생 원인은 무엇인가? 전쟁을 이끈 직접적인 요인은 소위 '사라예보의 총성'이었다. 1914년 6월 프린시프라는 세르비아의 한 애국 청년이 당시 보스니아 수도인 사라예보를 방문 중인 오스트리아의 페르디난트 황태자 부부를 저격한 사건이 발생하였다. 아무도 예측하지 못한 돌발적인 총성이 발생한 지 1개월 후 오스트리아와 세르비아 사이에 전쟁이 시작되었다. 이어 독일이 오스트리아 편에 서고, 러시아 · 프랑스 · 영국이 세르비아를 지원함으로써 전쟁은 순식간에 전면전으로 확대되었다.

물론 황태자 부부의 저격 사건이 전쟁으로 이끈 결정적인 도화선이 되었다는 것에는 의문의 여지가 없다. 그러나 이런 간단한 원인 하나만으로 전쟁의 원인을 설명한다는 것은 적절하지 않다. 황태자 부처의 암살 사건은 명분에 불과하였고, 이전부터 각국이 연대하여 군사동맹 체제를 맺어 전쟁할 이유를 찾지 못해 혈안이 되어 있었다. 과거에도 요인 암살 사건은 수차례 있었지만 그때는 전쟁으로까지 확대되지는 않았다. 더욱이 '사라예보의 총성'이 있기 수년 전부터 서구 열강들 사이에 일련의 갈등과 충돌이 있었다. 그렇다면 왜 1차, 2차 모로코 위기는 전쟁으로 비화되지 않았는가? 따라서 우리는 황태자라고는 하지만 한 사람과 그의 부인의 암살이 30여 개국이 참가한 국제전으로 확대될 만큼 중대한 영향을 끼쳤는가 하는 의문을 갖지 않을 수 없다.

황태자 부부의 암살은 1차 세계대전을 일으킨 필요조건은 되지만 충분조건은 되지 못한다. 이런 의문점 때문에 역사가들은 전쟁으로 이끈 더 근본적인 원인과 상황을 찾게 된다. 역사적으로 오래전부터 진행되어 온 또 다른 원인들을 이해하지 않고 황태자의 암살이라는 사건만으로는 전쟁의 원인을 충분히 밝힐 수 없기 때문이다.[8]

페이Sidney B. Fay는 『세계대전의 기원』이라는 저서에서 1차 세계대전으로 이끈 여러 복합적인 원인을 다양하게 제시하였다. 그에 따르면, 비밀조약, 군사동맹(삼국협상 대 삼국동맹), 군국주의의 대두, 민족주의(슬라브 민족 대 게르만 민족), 경제적 제국주의, 선정적인 언론 매체 등이 전쟁의 주요 원인들이었다. 전쟁 전에 장기간에 걸쳐 이러한 대립과 갈등이 있었다가 황태자 부부의 암살이라는 돌발적인 사건을 계기로 전쟁의 불씨가 당겨졌다는 것이다.[9]

1870년 프랑스와 프러시아의 전쟁부터 1914년 1차 세계대전이 발생하기 전까지의 유럽은 특정한 사건과 이슈를 둘러싸고 열강들 간의 분규와 적대감을 보이던 시기였다. 만약 페이가 열거한 전쟁의 원인들을 제거할 수 있었다면 전쟁이 일어나지 않았을 수도 있었을 것이다. 그러나 이런 추측은 단지 학술적인 논쟁거리에 불과하다. 왜냐하면 이런 요인들이 현실적으로 변화되거나 제거되지 못했기 때문이었다. 이런 점에서 페이가 전쟁의 원인을 다양한 시각에서 종합적으로 분석한 것은 상당한 설득력을 갖는다.

물론 페이의 견해가 전적으로 옳다는 것은 아니다. 역사가들에 따라서 페이의 견해에 동의하는 사람이 있는가 하면, 단지 부분적으로만 인정하는 사람도 있다. 설사 우리가 페이의 견해에 전적으로 동의한다고 해도, 이런 원인들이 실질적인 원인이라고 단정할 수는 없을 것이다. 그것들은 단지 '가능한' 원인일 뿐이다.[10] 한 역사가의 능력으로는 어떤 사건에 대한 절대적인 원인을 규명한다는 것이 불가능하다. 어찌 보면 그것은 인간의 능력을 넘은 신의 영역인 것이다.

따라서 1차 세계대전과 같은 중요한 역사적 사건의 원인을 규명하는 데 있어 역사가들은 단지 사건을 앞둔 시점의 두드러진 변화나 배경을 밝히는 것만으로는 충분하지 못하다. 역사적 원인은 일련의 연쇄과정 속에서 발전한다. A는 B의 원인이 되고, B는 다시 A의 원인이 된다는 식으로 말이다. 그리하여 역사가들은 사건의 연결고리를 찾아 시기를 더욱 앞당겨 원인의 뿌리를 추적해 나가 다음과 같은 사항을 밝히려고 한다. 1871년 독일의 통일, 통일 전 1862년 비스마르크가 프러시아의 수상이 된 배경, 윌리엄 I세에 의한 비스마르크의 수상 임명, 그리고 윌리엄 I세가 그를 수상으로 결정하게 된 배경 등.

하나의 원인은 일련의 다른 사건의 복합적인 연쇄과정으로 이어지기 마련이다. 다시 말해, 원인이 여럿이면 그 원인의 수만큼 다른 많은 요인이 각기 독립적으로 이어진다는 것이다. 역사적 사건의 원인에는 직접적이며 돌발적인 원인과 역사적으로 장기간에 걸쳐 진행되어 온 원인이 함께 존재하며, 그 원인들 또한 다양하며 상대성을 띠고 있는 것이다.

원인 규명의 접근 방법

우리가 어떤 사건이나 사물을 바라볼 때 두 가지 접근 방법을 취하게 된다. 하나는 근거리에서 자세히 관찰하는 것이며, 다른 하나는 원거리에서 전체적인 윤곽을 파악하는 것이다. 전자를 미시적 접근이라고 한다면, 후자는 거시적 접근이라고 할 수 있다. 이를 다른 말로 표현하면 '숲과 나무의 문제'다. 우리가 산속에 들어가면 개개의 나무들은 눈에 쉽게 들어오지만 숲 전체를 볼 수는 없다. 반대로 산 입구에서 먼발치로 바라보면 숲을 한눈에 볼 수 있지만 나무 하나하나를 개별적으로 관찰할 수 없을 것이다. 역사가가 원인을 밝히는 데도 이 두 가지 접근 방법을 모두 취해야 올바른 판단을 할 수 있다. 다시 말해, 미시적이면서 동시에 거시적인 시각에서 바라보아야 객관적이며 종합적인 원인 규명이 이루어질 수 있을 것이다.

역사적 원인은 대략 단기적인 돌발 사건과 장기적인 전제 조건으로 나누어 볼 수가 있다. 전자는 사건의 직접적인 발단이 된 바로 앞의 원인이며, 후자는 사건을 불가피하게 만드는 장기적인 배경적 원인을 말한다. 지극히 돌발적인 원인이 역사에 뿌리 깊은 다른 원인과 결부되었을 경우에만 역사적 사건으로 폭발하기 마련이다. 따라서 역사가는 사건의 직접적이며 우발적인 원인에만 집착할 것이 아니라 그것을 둘러싸고 역사적으로 오랫동안 진행되어 온 요인과 조건들을 종합적으로 판단해야 한다.[11]

앞서 언급하였듯이, 역사가들은 무수한 원인 중에서 주관적인 관점에 따라 그중 몇 개만을 골라 원인으로 규정하는 것이다. 원인이라는 것은 순수한 객관적 개념이라기보다는 역사가의 기준에 의해 판단되기 때문에 어떤 원인이든 단지 상대적인 가치만을 지니고 있을 뿐이다. 따라서 우리가 어떤 역사적 사건의 원인을 밝힐 때, 이 원인이 저 원인보다 더 중요하다는 식의 입장을 취하는 것은 올바른 역사 태도가 아니다.

예를 들어, 어떤 사학자가 가톨릭 교회에 대항한 루터의 행동(예: 면죄부 판매의 부당성 등을 지적한 95개조의 반박문을 비텐베르크 교회에 붙여 놓은 것)이 종교개혁의 가장 중요한 원인이며, 기타 정치나 경제, 사상적인 요인들은 덜 중요하다고 하였다고 하자. 이런 가설은 모호하고 불확실하다. 물론 종교개혁은 루터가 교황의 칙서를 불태우는 등 가톨릭 교회에 단오하게 맞서면서 시작되었다. 그러나 다른 여러 요인이 작용하지 않았다면 종교개혁은 과연 성공할 수 있었겠는가? 루터 이전에도 위클리프나 후스와 같은 종교개혁자들이 행동에 나섰으나, 모두 성공하지 못하였다는 사실이 이를 증명해 주고 있

다. 즉, 개인적인 판단이나 추측으로 역사적 원인들의 중요성을 차등하여 평가하는 것은 피해야 한다.[12]

대공황 시기 음식을 배급받기 위해 줄지어 선 실업자들의 모습(상)
1929년 10월 24일 '암흑의 목요일' 뉴욕 증권거래소 바깥 풍경(하)

대공황의 원인

소위 '재즈의 시대' '풍요의 시대'라 불리는 1920년대에 미국인들은 번영을 누리고 있었다. 그러나 1929년 10월 24일, 소위 '암흑의 목요일'이라 불리는 뉴욕 주식시장의 대폭락으로 미국 경제는 최악의 공황 상태를 맞게 되었다. 대공황의 원인은 무엇인가? 물론 주식 시장의 붕괴가 직접적인 도화선이 되었다. 그러나 경제대공황의 진정한 원인을 파악하기 위해서는 이런 단일 요인에만 주목할 것이 아니라, 그것을 둘러싼 다른 요인이나 배경도 살펴보아야 한다.

대공황은 자동차, 건축 등 소비재 산업의 침체, 소수 세력에 의한 부의 집중, 국민소득의 불균형, 구매력의 약화, 만성적인 농업 불황, 유럽의 재정위기, 국제수지의 불균형, 취약한 정부의 금융정책, 은행의 구조적 모순 등 여러 요인이 복합적으로 작용한 결과였다. 다시 말해, 대공황의 원인을 종합적으로 파악하기 위해서는 미국과 세계 경제의 구조적인 틀 안에서 단기적이 아닌 장기적, 미시적이 아닌 거시적인 입장에서 원인을 분석하여야 한다.

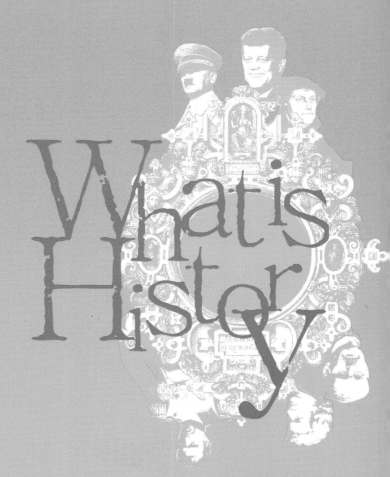

Chapter 14

영화로 쓰는 역사

역사책이 역사 지식에 대한 교육이라면, 역사극은 역사에 대한 감성교육이
다. 역사 영화나 드라마는 과거의 역사적 사실에 상상력을 부여하여 대중의
역사적 감정과 의식을 형성하는 데 커다란 기여를 한다.

– 본문 중에서

영화로 역사 쓰기

　최근 역사학계의 새로운 연구 동향의 하나로 부각된 것은 영상 매체를 활용한 역사교육이다. 이것은 역사를 단지 문자 기록을 통해서가 아니라 영상 매체, 특히 영화를 통해 연구하고 이해하려는 것이다. 미국의 경우 10여 년 전부터 영상을 통한 역사교육의 필요성을 실감하고 각종 영상 매체를 역사교육에 활용해 오고 있다.[1] 한국에서도 2000년 전국 역사학대회에서 '멀티미디어 시대의 역사 인식: 영화와 역사'라는 주제로 활발한 토론이 있었다. 그리고 역사영화를 주제로 한 저서와 논문이 연이어 출간되고 있다.[2] 각 대학의 역사학과에서도 다양한 영상 매체를 활용한 교과목들이 개설되고 있다.

　그렇다면 영화를 통한 역사교육에 관심이 높아진 원인은 어디에 있는가? 역사가들은 보통 문자를 통해 과거를 재현한다. 그러다 보니 기록된 역사만이 진정한 역사라는 고정관념이 뿌리 깊게 박혀 있다. 그러나 오늘날은 지식 정보의 디지털화가 보편화된 시대다. 영상 매체가 의사 전달이나 여론 형성의 주요 수단으로 등장하면서 문자 매체의 위기론이 확산되고 있다.[3] 젊은 세대들은 문자가 아닌 인터넷에서 정보를 얻는다. 종이 위에 글을 쓰는 대신 스크린을 보고 자판을 두드린다. 이러한 디지털 혁명과 이미지가 넘쳐 나는 오늘날, 역사학은 새로운 영상시대에 적응하기 위해 어떤 형태로든 변화를 요구하고 있다.

영상 매체를 활용한 역사교육은 소위 '인문학의 위기'를 극복할 수 있는 하나의 방편으로 제시되고 있다.[4] 일반 대중들은 전문적인 역사서적보다는 리얼리티로 가득 찬 역사영화에 더욱 매료되고 또 커다란 영향을 받는다. 공식적인 역사교육보다는 영화나 드라마와 같은 대중매체를 통해 역사에 대한 지식을 더 많이 접하고 있다.

오늘날 젊은이들은 또한 '영구적인 현재' 속에 갇혀 성장하면서 과거와의 유기적인 관계를 이루지 못하고 있다. 이제 역사가들은 젊은이들을 '현재'라는 감옥에서 끌어내기 위해 뭔가를 해야 할 때다. 바로 이런 상황에서 영국의 역사학자인 홉스봄Eric Hobsbawm의 말처럼 역사가들은 단순히 과거를 기억하거나 기록하는 사람 이상이 되어야 한다. 현재 속에 살고 있는 젊은이들을 과거 역사의 장으로 끌어들이기 위한 효과적인 방법 중의 하나가 바로 영상 매체를 활용하는 역사교육일 것이다. 그리하여 '영화와 역사의 만남'이 새로운 대안으로 제시되고 있다.[5]

'영화로 역사 쓰기'라는 말은 영화라는 도구를 이용하여 역사를 재현하는 것이다. 주로 정치적인 사건이나 전쟁을 그리는 경우가 많으나, 역사적 인물의 로맨스, 모험담, 전기를 다루기도 한다. 역사영화는 화면에 나타나는 장면마다 그 시대의 의상과 각종 소품들, 주변의 풍광에 이르기까지 역사적 고증을 거쳐야 하기 때문에 과거의 모습을 영상으로 생생하게 볼 수 있다.[6] 역사책이 역사 지식에 대한 교육이라면, 역사극은 역사에 대한 감성교육이다.

역사 영화나 드라마는 과거의 역사적 사실에 상상력을 부여하여 공식적인 역사교육이 미치지 않는 대중의 역사적 감정과 의식을 형성하는 데 커다란 기여를 하고 있다.[7]

영화에는 활자나 사진을 능가하는 장점이 있다. 영화의 역사 서술에는 나름대로의 독특한 기법이 있으며, 일반 역사가들의 역사 서술을 능가하는 영역이 존재한다. 이야기의 구성방법이나 다양한 언어, 음향, 미장센Mise-en-Scène (무대의 등장인물의 배치나 동작, 조명 등에 관한 종합적인 설계) 등 영화는 다양한 텍스트를 구사함으로써 역사를 다양한 각도에서 조명할 수 있다.[8] 영화가 갖는 이러한 장점들을 살린다면 역사를 더욱 풍요롭게 재현할 수 있을 것이다.

대체로 요즘 학생들은 역사라는 교과목에 그리 큰 매력을 느끼지 못하는 것 같다. 암기식, 주입식 교육에 익숙한 학생들에게 역사는 외워야 할 것이 많은 지루한 과목으로 여겨지기 쉽다. 단순한 암기와 주입식 교육으로는 학생들의 역사에 대한 지적인 욕구를 충족해 주지 못한다. 이에 대한 대안이 바로 '영화로 역사 보기'다.

영화는 학생들에게 지난 한 시대 인류의 삶이 어떠했는지를 쉽게 이해하도록 도와준다. 신문과 같은 기록 매체와 달리, 뉴스나 영화는 한 시대의 분위기를 다각적인 차원에서 이해하는 데 도움을 준다⋯⋯. 예를 들어, 1930년대 제작된 미국 영화들은 그것이 뮤지컬이든 갱영화이든 혹은 월트디즈니의 애니메이션이든 대공황 연구의 극적인 배경을 제공한다. 학생들은 이런 영화들을 통해 좀 더 손쉽게 역사를 이해할 수 있다. 존 스타인벡John E. Steinbeck의 소설이나 클리퍼드 오데츠Clifford Odets의 희곡에서 많은 것을 배운 학생들보다는 이들을 꼼꼼히 읽지 못한 학생들, 그래서 연구의 아이디어를 얻지 못한 학생들에게 (영화는) 커

다란 효과가 있다.[9]

역사와 상상력의 만남

역사는 인류가 수천 년에 걸쳐 쌓아 온 과거의 생활이나 경험을 연구하는 학문이다. 그러나 과거는 이미 되돌아갈 수 없는 시간적 괴리 때문에 있는 그대로의 사실을 정확하게 파악하기란 불가능하다. 문자 텍스트로 구성된 사료 또한 그것을 기록한 역사학자들의 주관이 반영되고, 승자의 입장에서 기록된 면이 적지 않기 때문에 객관적인 진실이라고만은 보기 힘들다.

19세기까지만 해도 '위로부터의 역사', 즉 지배층의 관점에서 서술한 역사가 대부분이었다. 따라서 그 시대를 살았던 절대 다수인 백성들의 생활상을 정확하게 이해하기란 쉽지가 않았다. 드문드문 단편적으로 남아 있는 사료들, 그마저도 지배층의 입장을 대변하는 사료로는 역사를 제대로 파악하기가 어렵다. 이런 한계로 인하여 역사를 배움으로써 얻을 수 있는 교훈 역시 제한적일 수밖에 없다.

이러한 사료의 부재나 틈새를 보완해 주는 것이 역사적 상상력이다. 문제는 얼마만큼의 상상력을 동원할 수 있는가 하는 것이다. 역사가들은 사료의 틈새를 이어 주는 일종의 접착제 정도만큼의 상상력을 필요로 한다. 그러나 영화나 사극 제작자들에게 사료는 자신이 구성한 드라마의 줄거리를 그럴듯하게 포장하는 보조자료일 뿐이다. 역사가에게 역사적 사실은 목적이고 상상력은 그러한 사실을 뒷받침하는 수단이다. 그러나 영화나 사극 제작자에게는 역사적 사실이 수단이고 상상력은 바로 목적이 된다.

사극 〈뿌리 깊은 나무〉와 〈동이〉

영화가 관객을 끌어들여 흥행에 성공하기 위해서는 무엇보다도 흥미와 감동이 있어야 한다. 영화 역시 하나의 비즈니스이자 산업이기 때문에 상업성을 고려하지 않을 수 없다. 따라서 영화는 역사의 흥미진진한 소재를 활용하긴 하지만 더 극적인 감동을 불러일으키기 위하여 상상력에 의존할 수밖에 없다. 다시 말해, 실제 이미지와는 관련이 없는 가공의 인물을 등장시키거나 어떤 인물의 행적 또는 사상을 과장하거나 미화하여 관객의 마음을 사로잡으려는 경향이 강하다. 심지어 고증 가능한 역사적 인물조차 스크린 위에서 연기자에 의해 재창조되는 순간 허구적인 인물로 변해 버리는 경우가 있다. 영화들은 실제 사건과 가공된 개인의 에피소드를 결합시킨다. 그리고 특정 주인공의 이야기에 관심을 집중시킨다. 이것은 관객을 영화 속의 주인공과 동일시하여 같은 감정과 생각을 갖도록 하기 위한 것이다. 이런 이유로 영화가 역사를 왜곡한다는 비판을 받기도 한다.[10]

영화에서 허구와 역사는 서로 지속적으로 상호작용을 한다. 따라서 허구를 무시하면서 영화를 제작하는 일은 불가능하다. 또한 영화의 각 장면과 의상, 소품들은 기록에 근거하여 재현될 수밖에 없다. 더욱이 인물의 제스처나 표현방법들, 인토네이션 등은 전적으로 그 역할을 맡은 배우들에 따라 달라지기 마련이다.[11] 결국 영화에서의 허구는 어느 정도 불가피하다는 것이다. 소설과 마찬가지로 허구가 없는 영화는 존재할 수 없다. 바로 이 점을 인정할 때 영상 매체로 전달되는 역사 역시 과거를 표현하고 해석하는 하나의 독특한 방법이 될 수 있을 것이다.

상상력은 오랜 학문인 역사학을 지속시켜 온 가장 중요한 원동력이다. 상상력으로 인해 역사는 절대적인 '과거'가 아닌, 끊임없이 새로워질 수 있는 것이다. 사실 역사학자들이 새로운 사료를 발견할 가능성은 크지 않다. 그러나 역사학이 늘 풍성하게 연구되어 온 이유는 역사가들이 상상력을 발휘하여 끊임없이 새로운 질문을 던지고, 동일한 사료일지라도 다른 시각으로 해석해 왔기 때문이다. 당시의 시대적 상황을 유추해 보는 역사가의 상상력이 없다면 사라진 역사를 당시의 모습대로 되살려 낼 수 없기 때문이다.

역사적 사실을 연구하는 것은 물론 역사물을 다루는 드라마의 경우에도 이런 상상력은 필수적이다. 그러면 역사극 〈대풍수〉에서 이성계가 위화도 회군을 결심하는 장면을 예로 들어 역사적 사건에 대한 상상력이 어떻게 작용하는지 살펴보자.

요동 정벌을 위해 압록강의 위화도에 이른 이성계는 장마로 물이 불어나자 고민에 빠진다. 진군하자니 부하들의 안전이 걱정되고, 기다리자니 적에게 발각될 진퇴양난에 처하게 된다. 이성계는 목지상의 거듭된 회군 설득에도 불구하고 아버지와 같은 최영 장군과 볼모로 잡힌 두 아들을 생각해 우왕의 명령대로 요동을 정벌하러 나선다. 이성계는 압록강을 건너 요동으로 진군할 것을 명하지만, 거세게 쏟아지는 굵은 빗줄기에 강물은 급격히 불어나, 수많은 병사가 물살에 휩

쓸려 희생되고 만다. 더욱이 비로 인하여 군량 저장고가 무너지고 역병까지 돈다. 최악의 상황이 계속되자 도강을 중지한 이성계는 우왕에게 절박한 상황을 알리고 회군을 요청하는 서찰을 보낸다. 그러나 우왕은 이성계의 말을 모두 변명으로 믿고 회군을 허락하지 않는다.

우왕은 볼모로 잡아 둔 이성계의 두 아들의 상투를 잘라 보내면서 이성계에게 계속 진군하도록 압박을 가한다. 최영 장군 역시 진군을 명령한다. 설상가상으로 왕의 전령은 최영의 명령이라며 좌군 사령관인 조민수 장군에게 이성계의 암살을 종용하기까지 한다. 이를 알게 된 이성계가 최영에 대하여 심한 배신감을 느끼는 사이 목지상은 이방원이 볼모로 잡힌 두 형님을 구출할 것이라며 다시 한 번 회군을 설득한다.

결국 이성계는 "최영은 예전의 최영이 아니다. 노쇠해져 독단만 남았다. 최영의 뜻에 따라 진군하게 되면 고려의 안위가 위태롭다."라며 회군을 결정한다. 계속해서 내리는 비로 불어난 압록강, 무너진 군량 저장고, 역병으로 죽어 가는 군사, 강압적인 우왕의 명령 등 모든 상황이 이성계에게 요동 정벌을 포기하고 위화도 회군을 선택하게 하였다, 개경으로 돌아온 이성계는 마침내 최영을 몰아내고 우왕을 폐위시켜 새로운 왕조인 조선을 창업하게 된다.

역사극 〈대풍수〉에서 나오는 위화도 회군에 관한 이런 극중 인물들의 진술과 상황은 역사적 사실이라고 보기는 힘들다. 작가가 사극의 리얼리티를 더하기 위해 만들어 낸 허구다. 그러나 극 중에서 명을 치느냐 회군을 하느냐의 기로에 선 이성계가 "요동을 치는 것은 임금의 뜻이고 회군을 하는 것은 하늘의 뜻이다."라고 말했듯이, 작가의 상상력은 위화도 회군이 결국 '조선 건국의 피할 수 운명'이라는 결론을 이끌어 낸다. 상상력은 이렇게 역사적 맥락 속에서 당시의 상황과 인간의 모습을 조명하는 데 동원된다.

객관적이어야만 하는 역사와 작가의 주관적인 상상력은 서로 관계가 없는 것처럼 보인다. 그러나 과거의 사실들은 상상력을 가진 역사가를 통해서 역사의 한 부분이 되기 때문에 이 과정에서 역사가의 상상력은 역사의 한 부분이 될 수밖에 없다. 우리는 상상력이 주관적이라고 해서 역사에서 상상력을 배척해서는 안 된다. 역사적 사실을 근거로 한 상상력을 통해 우리가 전에는 보지 못했던 역사를 새롭게 해석할 수 있는 것이다.[12]

새로운 문화 코드로 등장한 팩션

팩션의 의미와 특성

팩션faction은 사실fact과 허구fiction라는 두 단어의 합성어다. 팩션은 역사적 사실이나 실존 인물에 작가가 상상력을 덧붙여 새로운 이야기를 재창조하는 문화예술 장르다. 팩션은 처음 개념이 정립되었을 때는 주로 소설의 한 기법으로 사용되었지만, 영화, 드라마, 연극, 게임, 만화 등 문화계 전 분야에 걸쳐 소위 '대세'가 되어 가고 있다. 이런 의미에서 팩션은 모든 것의 경계가 소멸하고 있는 이 시대의 특성을 잘 보여 주는 예술의 한 형태다.

팩션이 새로운 문화 코드로 자리를 잡게 된 것은 댄 브라운Dan Brown의 소설 『다빈치 코드』가 큰 성공을 거두면서부터다. 역사적 사건을 추리 기법으로 다룬 『다빈치 코드』는 2003년 3월 출간되자마자 베스트셀러에 오르면서 100만 부 이상 팔려 나갔고, 장기간 판매 순위 1위를 차지하였다. 이것은 출판계 불황 속에서 매우 이례적인 일이었다. 이후 영화와 TV 드라마 등에도

팩션영화 포스터

역사적 사건에 상상력을 가미한 팩션이 커다란 인기를 끌었다. 한국에서도 〈살인의 추억〉〈태극기 휘날리며〉〈실미도〉〈왕의 남자〉〈마이웨이〉〈광해, 왕이 된 남자〉 등의 영화와 〈해신〉〈불멸의 이순신〉〈대풍수〉〈대왕의 꿈〉 등 TV 드라마가 대중문화의 한 조류로 등장하는 데 기여하였다.

　팩션이 화제가 되는 이유는 전혀 다른 두 분야인 것처럼 보이는 실재와 허구, 사실과 소설 사이의 경계를 과감히 폐지하고, 이 두 분야의 혼합을 시도했기 때문이었다. 미래를 상상하는 것 못지않게 과거를 추리하여 재구성하는 것은 흥미로운 작업일 것이다. 팩션 소설이나 영화는 우리가 알고 있던 역사적 사실과 인물에 대한 지식을 대입하여 과거를 추리하고 새로운 가능성을 상상하게 하는 즐거움을 준다.

사실과 상상력의 경계

　오늘날 유행하고 있는 팩션물의 시대적 의미나 평가는 다양할 수 있으나, 그 주된 논쟁의 핵심은 '사실'과 '상상력'의 문제다. 팩션물에서 역사적 사실

팩션이 새로운 문화 코드로 자리를 잡게 된 것은 영화 〈다빈치 코드〉가 흥행을 거두면서부터였다. 그러나 '팩션'이라는 용어는 미국인 작가 트루먼 캐포티(Truman Capote)가 1965년 『냉혈』이라는 소설을 쓰면서 처음으로 생겨났다. 이 소설은 1959년 미국 캔자스 주에서 실제로 일어난 일가족 4명의 살인사건의 진상을 파헤치는 내용으로 구성되어 있다. 캐포티는 이 그 끔찍한 살인사건의 전말을 조사하는 과정에서 범인들과도 가까워졌고, 그 결과 언론에 보도되지 않은 많은 사실을 밝혀냈다. 그는 사건을 순서대로 기록해 나가는 대신, 범인들과 녹음한 대화와 그들의 심리 상태를 자신의 상상력을 가미해 써나갔고, 독자들에게 그것은 마치 새로운 형태의 소설처럼 보였다. 현대 문단에서 최초의 팩션이 탄생한 순간이었다

과 상상력의 결합은 피할 수 없다. 역사가는 무엇보다도 사실을 존중하고 그 사실이 정확한가를 철저히 확인한다. 그러나 팩션물에서는 대중적 흥미를 유발하기 위해 역사적 사실에 극적인 상상력을 결합시킨다. 다시 말해, 역사는 과거의 사실을 재구성하는 과정이나, 팩션은 역사가에 의해 재구성한 과거를 작가가 창조적인 상상력을 발휘하여 다시 한번 재구성한 것이라 할 수 있다.

〈마이웨이〉는 2차 세계대전의 소용돌이 속에서 노르망디 상륙작전을 승리로 이끈 연합군에 의해 발견된 한 한국인의 실화를 바탕으로 한 영화다. 『밴드 오브 브라더스*Band of Brothers*』의 작자이자 유명한 역사학자인 스티브 앰브로스Stephen E. Ambrose의 저서 『디데이*D-day*』에는 한국인으로 추정되는 인물이 독일 군복을 입은 채 연합군에게 생포된 사진과 함께 다음과 같은 짧은 기록이 실려 있다.

이 사람은 일본군으로 징집되었다. 그는 1939년 만주 국경 분쟁 시 소련군에 붙잡혀 포로가 되고, 다시 독일의 소련 침공 시 독일군 포로가 되어 대서양 방벽을 건설하는 데 강제로 동원되었다. 그리고 노르망디 상륙작전 때 다시 미군의 포로가 되었다. 붙잡혔을 당시 아무도 그가 사용하는 언어를 알아들을 수 없었다. 그는 한국인으로 밝혀졌으며 미 정보부대에 자신의 기구한 운명에 대해 이야기하였다.

영화 〈마이웨이〉

이렇게 짧은 기록을 바탕으로 제작된 것이 바로 영화 〈마이웨이〉다. 역사가들은 과거의 사실을 가능한 한 객관적으로 기록하려 한다. 그러나 역사극 제작자는 과거의 단편적인 사실에 상상력을 동원하여 살을 붙이고 피를 통하게 하여 과거를 재구성한다. 〈마이웨이〉는 2차 세계대전을 배경으로 조선의 김준식과 일본의 하세가와 타츠오 두 청년이 중국과 소련, 독일을 거쳐 노르망디에 이르는 1만 2,000km의 '끝나지 않는 전쟁'을 통한 우정과 인간애를 그리고 있다. 이런 상상의 역사는 나름대로 역사적 사실을 해석하여 그것을 이야기로 만들어 낸 것이다. 이처럼 사실과 해석 가운데 무엇에 더 중점을 두고 이야기를 구성하느냐에 따라 역사인가 혹은 사극인가가 결정된다.[13]

〈대왕의 꿈〉은 우리나라 역사상 최초로 난세를 평정하고 통일국가를 완수한 태종 무열왕과 김유신 등 영웅들의 일대기를 재조명한 팩션 드라마다. 이 드라마에서는 실제 역사와 다른 인물이 등장한다. 신라 26대 왕인 진평왕의 둘째 부인인 승만 부인은 드라마에서 왕후로 그려진다. 극 중에서 승만 왕후는 왕자를 낳아(사실은 자신의 딸과 천민의 자식을 바꿔치기 했음) 진평왕의 후사로 삼기 위해 선덕여왕과 대립하고, 심지어 백제왕에게 군사적 도움도 요청한다. 그러나 실제로 승만은 진평왕의 둘째 부인은 맞지만 자식을 낳지 못해 후사가 없었다. 또한 알천은 김춘추를 왕위 계승자로 추천한 다음 물러났다고 하는데, 역사에서는 알천이 왕위를 양보한 배경이 김춘추와 김유신의 정치적 책략 때문이라고 나타나 있다. 『삼국유사』에 나오는 비형랑 역시 설

북한산 진흥왕 순수비

북한산 진흥왕 순수비는 신라 진흥왕이 한강 유역을 획득하고 난 뒤 그것을 기념하기 위해 세운 비로서, 신라인들에게는 신라의 위대한 영광을 상징하는 상징물과도 같은 것이었다.

화의 주인공으로서 실제 인물인지에 대한 논란이 많다.

극 중에 귀문의 우두머리인 비형랑은 죽은 진지왕(신라 25대 왕)의 서자로서 자신과 같이 비천한 신분을 가진 사람들도 떳떳하게 대접받는 세상을 만들기 위해 승만 왕후와 힘을 합쳐 김유신과 대립한다. 또한 비형랑이 반역자이든 아니든 상관하지 않고 일편단심 그를 바라보는 김유신의 첫째 누이 보희의 사랑도 구구절절하다. 무엇보다도 고구려와의 국경지대를 순찰하고 있던 어느 날 김춘추와 김유신 두 사람이 북한산 진흥왕 순수비 앞에서 삼국통일의 대업을 맹세하는 장면은 역사적 사실이 아닌 허구다.

〈대왕의 꿈〉에서 보듯이, 역사극이나 역사영화가 허구로 역사를 꾸밈으로써 역사의 진실을 효과적으로 전달하는 것을 역사 왜곡으로 비난하는 것은 옳지 않다. 왜냐하면 역사드라마는 그 속성상 역사적 사실보다는 오히려 상상에 의존해 스토리를 풀어 나가고 있기 때문이다. 문제는 사실의 허구가 아니라, 관객이 사실과 허구를 혼동할 때 발생한다.[14] 따라서 역사극이나 역사영화는 단순히 오락이라는 차원을 넘어 교훈과 교육적인 기능도 가지고 있기 때문에 스토리의 구성이나 전개에 보다 신중한 자세가 필요하다. 관객 역시 역사를 제대로 해석하고 이해하는 올바른 시각을 가지고 있어야 한다.

팩션에 대해선 '역사에 대한 관심을 높였다'는 반응과 '역사를 왜곡하여 전달한다'는 평가가 엇갈린다. 예를 들어, 조선의 화가 신윤복을 여자로 묘사한 드라마와 영화가 잇달아 나오면서 역사 왜곡 논란이 크게 일었다. 따라서 팩션이 어느 정도까지 역사이며 어느 정도까지 창작의 범위에 해당하는

가를 고민해야 할 것이다. 역사소설은 일종의 역사 교재의 역할도 한다. 그렇기에 기본적으로 팩트를 바탕으로 해야 한다. 팩트를 왜곡하지 않고도 상상력을 발휘할 수 있는 여지는 얼마든지 있기 때문이다.

팩션영화의 유형[15]

영화의 탄생 이후 역사적 사건이나 위대한 영웅들의 삶이 수많은 영화의 소재로 사용되어 왔다. 그리고 최근에는 숨겨진 비화나 알려지지 않은 일반인들의 삶이 영화의 소재로 자주 등장한다. 이처럼 실화 영화가 증가하는 이유는 과거 사회적 충격을 주었던 실화에 대한 생생한 기억을 되살려 주는 극적인 효과와 흥미를 더할 수 있기 때문이다. 이런 이유로 할리우드에서도 대중에게 각인된 실화 사건들을 대부분 영화화하고 있다. 역사를 모티브로 한 영화는 사실과 상상력이 어떻게 결합되었는지에 따라 크게 다음의 세 가지 유형으로 나누어 볼 수 있다.

역사적 사실과 맥락에 충실하면서 여기에 픽션을 적절히 활용하는 유형 - 〈300〉

역사적 사실이나 진실을 가능한 한 객관적으로 전달하면서, 그 사이의 빈 공간에 상상력을 동원하여 대중의 흥미를 끌어 올리는 내용으로 이야기를 전개하는 방식이다. 대표적인 영화가 "역사상 가장 위대한 전사들이 온다!"는 타이틀이 붙은 영화 〈300〉(2006)이다. 이 영화는 그리스와 페르시아 전쟁 중에 벌어진 테르모필레 전투를 역사적 배경으로 하고 있다.

기원전 480년 크세르크세스 왕이 이끄는 페르시아 100만 대군이 육로와 바다로 동시에 그리스로 진격하였다. 이것은 이전의 두 번에 걸친 전쟁에서의 패배를 설욕하기 위해 페르시아가 장기간에 걸쳐 준비한 그리스 원정이었

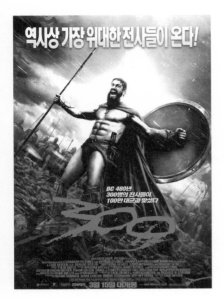
영화 〈300〉

다. 스파르타의 왕 레오니다스는 페르시아에 맞설 그리스 연합이 지연되자 300명의 스파르타 용사들을 이끌고 그리스로 향하는 길목이자 요충지인 테르모필레 협곡을 지킨다. 그것은 다윗과 골리앗의 싸움이었다. 그러나 스파르타의 위대한 용사들은 이 전투에서 결사항쟁으로 최후의 일인까지 목숨을 다하였다. 조국을 위해, 가족을 위해, 그리고 자신의 명예를 위해. 그리고 스파르타의 300명의 용사들은 전설이 되었다.

테르모필레 전투는 헤로도토스의 『페르시아 전쟁사』에 기록된 역사적 내용을 상당히 충실하게 담고 있다. 테르모필레 협곡에서 페르시아 대군과 스파르타 병사들이 맞붙는 장면(당시 스파르타의 왕인 레오니다스는 그리스 각 지역에서 선발된 7,000명의 보병을 이끌고 좁은 산길을 지켰다), 결전을 앞두고 신탁하는 장면(신이 사람을 매개자로 하여 그의 뜻을 나타내거나 인간의 물음에 대답하는 일종의 주술적 행위), 페르시아 병사들을 절벽으로 밀어 떨어뜨리는 장면, 페르시아 병사들의 시체로 벽을 쌓아 페르시아군의 진입을 막는 장면, 페르시아 군이 스파르타를 향해 일제히 화살을 쏘아 올려 화살이 태양을 가릴 만큼 비처럼 쏟아지는 장면 등이 그것이다.

또한 영화에서 그리스인 첩자인 에피알테스가 페르시아 왕 크세르크세스에게 산을 돌아가는 길을 가르쳐 주어 그리스군이 배후에서 포위당하는 장면, 레오니다스는 겁을 먹은 동맹군들을 돌려보내고 단지 300명의 스파르타의 정예군만으로 싸워 모두 장렬히 전사한 것은 당시의 역사적 기록과 동일하다.

그러나 영화 속에서 보면 페르시아의 다리우스 왕(크세르크세스 이전의 왕)이 보낸 사신이 스파르타의 왕 레오니다스에게 땅과 물을 요구했을 때 사신을 구덩이로 밀어 넣어 죽이는 장면은 역사적 사실과 다르다. 역사서에는 다리우스 왕의 사신이 아테네와 스파르타에게 동시에 땅과 물을 요구했는데, 아테네는 사신을 구덩이에 밀어 넣어 버렸고, 스파르타는 조롱 섞인 말로 그 요구를 거절했다고 기록하고 있다.

테르모필레(Thermopylae)

아테네에서 150km 북동쪽에 위치한 작은 마을. '테르모(thermo)'는 '덥다'라는 뜻이고 '필레'(pylae)는 '물' 혹은 '관문'이라는 뜻이다. 전쟁이 벌어진 곳은 실제로 숲이 우거진 온천 지역이었다. 또한 테르모필레 전투에서 페르시아 왕에게 뒷길을 알려 준 배신자 '에피알테스'가 오늘날 '악몽'이라는 뜻으로 사용되고 있다는 점도 흥미롭다.

또한 영화에서는 페르시아인들을 매우 부정적으로 그리고 있다. 그들은 인간이기보다는 괴물에 가까운 잔인하고 난폭한 존재이며, 페르시아 왕 크세르크세스는 폭정을 일삼는 독재자로 표현하였다. 이것은 영화의 극적인 구성과 재미를 더하기 위해 과장하거나 왜곡하여 표현한 것이다.

테르모필레 전투가 이렇게 영화화되고 사람들의 관심을 끄는 이유는 무엇일까? 그것은 부나 명예가 아닌 자유를 위해 싸우는 그리스인들의 모습을 통해 자유라는 개념이 세계사에 처음으로 드러나는 사건이기 때문이다. 그리스가 페르시아를 물리치고 전쟁에서 승리할 수 있었던 것은 동방의 전제 정치에 항거하여 자유와 민주정치를 수호하려는 그리스인들의 의지였다. 지금도 그리스 테르모필레에 가면 충혼비가 그때의 상황을 생생하게 느끼게 해 준다.

이 영화를 통해 우리는 또한 고대의 전쟁 양상, 전략, 전술, 무기 등에 대해서도 이해를 할 수 있다. 영화에서는 스파르타인들이 방패를 이용해 적의 공격을 막고 동시에 창으로 공격하는 방진을 구사하는 모습을 볼 수 있

방진(팔랑스, phalanx)

열과 오를 사각형으로 정렬하는 밀집대형. 방진에서 가장 독특한 역할을 하는 것은 방패였다. 방패는 지름 90cm의 원형 목재에 청동판을 가장자리에 씌우고, 방패 안쪽 가운데와 가장자리에 두 개의 손잡이를 부착하였다. 병사들은 서로를 방패로 보호하면서 창으로 공격을 하는 형태다. 이러한 밀집대형은 무서운 힘을 발휘하여 기병 위주로 편성된 막강한 페르시아 군대를 제압할 수 있었다. 그러나 밀집 대형은 그 대형이 무너지면서 승부가 결정이 난다. 대형이 무너지면 도망자가 발생했으며, 무거운 방패의 중량 때문에 도망자는 통상 방패를 내던지고 도망갔기 때문이었다. 이로 인해 스파르타 어머니들은 아들들을 전장에 내보낼 때 "집으로 돌아올 때는 방패를 들고 오고, 그렇지 못하면 방패 위에 누워 오너라."라고 말했다고 한다.

보병의 밀집대형(방진)

다. 창과 방패로 무장한 스파르타 보병의 밀집대형은 기병 위주로 편성된 막강한 페르시아 군대를 무력화했던 전술이었다.

역사적 사실이나 인물들에 대하여 새로운 인식의 변화나 평가를 내리는 유형 – 〈광해, 왕이 된 남자〉

이것은 역사적 사실이나 인물을 소재로 하지만, 작가가 상상력을 동원하여 사실이나 인물을 새롭게 해석하고 평가하는 유형을 말한다. 그 대표적인 예가 영화 〈광해, 왕이 된 남자〉(2012)다. 조선 왕조사에서 말썽 많았던 인물 광해군의 승정원일기에서 사라져 버린 15일간의 기록fact에 상상력fiction이 더해진 팩션faction 사극이다.

이 영화에서는 자신을 노리는 자들에 대한 분노와 두려움 속에서 왕권을 강화하려는 광해군, 그를 지키려는 도승지 허균, 백성의 삶을 돌보려는 하선, 왕의 여인이라는 이유로 가족을 잃어야 했던 중전, 자신들의 이익만 챙기기에 혈안이 된 세도가들을 둘러싼 정치적 암투가 긴장감 넘치게 펼쳐진다.

왕위를 둘러싼 권력 다툼과 당쟁으로 혼란이 극에 달한 광해군 8년. 광해군이 독이 든 음식을 먹고 갑자기 의식을 잃고 쓰러지는 엄청난 사건이 발생한다. 허균은 광해군이 치료를 받는 동안 국정의 혼란을 막기 위해 천민 출신 하선에게 광해군을 대신하여 왕의 대역을 할 것을 요구한다. 기생방의 취객들 사이에 걸쭉한 만담으로 인기를 끌던 하선은 영문도 모른 채 궁에 끌려가 하루아침에 천민에서 왕으로 변신하게 된다.

하선은 허균의 지시하에 말투부터 걸음걸이, 국정을 다스리는 법까지, 함부로 입을 놀려서도 들켜서도 안 되는 위험천만한 왕 노릇을 시작한다. 하지만 난폭했던 광해와는 달리 따뜻함과 인간미가 느껴지는 달라진 왕의 모습에 궁정이 조금씩 술렁이고, 왕은 점점 대역이 아닌 자신의 목소리를 만들어낸다. 허균도 천박한 광대 출신 하선의 인간 됨됨이에 마음이 움직인다.

독극물에서 완쾌한 광해는 다시 왕의 자리로 돌아오고, 허균으로부터 그동안에 있었던 일을 소상히 전해 듣는다. 그간의 궁정의 비밀을 감추기 위해서 가짜 왕 노릇을 했던 하선을 죽이기 위해 자객을 보내지만 도부장은 하선을 광해 대하듯 구해 주고 자신은 죽는다. 그리고 하선은 짧은 기간이지만 광해군 행세를 한 기억을 떠올리며 광대로서의 길을 떠난다.

〈광해, 왕이 된 남자〉는 왕의 대역인 '하선'이라는 허구 인물을 만들면서 광해군의 새로운 모습을 드러낸다. 아주 적은 역사적 사실에 상상력을 부여하여 우리가 알고 있는 역사적 인식체계를 바꾸어 놓은 것, 이것이 팩션사극의 전형적인 예라 할 수 있다.

역사에서의 광해군은 어떤 인물인가? 광해군은 선조의 둘째 아들이었다. 그는 임진왜란 때 세자로서 분조分朝 활동을 통해 난을 수습하는 데

영화 〈광해, 왕이 된 남자〉

힘썼다.[16] 선조의 뒤를 이어 왕위에 오른 광해군은 반대 세력을 하나씩 제거하면서 왕권을 강화하였다. 그러면서 부정과 부패가 심했던 공납제를 폐지하고, 민생과 재정의 안정적 확보를 위해 대동법을 시행하였다.

광해군은 또한 당파의 폐해를 통감하고 이를 초월하여 좋은 정치를 해 보려고 애썼으나, 대북파의 도움을 받아 왕위에 올랐기 때문에 당파정치의 한계를 초월할 수 없었다. 그리하여 자신의 왕위를 위협하는 정적들을 대상으로 수차례 옥사를 일으켰다. 광해군은 이런 정치적 행위들로 인하여 마침내 인조반정(대북파의 집권에 불만을 품은 서인 세력이 주도한 반정)으로 폐위되었다. 광해는 유배를 전전하다가 마침내 절해고도 제주에서 생을 마감하였다. 죽은 뒤에도 묘호조차 갖지 못해 단지 광해군으로 불린 비운의 왕이었다.

영화에서도 잘 보여 주듯이, 광해군은 당시 조선을 둘러싼 대외관계에서 자주적이며 실리적인 외교를 통해 명과 청 교체 시기에 국제정세에 대처했던 임금이었다. "우리의 힘이 이들을 대적할 수 없다면 헛되이 고지식한 주장만 내세우면 안 된다. 안으로는 힘을 기르고 밖으로는 유화책을 써야 한다." 광해군의 외교 전략이다. 당시에는 후금後金(여진족 추장 누루하치가 세운 나라. 후에 명나라를 멸망시키고 청나라를 건국함)이 강대국으로 부상하고 있었다. 당시 조선은 명나라와 후금 두 강대국을 힘으로 대적할 수 없었기에 살아남으려면 신중한 외교가 필요했다. 이때 광해군은 명을 저버리지 않으면서 후금과도 화친하는 중립적인 실리외교를 취하였다.

광해군: 묘호를 갖지 못한 왕

조선시대 국왕들은 여러 가지 이름을 갖고 있다. 그 가운데 하나가 묘호다. 묘호는 국상을 마친 뒤 신위를 종묘에 안치할 때 붙여지는 이름이다. 사후에 붙여지는 이름이니 당사자들은 알 리가 없는 이름이다. 묘호의 제정은 당시의 정치적 상황이나 권력의 향배가 중요한 변수였다. 흔히 묘호에는 조(祖)나 종(宗)이란 단어가 붙는다. 태조이니 태종이니 세종이니 하는 것이 그것이다. 그런데 광해군은 15년간(1608~1623)을 왕위에 있었음에도 패륜적인 행위로 쫓겨난 왕이기에 후궁 소생의 왕자에게 붙여지는 군이라는 이름으로 오늘날에도 불리고 있다.

지금 한반도는 한국, 중국, 일본의 삼국이 영토전쟁을 벌이고 있는 가운데 미국과 중국이 동아시아를 놓고 경쟁을 벌이고 있다. 주변 열강의 이해관계에 얽힌 반도의 나라로 살아야 하는 지정학적 운명은 광해군 시대나 지금이나 큰 차이가 없어 보인다. 사대주의라는 명분으로 망해 가는 명나라보다는 새롭게 부상하는 후금과 유대를 강화하려고 했던 광해군의 실질적인 외교정책은 지금의 국제정세인 한반도 역학관계에서 시사하는 점이 많다.

이상적으로 본다면 임진왜란 때 군대를 보내 조선을 위기에서 구해 주었던 명나라를 따르는 것이 도리였다. 그렇다고 냉혹한 국제 질서에서 새로운 강자로 떠오른 후금을 적대시할 수는 없었다. 정적들을 포용하며 정치를 하는 것이 성군의 덕성에 더 부합하는 일이었다. 그러나 왕권이 위협받는 현실은 그렇게 간단하지가 않았다. 이상과 현실을 조화시키는 일은 언제나 어려운 일일 수밖에 없는 것이다.

우리는 스크린을 통해 잠시나마 백성의 분노와 아픔을 함께하였던 인간적인 왕의 모습을 보게 되어 행복감을 느낄 수 있었다. 착하고 정이 많으며 백성을 위해 공의를 행하려 하였던 가짜 광해. 진정 그가 왕이 되었다면 조선의 역사는 뭔가 달라지지 않았을까? 이런 점에서 이 영화는 바른 정치가 무엇이며, 백성을 위한 성군의 자질 등에 대해 다시 생각해 보게 되는 작품이다.

영화 〈왕의 남자〉

조선시대의 왕을 소재로 흥행에 성공한 또 다른 팩션영화로는 〈왕의 남자〉가 있다. 〈왕의 남자〉는 조선시대 실존 인물인 연산군과 궁중 광대들의 이야기를 그린 영화다. 왕 이전에 한 인간으로서의 외로움과 슬픔, 그리고 질투와 애증의 본질적인 이야기를 그려 낸다. 〈왕의 남자〉는 우리의 역사책에 폭군으로 알려진 연산군의 기이한 행태와 궁중 광대 공길이 바른 말을 해 목숨을 잃는다는 구절을 모티브로 하여 실존 인물과 가상 인물, 그리고 우리의 전통적인 문화를 담아낸 최고의 팩션영화로 꼽힌다.

303

역사적 사실이나 상황보다는 상상력을 발휘하여 과거를 재현하는 유형
– 〈나는 왕이로소이다〉와 〈링컨: 뱀파이어 헌터〉

역사적 사실이나 맥락보다는 창작의 자유를 추구하는 형태의 영화다. 이러한 유형은 역사 의식이나 사실에 대한 부담감을 완전히 덜어 버리고 자유스럽게 즐기는 영화라고 할 수 있다.

역사적 사실이나 실존 인물의 이야기에 상상력을 덧붙여 탄생된 팩션의 상상력은 끝이 없어 보인다. 〈나는 왕이로소이다〉(2012)에서 보듯이 팩션은 대중의 호기심을 자극하는 촉매제 역할은 물론 그 자체로 매력적인 장르가 되었다. 조선판 왕자와 거지 〈나는 왕이로소이다〉는 분명 정통 시대극이 아니라 코믹영화로서도 유쾌하게 즐길 수 있는 영화다.

역사 공부가 흥미로운 건 행간 사이에 물음표가 널려 있기 때문이다. '무슨 일이 있었을까?' '그때 이런 상황이 벌어졌다면 어떻게 되었을까?' 하고

영화 〈나는 왕이로소이다〉(좌)와 영화 〈링컨: 뱀파이어 헌터〉(우)

상상의 날개를 펴는 것은 즐거운 일이다. 〈나는 왕이로소이다〉는 세종대왕과 관련한 역사에서 물음표 두 개를 던진다. 책 읽기를 좋아하고 마음이 약했던 충녕대군은 도대체 어떻게 성군이 될 수 있었을까? 세종은 세자에 책봉된 지 석 달 만에 왕위에 오른다. 대체 무슨 일이 있었기에 태종은 그렇게 급하게 세종에게 왕위를 물려준 것일까?

연출가는 비밀의 열쇠가 세종이 왕위에 오르기 전 석 달에 있을 것이라고 추리한다. 그는 충녕이 백성들의 삶을 돌아본 어떤 계기가 있었으며, 백성과 아픔을 같이하면서 진정한 군주의 자세를 각성했을 것이라 상상하며 코믹하게 이야기를 끌어 간다. 영화의 재미는 상식을 깨부수는 캐릭터들에게서도 나온다. 불뚝거리는 성질에 '이단 옆차기'를 날리는 태종, 양반집 곳간을 털어 백성들에게 음식을 나눠 주는 황희, 질투에 눈이 멀어 물불을 가리지 않는 세자빈 등 기발한 캐릭터가 이 영화를 더욱 볼 만한 것으로 만들어 준다.

미국의 할리우드 영화라고 해서 예외는 아니다. 오히려 팩션의 무한한 잠재 가능성을 예측한 할리우드는 여기서 한발 더 나아갔다. 미국 역사상 가장 위대한 대통령으로 꼽히는 링컨. 그가 도끼를 능수능란하게 휘두르는 '뱀파이어 헌터'였다는 발칙한 상상력에서 출발한 〈링컨: 뱀파이어 헌터〉(2012)의 경우처럼 말이다.

이 영화는 링컨의 업적인 흑인 노예제도 폐지와 이로 인해 발생한 남북전쟁을 역사적 배경으로 하고 있다. 그리고 미국의 상징적 아이콘인 링컨 이야기fact에 뱀파이어 소재fiction를 절묘하게 조합시켰다. 바로 남부의 대지주들은 뱀파이어이며 자신들의 생명과도 같은 노예들을 지키기 위해 노예제도 폐지를 주장하는 북부와 전쟁을 벌인다는 이야기다.

이 두 영화는 역사적 사실이나 맥락에 관심을 두기보다는 작가의 상상력을 더 중요하게 취급하였다. 따라서 역사보다는 창작의 자유를 중시한 작품들이다. 이 과정에서 대중들은 자신에게 익숙하지 않은 역사적 사실을 잘못 혼동하거나 정사로 받아들이는 우려를 경계해야 할 것이다.

영화 〈실미도〉

─숨겨 온 진실, 이제는 말할 수 있다!

영화 〈실미도〉

"탕! 탕! 탕!" 아수라장이 된 서울 대방동 유한양행 앞. 인천에서 버스를 탈취하여 청와대로 향하던 정체불명의 24명의 무장요원이 출동한 군경과 격렬한 총격전을 벌인다. 잠시 후 이들 무장요원은 수류탄 자폭으로 끔찍한 최후를 맞는다. 상황은 종료되었고, 망가진 버스 창문 사이로 시신들이 연달아 옮겨졌다. 영화의 한 장면 같지만, 지금부터 40여 년 전 서울 한복판에서 벌어진 실화다.

군 당국은 처음에 이들을 무장공비라고 밝혔다. 그러나 그들은 공비가 아닌 북한 주석궁 침투를 목적으로 비밀리에 지옥훈련을 받았던 실미도 특수부대원으로 밝혀진다. 1999년 MBC 방송국은 〈이제는 말할 수 있다〉라는 프로그램에서 '실미도 특수부대'라는 제목으로 그 실상을 파헤쳤다. 이어 군 과거사 진상위원회도 진실 찾기에 나섰으며, 진상보고서도 발표되었다.

〈실미도〉는 1971년 일어난 소위 '실미도 사건'을 소재로 북파 공작원의 군부대 이탈과 그들의 비극적인 최후를 그린 영화다. 왜 당시에는 그 사건을 북파 특수부대의 난동이란 표현을 썼을까? 이 영화는 그때에는 밝힐 수 없었던 실미도 사건을 재조명하여 한국 현대사의 치부와 아픔을 적나라하게 드러내고 있다.

영화의 소재가 된 실미도 부대는 실존하는 부대였고, 거기에 실존 인물과 가공인물들이 등장하여 남북 대치 상황에서의 아픔과 좌절을 감동 있게 전달해 준다. 거칠고 투박한 소재라는 단점에도 불구하고 온 국민의 공감을 일으키며 대한민국 영화사상 최초로 1,000만 관객을 동원하여 한국 영화산업의 신기원을 이룩하였다. 이 영화가 실화를 근거로 제작되었다는 사실에 관객들은 놀랐고, 영화 흥행과 동시에 이 사건을 재조명하는 사회적 공론을 만들어 낸 작품이기도 하였다.

그렇다면 실미도에서는 과연 무슨 일이 일어났을까? 그리고 그들은 왜 자신의 목숨을 버리면서까지 하극상을 일으켜야만 했을까? 특수부대 창설은 같은 해 김신조가 이끈 북한 무장공비 31명이 청와대를 습격, 박정희 대통령을 암살하려 했던 1·12사태에서 비롯된다. 당시 침투한 북한 무장공비 31명 중 29명이 사살되고, 1명이 자폭했으며, 김신조는 생포되었다. 이런 북한의 만행에 분노한 박정희가 그 보복 조치로 만든 것이 실미도 부대였다. '눈에는 눈, 이에는 이'라며 부대원도 김신조 특공대와 똑같은 31명으로 구성되었다. 실미도 특수부대는 당신 권력 실세였던 김형욱 중앙정보부장이 주도하여 만들었고, 부대의 훈련과 관리는 공군이 담당하였다.

실미도 특수부대원들은 '체포되면 자살한다'는 세뇌교육을 하루에도 몇 번씩 받았다. 그들의 목표는 북한 주석궁에 침입해 '김일성의 목을 따 오는 것'이었다. 독도법, 호신술, 산악훈련, 폭파 기술 등을 배웠고, 위성사진을 본떠 북한 지형의 모형을 만들어 혹독한 훈련을 받았다. 목표물이 어디서, 어떻게 움직이든지 그들의 사격 실력은 백발백중이었다. 지옥 같은 훈련을 견디지 못하고 동료 7명이 사망하기도 하였다.

특수부대원들은 훈련 3개월 만에 기량이 최고조에 달해 인간 살인병기로 변모하였다. 사기도 하늘을 찌를 듯했다. 국가를 위해 충성하고 임무를 완수하면 새로운 인생을 살 수 있을 것이라는 희망에 부풀었다. 그러나 1968년 8월, 북한 침투 명령이 떨어졌다가 전격 취소되고 만다.

당시 실미도 밖의 상황은 남북 화해 분위기로 빠르게 변하고 있었다. 중앙정보부장은 김형욱에서 이후락으로 바뀌었다. 국제적인 긴장 완화의 영향으로 남한과 북한은 대화노선으로 나아갔다. 급기야 중앙정보부장이었던 이후락은 북한을 방문하여 김일성을 면담하고, 화해 분위기는 남북회담으로 이어졌다. 국제적인 긴장 완화와 남북 화해 분위기가 조성되면서 북파 특수부대의 존재가 유명무실해지자 그들을 제거하라는 명령이 내려졌다. 실미도 특수부대의 존재는 이제 골칫거리로 변해 버린 것이다.

곧이어 난동 사건이 발생했고, 특수부대원들은 수류탄 자폭으로 최후를 맞는다. 생존자 4명에게는 사형이 집행되었다. 이후 이 사건은 철저하게 은폐되어 갖가지 의문점을 간직한 채 30여 년간 베일에 싸인 채 미궁에 빠지게 되었다. 북파특수부대의 훈련병들이 겪은 3년 4개월 동안의 실상을 파헤친 백동호의 소설 『실미도』(1999)와 이 소설을 바탕으로 만든 강우석 감독의 동명영화(2003)를 통해 실미도 사건이 세상에 알려지면서 사건의 진상이 만천하에 드러나게 된 것이다.

후 주

Chapter 1

1. 호리고메 요조, 박시종 역, 『역사를 보는 눈』(개마고원, 1988), 35.
2. 齊藤 孝, 최민 역, 『역사와 역사학』(형성사, 1983), 22.
3. Robin G. Collingwood, *The Idea of History* (Oxford University Press, 1946), 18.
4. Edward H. Carr, *What is History?* (Cambridge University Press, 1961), 24.
5. Jack H. Hexter, *Doing History* (Indiana University Press, 1971), 10-14.
6. 최재근, 『역사철학 강의』(동풍, 1995), 136-137.

Chapter 2

1. Adolf Hitler, *Mein Kampt*, 박성수, 『역사학개론』(삼영사, 1988), 29.
2. Marc Bloch, 정남기 역, 『역사를 위한 변명』(한길사, 1966) 참조.
3. Herbert Butterfield, *Man on His Past* (Cambridge University Press, 1960), 30.
4. Robert V. Daniels, *Studying History: How and Why* (Prentice-Hall, 1966), 3.
5. Jacques Barzun and Henry F. Graff, *The Modern Researcher* (Harcourt, Brace & World, 1957), 53.
6. Allan Nevins, *The Gateway to History* (Doubleday Anchor Books, 1962), 14.
7. Daniels, *Studying History: How and Why*, 9-11.
8. Daniel Bell, 송미섭 역, 『교양교육의 개혁』(대우학술총서 68, 1994), 356-357.
9. Daniels, *Studying History: How and Why*, 13-15.
10. 과거 일본은 역사교육을 천황이나 국가에 충성하고 국민을 교화시키는 수단으로 활용하였다. 특히 일본은 조선 침략을 정당화하거나 태평양 전쟁의 범죄와 책임을 은폐하는 데 역사를 악용하였다. 일본 정부는 학생들에게 일본 근현대사를 미화하여 성공담으로 묘사함으로써 일본인들이 아시아뿐만 아니라 세계의 다른 민족보다도 우월하다는 국가의식을 심어 주었다.

11. Friedrich Hegel, 김종호 역, 『역사철학강의』(삼성출판사, 1980), 21.

12. 이상현, 『역사로의 입문』(박문각, 1995), 29-59.

13. Ernst Bernheim, 박광순 역, 『역사학입문』(범우사, 1988), 19-20.

14. James W. Thompson, *A History of Historical Writing* (Macmillan, 1942), 76.

15. Harry S. Truman, *Mr. Citizen* (Bernard Geis Associates, 1960), 261-262.

16. 차하순, 『역사의 본질과 인식』(학연사, 1998), 54-55.

17. 박성수, 『역사학 개론』(삼영사, 1988), 193.

18. 전해종, "중국인의 역사인식과 역사서술," 『역사의 이론과 서술』(서강대학교 인문연구소, 제8집, 1975).

19. 달만(Dahlman), 게르비누스(Gervinus), 트라이치케(Treitschke)와 같은 독일의 프로이센 학파의 역사가들도 각자의 저술을 통해 독일의 자유주의와 민족주의 정신을 강조하였다. 이들 역사가는 역사를 서술하는 목적이 민족의 과거사를 찬양하고 국민을 교화시킴으로써 민족의 자각심과 자긍심을 불러일으키는 데 있다고 보았다. 특히 트라이치케는 민족의식을 극단적으로 강조하여, '역사가이기보다는 애국 설교자'라는 평을 듣기도 하였다. 그는 "문명이 야만과 비(非)이성을 이겨 내딛는 위대한 경험은 단지 총칼에 의해서만 실현될 수 있다."라고 주장하고, 독일 민족의 해외 팽창을 적극 옹호하기도 하였다.

20. David Gordon, *Self-Determination and History in the Third World* (Princeton University Press, 1971), 83-89.

21. James W. Lowen, 남경태 역, 『선생님이 가르쳐 준 거짓말』(휴머니스트, 2010).

Chapter 3

1. 헤로도토스는 『페르시아 전쟁사』 서문에서 "나는 나의 모든 서술에서 모든 당파로부터 들었던 바를 공정히 서술하고자 한다."라고 하였다. 폴리비오스는 "역사가는 개인적 동정심이나 적개심을 잊어버려야 하며, 때로는 적이라도 좋은 점은 칭찬하고 나쁜 점은 질책하여야 한다."라고 하였다. 이 두 사람은 모두 역사를 객관적이고 공정하게 서술하려고 노력하였다.

2. Isaiah Berlin, 이종흡, 강성호 역, 『비코와 헤르더』(민음사, 1997), 192.

3. Lester D. Stephens, *Probing the Past: A Guide to the Study and Teaching of History* (Allyn and Bacon, 1974), 95-97; Werner J. Cahnman and Avin Doskoff, ed., *Sociology and History* (Free Press, 1964), 3-4.

4. 이상신, 『역사학개론』(신서원, 1994), 35.

5. Erik H. Erikson, *Young Man Luther* (Norton, 1958).

6. Benjamin B. Wolman, *The Psychoanalytic Interpretation of History* (Basic Books, 1971).

7. Daniels, *Studying History: How and Why*, 31—42.

8. James. H. Robinson, *The New History* (Macmillan, 1922), 83—84.

9. John B. Bury, "History as a Science," in Fritz Stern, ed., *The Varieties of History: From Voltaire to the Present* (Meridian Books, 1970), 223.

10. *Ibid*, 214.

11. Nevins, *The Gateway to History*, 29.

12. George M. Trevelyan, "Clio Rediscovered," in Stern, ed., *The Varieties of History*, 234.

13. *Ibid.*, 230, 236—237.

14. Julian. P. Boyd, "A Modest Proposal to Meet a Urgent Need," *American Historical Review*, vol. 70, no. 2, (1965), 349.

15. Philip Bagny, *Culture and History* (University of California Press, 1963), 3.

16. Samuel E. Morison, *Vistas of History* (Alfred A. Knopf, 1964), 45.

Chapter 4

1. 차하순, 『역사의 본질과 인식』, 13—15; 임희완, 『역사학의 이해』(건국대학교출판부, 1994), 27—28.

2. William Langer, ed., *An Encyclopaedia of World History*, 3rd ed. (1968), 109, 차하순, 『역사의 본질과 인식』, 13—14에서 재인용.

3. 임희완, 『역사학의 이해』, 30—31.

4. 차하순, 『역사의 본질과 의식』, 112.

5. 터너는 1893년 시카고에서 개최된 미국 역사학대회에서 「미국 역사에서 프런티어의 중요성」이라는 논문을 발표하여 소위 프런티어 사관을 체계화하였다. 터너의 프런티어 사관에 대한 상세한 설명은 Ray A. Billington, ed., *Frontier and Section: Selected Essays of Frederick Jackson Turner* (Prentice—Hall, 1961) 참조.

6. 이보형, "터너의 프런티어 사관," 차하순 편, 『사관이란 무엇인가』(청람문화사,

1983), 140.

7. Ray A. Billington, ed., *Frontier and Section: Selected Essays of Frederick Jackson Turner* (Prentice-Hall, 1961), 49-50.

8. *Ibid.*, 52-60.

9. *Ibid.*, 61.

10. 임희완, 『역사학의 이해』, 55.

Chapter 5장

1. 박은봉, 『세계사 뒷이야기』(실천문학사, 1994), 307-308.

2. 박성수, 『역사학개론』, 130.

3. Leopold von Ranke, *Geschichten der romanischen und germanischen Volker* (Leipzig, 1885), vii.

4. 차하순, 『역사의 본질과 인식』, 175.

5. 노명식, "역사 인식에서의 주관과 객관의 종합," 『한국사 시민강좌』 5집 (일조각, 1989), 179.

6. Charles Beard, "That Noble Dream," *American Historical Review*, vol. 41, no. 1 (1935), 74-87.

7. 크로체의 역사이론에 관한 상세한 설명은 길현모, "크로체의 역사이론," 『서양사학사론』(법문사, 1987) 참조.

8. Benedetto Croce, *History as Story of Liberty* (Meridian Books, 1995), 17.

9. Collingwood, *The Idea of History*, 213.

10. *Ibid.*, 215-217.

11. Robinson, *The New History*, 20.

12. Charles Beard, "Written History as an Act of Faith," *American Historical Review*, vol. 39, no. 2 (1934), 220-221.

13. Charlotte W. Smith, *Carl Becker: On History and the Climate of Opinion* (Southern Illinois University Press, 1973), 71-78.

14. Phil L. Snyder, ed., *Detachment and the Writing of History: Essays and Letters of Carl L. Becker* (Cornell University Press, 1958), 24.

15. Carl L. Becker, "Everyman His Own Historian," *American Historical Review*, vol 37, no. 2 (1932), 169-179.

16. William. H. Walsh, *Philosophy of History* (Harper and Row, 1967), 112.
17. Howard Zinn, *The Politics of History* (Beacon Press, 1970), 2-3.
18. Carr, *What is History?*, 23-24.

Chapter 6

1. Marc Bloch, 정남기 역, 『역사를 위한 변명』, 45-46.
2. 이상신, "시대구분의 가능성과 역사학적 기능," 『역사학보』 157집 (1998), 231.
3. Stephens, *Probing the Past*, 14-18.
4. Thomas Carlyle. *On Heroes, Hero-worship, and the Heroic in History* (D. Appleton & Co., 1852).
5. 이상신, 『역사학 개론』, 196-197.
6. 제1일은 낮과 밤을, 제2일은 하늘과 땅을, 제3일은 나무와 풀을, 제4일은 태양, 별, 달 등 우주를, 제5일은 새와 물고기를, 제6일은 인간을 창조하고, 마지막 제7일은 안식을 취했다는 천지창조의 과정이 반영된 것이다. 이상신, 『역사학개론』, 198-199.
7. 김정준, "기독교사관," 차하순 편, 『사관이란 무엇인가』(청람문화사, 1983), 102. 중세의 기독교사관에 대한 이런 비판에도 기독교적 역사구분은 근대 역사의 시대구분에 커다란 영향을 끼쳤다. 17세기 보쉬가 세계사는 신의 섭리에 의해 움직인다고 본 것이나, 비코가 역사 발전을 신의 시대, 영웅의 시대, 인간의 시대로 분류한 것 등을 그 예로 들 수 있다.
8. Christoper Dawson, *The Making of Europe* (Meridian Books, 1958), 15.
9. 임희완, 『역사학의 이해』, 117-118.
10. William H. Dray, *Philosophy of History* (New Jersey, 1964), 59-112 참조. 역사의 발전과정은 역사가 일정한 형태로 움직인다는 것으로, 그 유형으로는 직선적인 패턴, 순환적인 패턴, 무질서적인 패턴이 있다. 역사의 동인은 역사를 발전시키고 변화시키는 원동력이 무엇인가에 관한 것이다. 아우구스티누스는 신(여호와 하나님), 헤겔은 인간의 자유 의지, 마르크스는 물질이나 생산관계를 각각 역사를 움직이는 동인으로 보았다. 역사의 종말에는 낙관적인 종말론과 비관적인 종말론이 있다. 아우구스티누스와 같은 기독교 사상가들은 세상이 멸망에 이르나, 하나님의 재림으로 영원한 세상이 온다고 믿었다. 마르크스와 같은 사상가들은 모든 착취와 억압이 없는 지상 낙원을 꿈꾸었다. 그러나 이

러한 낙관론과는 달리 슈펭글러와 같은 문명사가는 지구의 멸망을 피할 수 없다는 비관론을 제시하였다.

11. 김희준, 『역사철학의 이해』(고려원, 1995), 152.

12. 임희완, 『역사학의 이해』, 309-310.

13. 마르크스는 『경제학 비판』의 서문에서 "인간의 의식이 사람의 존재를 결정짓는 것이 아니라 오히려 반대로 인간의 사회적 존재가 사람의 의식을 결정한다."라고 언급하였다. 이런 마르크스의 견해는 인간 사회의 정치체제나 사회제도, 법률, 관습, 이데올로기 등의 영역이 경제적 생산관계에 따라 결정된다는 경제결정론에 근거하고 있는 것이다.

14. 토인비의 대작 『역사의 연구』는 순환론적인 역사 이해를 표명한 작품으로서, 토인비가 1차 세계대전 때 구상하여 1934년부터 1954년에 이르기까지 발표하였다. 그의 저서는 양차 대전의 대참사를 겪은 '위기의 시대'에 인류의 미래에 대한 비관론적인 시각이 반영된 것이었다.

15. 전해종, "중국인의 전통적 역사관." 차하순 편, 『사관이란 무엇인가』(청람, 1994), 206-216.

Chapter 7

1. Collingwood, *The Idea of History*, 252.

2. Charles Langlois and Charles Seignobos, *Introduction to the Study of History* (G. G Berry, 1912), 17.

3. 연대기는 해마다 혹은 연월에 따라 중요한 일들을 기록하는 것으로, 작성자가 과거 사건들을 발생 순서에 따라 기록하는 것이다. 그러므로 연대기는 과거의 역사를 개요하거나, 하나의 주제를 중심으로 과거 사건을 연대순으로 정리한 것이다. 일반적으로 역사의 기록은 연대기로부터 시작되었다.

4. 회고록이란 과거 자신의 행적을 되돌아보고 겪은 바를 서술한 것이다. 회고록은 일기와는 달리 후일에 작성된 것이기 때문에 기억의 정확성이 문제가 될 수 있으며, 또한 동시대의 역사를 자기중심적으로 평가하여 자신의 역할을 과장하거나 자신의 행위를 정당화할 수 있다는 단점을 지니고 있다.

5. 통계란 인구, 투표, 물가 등을 수치로 기록한 것이다. 통계자료는 로마의 시민 조사, 영국의 토지대장, 신라의 장적 등 근대 이전에도 있었으나, 19세기 이후 통계학 이론의 발달로 크게 발전하여 오늘날에 광범위하게 사용되고 있다.

6. Willam Leo Lucey, *History: Methods and Interpretation* (Loyola, 1958), 23.
7. *Ibid.*, 24.
8. Stephens, *Probing the Past*, 38−40.
9. 박성수, 『역사학개론』, 266.

Chapter 8

1. Croce, *History as Story of Liberty*, 19.
2. Henry S. Commager, *The Study of History* (Charles E. Merrill, 1965), 1−2.
3. Billington, ed., *Frontier and Selected Essays of Frederick Jackson Turner*, 17.
4. 고려대학교 사학과 교수실 편, 『역사란 무엇인가?』(1990), 29.
5. 박성수, 『역사학개론』, 19−20.
6. 고려대학교 사학과 교수실 편, 『역사란 무엇인가?』, 32−33.
7. Lucy M. Salman, *Why is History Rewritten?* (Oxford University Press, 1929), 30.
8. Nevins, *The Gateway to History*, 33.

Chapter 9

1. Sidney Hook, *The Hero in History: A study in Limitation and Possibility* (Beacon, 1969), 59.
2. Red W. Engstrom, *The Making of a Christian Leader* (Zondervan, 1976), 20.
3. Richard Herr and Harold T. Parker, *Ideas in History* (Duke University Press, 1965), 45−46.
4. Robert J. Shafer, *A Guide to Historical Methiod* (Dorsey, 1974), 45−46.
5. Carlyle, *On Hero, Hero-worship and the Heroic in History*, 28.
6. Hook, *The Heroes in History*, 20.
7. Eric Fromm, *Escape from Freedom* (Holt McDougal, 1994).
8. Sidney Hook, 민석홍 역, 『역사와 인간』 (서울: 을유문화사, 1984), 71.
9. *Ibid.*, 69.
10. Hook, *The Hero in History*, 69−70.
11. 장수한, 『역사 에세이』, 153−157.
12. 김희보, 『세계사 101장면』(가람기획, 1997), 74.

13. 장수한, 『역사 에세이』, 180–181.
14. 차하순, 『역사의 본질과 인식』, 157.
15. 장수한, 『역사 에세이』, 157–161.

Chapter 10

1. East W. Gordon, *The Geography Behind History* (W.W. Norton, 1965), 42.
2. Ellsworth Huntington, *Civilization and Climate* (Yale University Press, 1915), 3.
3. Brain M. Fagan, 윤성옥 역, 『기후가 역사를 어떻게 만들었는가』(도서출판 중심, 2012).
4. Karl Ritter, Willam Leonard Gage, tr., *Geographical Studies* (Gould and London, 1963), 318–332.
5. Henry T. Buckle, *History of Civilization in England* (John Hamilton, 1929), 11–13.
6. Fuanz Oppenheimer, John M. Gitterman, tr., *The State: Its History and Development* (George Allen and Unwin, 1923), 7–43.
7. *New York Times* (May 31, 1983).
8. Jared Diamond, 김진중 역, 『총, 균, 쇠』(문학사상, 2005).

Chapter 11

1. William Ogburn, *On Culture and Social Change* (University of Chicago Press, 1964), 18.
2. Alvin Toffler, *The Third Wave* (Morrow, 1980), 1–90 참조.
3. Joseph Arthur de Gobineau, *The Inequality of Human Races* (Putman, 1915), 24–25.
4. *Ibid.*, 106–207.
5. Houston S. Chamberlain, *Foundations of the Nineteenth Century* (Dodd, Mead and Co., 1900), 269–272.
6. 『중앙일보』 (1999. 2. 23).

Chapter 12

1. Edward Fuchs, 이기웅, 박종만 역, 『풍속의 역사 II: 르네상스』(도서출판 까치, 1986), 258.
2. 김경묵, 『이야기 세계사 1』(청아출판사, 2006), 210-214.
3. 호리고메 요조, 박시종 역, 『역사를 보는 눈』, 157-159.
4. *Ibid.*, 154-155.
5. Shafer, *A Guide to Historical Method*, 54-56.
6. 임희완, 『역사학의 이해』, 132-133.
7. 호리고메 요조, 박시종 역, 『역사를 보는 눈』, 165.

Chapter 13

1. 역사에서의 인과론적인 설명을 다룬 저서들은 다음과 같다. Arthur C. Danto, *Analytical Philosophy of History* (Cambridge University Press, 1965); Maurice Mandelbaum, *The Problem of Historical Knowledge* (Harper and Row, 1976); Patrick Gardiner, *The Nature of Historical Explanation* (Oxford University Press, 1961).
2. William Dray, *Perspectives on History* (Routledge & Kegan Paul Books, 1980), 69; Carr, *What is History?*, 82-83.
3. Robin. G. Collingwood, *An Essay on Metaphysics* (Oxford University Press, 1940), 296-312.
4. 박성수, 『역사학개론』, 163 인용구.
5. Carr, *What is History?*, 82.
6. Gardiner, *The Nature of Historical Explanation*, 102-103.
7. Edward Gibbon, 송은주, 조남숙 역, 『로마제국 쇠망사』(민음사, 2010). 18세기 영국의 역사가 기번의 저서로, 2세기부터 1453년 콘스탄티노플의 멸망까지 1300년의 로마 역사를 조직적이고 계몽적으로 서술한 명저다.
8. Louis Gottschalk, "Cause of Revolution," *American Journal of Sociology*, vol. 50 (1944), 2.
9. Sidney B. Fay, *The Origins of the World War*, vol. 1 (Macmillan, 1928).
10. Stephens, *Probing the Past*, 74.
11. Lawrence Stone, *The Cause of the English Revolution, 1529-1642* (London,

1972). 스톤은 이 저서에서 영국혁명의 원인을 장기적인 전제 조건, 중간의 우발적인 사건, 단기적인 돌발 사건 등의 세 단계로 나누어 다원적이며 체계적으로 원인을 분석하였다.

12. Ernest Nagel, "Some Issues in the Logic of Historical Analysis," *The Scientific Monthly*, vol. 74 (1952), 169.

Chapter 14

1. 미국의 역사가들은 학회나 개인적 차원에서 영화와 관련된 다양한 서적을 출간하고 있으며, 미국의 주요 역사학회 논문집인 *American Historical Review*나 *American Journal of History*는 10여 년 전부터 영화평이나 영상매체와 관련된 역사 논문을 게재해 왔다.

2. 김기봉, 『팩션의 시대, 영화와 역사를 중매하다』(프로네시스, 2006); 연동원, 『역사 속의 성, 영화 속의 젠더』(연경미디어, 2006); 김성곤, 『영화로 보는 미국: 할리우드 영화의 문화적 의미』(살림, 2003); 김성준, 『영화로 읽는 바다의 역사』(혜안, 2003); 로버트 A. 로젠스톤, 김지혜 역, 『영화, 역사』(소나무, 2002); 연동원, 『영화 대 역사』(학문사, 2002); 임정택 외, 『세계 영화사 강의』(연세대학교 출판부, 2001); 이재광, 김진희, 『영화로 쓰는 20세기 세계경제사』(세상의창, 2000); 마르크 페로, 주경철 역, 『역사와 영화』(까치, 1999); 로버트 C. 앨런 외, 유지나 역, 『영화의 역사: 이론과 실제』(까치, 1998); 마크 C. 칸즈, 손세호 외 역, 『영화로 본 새로운 역사 I, II』(소나무, 1998) 등.

3. 연동원, 『영화 대 역사』, 3.

4. 한계레신문, "위기의 인문학, 미래는 있는가" (1999. 4. 7).

5. 김기봉, 『팩션시대, 영화와 역사를 중매하다』, 18~20; 이재광, 김진희, 『영화로 쓰는 세계경제사』(세상의창, 2000), 19~20.

6. '영화로 쓰는 역사'가 갖는 의미에 대한 상세한 설명으로는 이재광, 김진희, 『영화로 쓰는 세계경제사』, 26-29 참조.

7. 김기봉, 『팩션시대, 영화와 역사를 중매하다』, 159-161.

8. 김지혜, "영화로 역사서술이 가능한가," 『역사비평』 39호 (1999), 375-388.

9. John E. O'Connor and Martin A. Jackson, *Teaching History with Film* (American Historical Association, 1974), 7-8.

10. 이재광, 김진희, 『영화로 쓰는 세계경제사』, 31.

11. Pierne Sorlin, *The Film in History: Restaging the Past* (Basil Blackwell, 1980), 21.

12. 설혜심, "역사학과 상상력은 어떻게 만나는가?" 『연세대 인문과학』 제88집 (2008), 149-175.

13. *Ibid.*, 13-15.

14. 김기봉, 『역사들이 속삭인다』(프로네시스, 2009), 9-10.

15. 김기덕, "팩션영화의 유형과 대중적 몰입의 문제," 『역사문화연구』 제34집 (2009), 462-488.

16. 분조란 말 그대로 '조정을 나누는' 것이었다. 임진왜란 때 의주와 평양 등 선조가 있던 원래 조정과는 별도로 광해군이 전쟁을 수행할 목적으로 만든 조정을 말한다. 선조는 광해군을 세자로 책봉하고, 분조의 책임을 맡겼다. 광해군은 임진왜란 중 평안도나 강원도 등을 돌며 민심을 수습하는 것은 물론이고, 경상도나 전라도 등지로 내려가 군량을 모으고 군기를 조달하는 등 아버지 선조를 대신하여 왕권을 행사하면서 상당한 공로를 세웠다. 그의 분조 활동은 임진왜란을 극복하는 데 주요한 요인이 되었다.

참고문헌

고려대학교 사학과 교수실 편(1990). 역사란 무엇인가? 서울: 고려대학교 출판부.

김현모(1987). 크로체의 역사 이론. 서양사학사론. 서울: 법문사.

김진웅, 손영호, 정성화(1995). 서양사의 이해. 서울: 학지사.

라종일(1992). 세계사를 보는 시각과 방법. 서울: 창작과비평사.

박성수(1988). 역사학 개론. 서울: 삼영사.

이상신(1994). 역사학 개론. 서울: 신서원.

이상현(1993). 역사로의 입문. 서울: 박문각.

이원설(1990). 기독교 세계관과 역사 발전. 서울: 혜선출판사.

임희완(1995). 역사학의 이해. 서울: 건국대학교 출판부.

장수한(1994). 역사 에세이. 서울: 동녘.

전해종(1975). 중국인의 역사 의식과 역사 서술. 역사의 이론과 서술. 서울: 서강대학
교 인문과학연구소. 제8집.

차하순 편(1983). 사관이란 무엇인가. 서울: 청람문화사.

차하순 편(1988). 역사란 무엇인가. 서울: 청람.

차하순(1998). 역사의 본질과 인식. 서울: 학연사.

최재근(1995). 역사철학 강의. 서울: 동풍.

호리고메 요조 (1998). 역사를 보는 눈. (박시종 역). 서울: 개마고원.

Bagby, P. (1963). *Culture and History*. Berkeley: University of California Press.

Barzun, J., & Graff, H. F. (1957). *The Modern Researcher*. New York: Harcourt, Brace & World.

Beard, C. A. (1936). *The Discussion of Human Affairs*. New York: Macmillan.

Becker, C. (1958). *Development and the Writing of History*. Ithaca: Cornell University Press.

Bernheim, E. (1988). 역사학 입문. (박광순 역). 서울: 범우사.

Billington, R. A. ed. (1961). *Frontier and Section: Selected Essays of Frederick Jackson Turner*. Englewood Cliffs, N. J.: Prentice—Hall.

Bloch, M. (1986). 역사를 위한 변명. (정남기 역). 서울: 한길사.

Bloch, M. (1953). *The Historian's Craft*. Peter Putnam tr., New York: Alfred A. Knopf.

Bodin, J. (1969). *Method for the Easy Comprehension of History*. Beatrice Reynolds.tr., New York: W.W. Norton.

Buckle, H. T. (1929). *History of Civilization in England*. London: John Hamilton.

Butterfield, H. (1960). *Man on His Past*. Cambridge: Cambridge University Press.

Cahnman, W. J., & Doskoff, A. eds. (1964). *Sociology and History*. New York: The Free Press.

Cantor, N. F., & Schneider, R. I. (1967). *How to Study History*. New York: Thomas Y. Crowell.

Carlyle, T. (1852). *On Heroes, Hero-Worship, and the Heroic in History*. New York: D. Appleton & Co.

Carr, E. H. (1961). *What Is History?* New York: Macmillan.

Chamberlain, H. S. (1900). *Foundations of the Nineteenth Century*. New York: Dodd, Mead and Co.

Collingwood, R. G. (1940). *An Essay on Metaphysics*. New York: Oxford University Press.

Collingwood, R. G. (1946). *The Idea of History*. New York: Oxford University Press.

Commager, H. S. (1965). *The Study of History*. Columbus, Ohio: Charles E. Merrill.

Croce, B. (1955). *History as the Story of Liberty*. Cleveland, Ohio: Meridian Books.

Crump, C. G. (1928). *History and Historical Research*. London: Routledge & Kegan Paul.

Daniels, R. V. (1966). *Studying History: How and Why*. Englewood Cliffs, N. J.: Prentice—Hall.

Danto, A. C. (1965). *Analytical Philosophy of History*. Cambridge: Cambridge University Press.

Dawson, C. (1974). 역사의 원동력. (나종일, 민석홍 역). 서울: 삼성문화문고.

Dawson, C. (1958). *The Making of Europe*. Cleveland, Ohio: Meridian Books.

de Gobineau, J, A. (1915). *The Inequality of Human Races*. New York: G. P. Putnam's Sons.

Dray, W. H. (1964). *Philosophy of History*. Englewood Cliffs, N. J.: Prentice-Hall.

Dray, W. H. (1980). *Perspectives on History*. London: Routledge & Kegan Paul Books.

East, W. G. (1965). *The Geography Behind History*. New York: W. W. Norton.

Einstein, A. (1990). 물리 이야기. (지동섭 역). 서울: 한울 출판사.

Engstrom, R. W. (1976). *The Making of a Christian Leader*. Grand Rapids: Zondervan.

Erikson, E. H. (1958). *Young man Luther*. New York: W. W. Norton.

Fay, S. B. (1928). *The Origins of the World War, vol. 1*. New York: Macmillan.

Fischer, D. H. (1970). *Historians' Fallacies: Toward A Logic of Historical Thought*. New York: Harper & Row.

Fromm, E. (1941). *Escape from Freedom*. New york: Holt McDougal

Fuchs, E. (1986). 풍속의 역사 II : 르네상스. (이기웅, 박종만 역). 서울: 까치.

Galbraith, J. K. (1961). *The Great Crash, 1929*. Boston: Houghton Mifflin.

Gardiner, P. ed. (1959). *Theories of History*. New York: The Free Press.

Gardiner, P. ed. (1974). *The Philosophy of History*. New York: Oxford University Press.

Gardiner, P. (1961). *The Nature of Historical Explanation*. London: Oxford University Press.

Gordon, D. (1971). *Self-Determination and History in the Third World*. Princeton: Princeton University Press.

Gottschalk, L. (1969). *Understanding History: A Primer of Historical Method*. New York: Alfred A. Knopf.

Hegel, F. (1963). 역사철학강의. (김종호 역). 서울: 사상문고.

Herr, R., & Parker, H. P. (1965). *Ideas in History*. Durhan, N.C.: Duke University Press

Hexter, J. H. (1959). *The History of Primer*. New York: Basic Books.

Hexter, J. H. (1971). *Doing History*. Bloomington: Indiana University Press.

Hofstadter, R. (1959). *Social Darwinism in American Thought*. New York: George Braziller.

Hook, S. (1969). *The Heroes in History*. Boston: Beacon Press.

Hungtinton, E. (1915). *Civilization and Climate*. New Haven: Yale University Press.

Landes, D. S., & Tilly, C. ed. (1971). *History as Social Science*. G. G. Berry, tr., New York: Prentice-Hall.

Langlois, Ch. V., & Seignobos, Ch. (1898). *Introduction to the Study of History*. London. p. 94.

Lowith, K. (1990). 역사의 의미. (이석우 역). 서울: 탐구당.

Lucey, W. L. (1958). *History: Methods and Interpretation*.

Luzbetak, L. L. (1970). *The Church and the Culture*. Loyola Techny, Ill.: Divine Word Publications.

Mandelbaum, M. (1967). *The Problem of Historical Knowledge*. New York: Harper & Ro.

Marwick, A. (1970). *The Nature of History*. New York: Macmillan.

Meyerhoff, H. ed. (1959). *The Philosophy of History in Our Times*. Garden City: Doubleday & Co.

Morison, S. E. (1964). *Vitas of History*. New York: Alfred A. Knopf.

Nevins, A. (1962). *The Gateway to History*. Garden City, New York: Doubleday, Anchor Books.

Ogburn, W. (1964). *On Culture and Social Change*. Chicago: University of Chicago Press.

Oppenheimer, F. (1923). *The State: Its History and Development*. John M. Gitterman, tr., London: George Allen and Unwin.

Ranke, L. V. (1885). *Geschichten der romanischen und germanischen Volker*. Leipzig. p.285.

Renier, G. J. (1950). *History: Its Purpose and Method*. London: George Allen & Unwin.

Ritter, K. (1963). *Geographical Studies*. William Leonard Gage, tr., Boston: Gould and Lincoln.

Robinson, J. H. (1922). *The New History*. New York: Macmillan.

Rowse, A. L. (1946). *The Use of History*. New York: Macmillan.

Salman, L. M. (1929). *Why Is History Rewritten?* New York: Oxford University Press.

Schaff, A. (1982). 역사와 진실. (김현택 역). 서울: 도서출판 청사.

Schusky, E. L., & Culbert, T. P. (1967). *Introducing Culture*. Englewood Cliffs, N. J.: Prentice-Hall.

Shafer, R. J. (1974). *A Guide to Historical Method*. Homewood, IL: The Dorsey Press.

Smith, C. W. (1973). *Carl Becker: On History and the Climate of Opinion*. Carbondale: Southern Illinois University Press.

Snyder, P. L. ed. (1958). *Detachment and the Writing of History: Essays and Letters of Carl L. Becker*. Ithaca: Cornell University Press.

Sstern, F. ed. (1970). *The Varieties of History: From Voltaire to the Present*. Cleveland, Ohio: Meridian Books.

Stephens, L. D. (1974). *Probing the Past: A Guide to the Study and Teaching of History*. Boston: Allyn and Bacon.

Thompson, J. W. (1942). *A History of Historical Writing*. New York: Macmillan.

Toffler, A. (1980). *The Third Wave*. New York: Morrow.

Toulmin, S., & Goodfield, J. (1962). *The Discovery of Time*. Chicago: University of Chicago Press.

Toynbee, A. (1934-1961). *A Study of History*. New York: Oxford University Press.

Walsh, W. H. (1960, 1967?). *Philosophy of History*. New York: Harper & Row.

Watts, D. G. (1972). *The Learning of History*. London: Routledge & Kegan Paul Books.

Weiner, M. (1966). *Modernization*. New York: Basic Books.

Wolman, B. B. ed. (1971). *The Psychoanalytic Inetrpretation of History*. New York: Basic Books.

Zinn, H. (1970). *The Politics of History*. Boston: Beacon Press.

논문 및 기타 자료

Adams, G. B. (1909). History and the Philosophy of History, *American Historical Review*, vol. 14.

Beard, C. (1935). That Noble Dream, *American Historical Review*, vol. 41, no. 1.

Beard, C. (1934). Written History as an Act of Faith, *American Historical Review*, vol. 39, no. 2.

Becker, C. L. (1932). Everyman His Own Historian, *American Historical Review*, vol. 37, no. 2.

Boyd, J. P. (1965). A Modest Proposal to Meet a Urgent Need, *American Historical Review*, vol. 70, no. 2.

Bury, J. B. (1970). History as a Science, in F. Stein, ed., *The Varieties of History: From Voltaire to the Present*. Cleveland, Ohio: Meridian Books.

Gottschalk, L. (1944). Cause of Revolution, *American Journal of Sociology*, vol. 50.

Higham, J. (1966). The Schism in American Scholarship, *American Historical Review*, vol. 72.

Nagel, E. (1952). Some Issues in the Logic of Historical Analysis, *The Scientific Monthly*, vol. 74.

Trevelyan, G. M. (1970). Clio Rediscovered, in Fritz Stern, ed., *The Varieties of History*.

Tuchman, B. W. (1967). The Historian's Opportunity, *Saturday Review*. February 25.

중앙일보 (1999년 2월 23일).
조선일보 (1999년 2월 13일).
Chicago Tribune (May 25, 1916).
New York Times (May 31, 1983).

찾아보기

〈인 명〉

게오르크 빌헬름 프리드리히 헤겔 20, 38, 129-
　130, 189, 205
견훤 145
경애왕 145, 146
공자 53
광해군 300, 301, 302
구텐베르크 228
굴리엠모 마르코니 230
그레고리우스 7세 164
그레이엄 벨 229
김부식 148
김유신 295, 296
김종직 19
김춘추 296

나폴레옹 51, 189, 200, 201
네로 황제 217
니콜라스 머레이 버틀러 184
니콜로 마키아벨리 40, 148

다리우스 왕 299
댄 브라운 292
데이비드 흄 33, 273
도미티아누스 황제 49

레스터 피어슨 51
레오 9세 164
레오니다스 298, 299
레오폴드 폰 랑케 53-54, 62, 97-99, 100, 103,
　148
로렌조 발라 164
로빈 조지 콜링우드 21-22, 72, 101, 102, 273

루시 샐먼 180
루이 16세 196, 251
루이 파스퇴르 263
리 하비 오스왈드 260, 261

마르쿠스 툴리우스 키케로 37, 211
마르크 블로크 35
마르틴 루터 249-250, 280
마리 앙투아네트 251
마틴 루서 킹 84-85
막스 베버 186
목지상 290, 291
몽테스키외 207, 214
문익점 173
박은식 55

베네데토 크로체 100, 169
부르투스 254, 255, 265
브라이언 페이건 209
빌프레도 파레토 187

사마광 52
사마담 28
사마천 28-30
서거정 52
스티븐 앰브로스 294
시드니 페이 278
시드니 후쿠 187
신채호 55, 56

아놀드 토인비 18, 65, 133-135
아돌프 히틀러 34, 54, 238

〈내 용〉

역사란 무엇인가

저자 소개

손영호

1955년 서울에서 태어나 양정고등학교, 경희대학교 사학과를 졸업하고 미국 센트럴 미주리 주립대학교(Central Missouri State University) 대학원 석사(M.A.), 미국 루이지애나 주립대학교(Louisiana State University) 대학원 역사학 박사(Ph.D.) 학위를 받았다. 미국 버지니아 대학교(University of Virginia) 사학과 방문교수, 한국미국사학회 총무이사, 연구이사 등을 거쳐서 청주대학교 어학교육원 원장, 입학처장을 역임하였다. 현재는 청주대학교 국제교류처장, 역사문화학과 교수로 재직 중이다.
저서로는 『다시 읽는 미국사』『테마로 읽는 세계사 산책』『미국의 총기문화』『마이너리티 혹은 자유의 여신상』『이민의 나라 미국』『역사의 이해』『미국기업사』『서양사의 이해』 등이 있으며, 역서로는 『미국정당정치사』『자유론』 등이 있다.
논문으로는 「Korean-American Community in the U.S.」「미국 이민정책에 관한 연구」「자유의 여신상: 그 신화와 현실」「미국의 총기문화에 대한 일고찰: 총기문화의 기원과 형성을 중심으로」 등 50여 편이 있다.

역사란 무엇인가

2013년 9월 10일 1판 1쇄 발행
2019년 2월 19일 1판 4쇄 발행

지은이 • 손 영 호
펴낸이 • 김 진 환
펴낸곳 • (주) **학지사**

　　　　04031 서울특별시 마포구 양화로 15길 20 마인드월드빌딩 5층
대표전화 • 02) 330-5114　　팩스 • 02) 324-2345

등록번호 • 제313-2006-000265호

홈페이지 • http://www.hakjisa.co.kr
페이스북 • https://www.facebook.com/hakjisabook

ISBN 978-89-997-0197-9 03900

정가 15,000원

이 도서의 국립중앙도서관 출판시도서목록(CIP)은 서지정보유통지원시스템
홈페이지(http://seoji.nl.go.kr)와 국가자료공동목록시스템(http://www.nl.go.kr/kolisnet)
에서 이용하실 수 있습니다.
(CIP제어번호: CIP2013015593)

교육문화출판미디어그룹 **학지사**

학술논문서비스 **뉴논문** www.newnonmun.com
심리검사연구소 **인싸이트** www.inpsyt.co.kr
원격교육연수원 **카운피아** www.counpia.com
간호보건의학출판 **학지사메디컬** www.hakjisamd.co.kr